高等教育财会类
创新应用型系列教材

新商科课程思政案例汇编

张 玲 主编 刘晏如 王爱娜 副主编

化学工业出版社

北京

内容简介

《新商科课程思政案例汇编》紧紧围绕马克思主义基本理论、习近平新时代中国特色社会主义思想、社会主义核心价值观、中华优秀传统文化、法治意识和法治观念、职业理想和职业道德6个思政维度，以商科专业通识类课程、财务管理类课程、会计类课程、税法类课程、审计类课程、金融投资类课程、数据分析类课程7个专业课程模块为内容载体，精心筛选和巧妙设计案例，以实现专业引导与思政教育的渗透融合。

《新商科课程思政案例汇编》可供高等院校用于会计学、审计学、财务管理、金融学、投资学等专业学生的专业引导，也可用作相关课程开展案例分析的素材。

图书在版编目（CIP）数据

新商科课程思政案例汇编/张玲主编；刘晏如，王爱娜副主编. —北京：化学工业出版社，2023.8
高等教育财会类创新应用型系列教材
ISBN 978-7-122-42857-8

Ⅰ.①新… Ⅱ.①张…②刘…③王… Ⅲ.①高等学校-思想政治教育-教案（教育）-汇编-中国 Ⅳ.①G641

中国国家版本馆 CIP 数据核字（2023）第 035548 号

责任编辑：王淑燕　金　杰　　　　　　　　　　装帧设计：张　辉
责任校对：王　静

出版发行：化学工业出版社（北京市东城区青年湖南街13号　邮政编码100011）
印　　刷：三河市航远印刷有限公司
装　　订：三河市宇新装订厂
787mm×1092mm　1/16　印张10¼　字数240千字　2023年7月北京第1版第1次印刷

购书咨询：010-64518888　　　　　　　　　　售后服务：010-64518899
网　　址：http://www.cip.com.cn

凡购买本书，如有缺损质量问题，本社销售中心负责调换。

定　　价：42.00元　　　　　　　　　　　　　　　　　　版权所有　违者必究

前言

在当前推进思想政治教育的背景下,高校应注重专业引导与思政教育的无缝对接,以立德树人为宗旨,通过搭建知识架构、改进教学方法、更新教学手段等,将思政教育内化为课程内容,弘扬社会主义核心价值观,深度挖掘课程中蕴含的思想价值和精神内涵,将专业引导与价值引领有机结合,科学合理拓展课程的广度、深度和温度,体现课程育人的宗旨。

本教材的编写思路可概括为"6+7+2"。即选取6个思政维度,分别是马克思主义基本理论、习近平新时代中国特色社会主义思想、社会主义核心价值观、中华优秀传统文化、法治意识和法治观念、职业理想和职业道德;以7个专业课程模块为内容载体,分别是商科专业通识类课程、财务管理类课程、会计类课程、税法类课程、审计类课程、金融投资类课程、数据分析类课程;设置2条教育主线,即以专业课程体系及知识的引导教育(育才)为明线,以专业知识为依托挖掘的思政教育(育人)为暗线。同时通过巧妙设计和精心布局,为具体专业知识点打造最为契合的思政教育点,通过两点相交实现知识点和思政点的有机融合、专业教学内容与价值塑造的同频共振。本教材编写主要利用网络、媒体资源多方搜集专业案例,深入挖掘思政元素,进一步整合分析编写而成。

本教材具有以下特色:

(1)坚持立德树人,推动课程思政全面融入

从塑造学生正确的世界观、人生观和价值观出发,充分挖掘和积累知识中德育元素。例如,结合中国目前的时政热点、经济现象、社会问题等,将对学生价值观、人生观和世界观的培养自然融入专业导论课的教学过程中,用新素材、新观点激活学生的课堂参与主体意识,引导学生树立社会主义核心价值观与情感认同,实现专业内容与德育的有机融合。

(2)立足以学生为中心,贯彻以产出为导向的教材建设要求

以产出为导向的教材设计,强调以学生学习为中心,注重以问题为切入点的学科发展逻辑。每个案例的编排遵循学习的习惯与思维即"学—思—做—启—延",可充分调动学生的主观能动性。

（3）实施多元化呈现，打造凸显专业特色教材

在教材编写中设置具有探究性、启发性、开发性和参与性的活动，使学生在活动中学习、思考。活动的内容与学生的现实生活以及将来工作联系密切，难易适中，具有趣味性和实用性，便于教师把思政元素和职业素养融入课堂教学，引导学生自主探索，培养学生的学习习惯、创新能力和正确的职业观。

本教材由电子科技大学成都学院张玲担任主编，刘晏如、王爱娜担任副主编，张艳玲指导并参编，刘嘉语参与编写，张丽和李庚为部分案例的编写提供了素材支持。

做好专业引导课程与思政的融合尚处探索阶段，加之专业水平和写作能力有限，本教材还存在一些不足之处，诚请批评指正。

编者

2022 年 11 月

目录

第一章 走近大师 感悟初心 —— 001
- 案例一 中国现代会计之父 …… 001
- 案例二 红色审计的奠基人与开拓者 …… 007
- 案例三 溯源红色金融 …… 012

第二章 商科专业通识类课程思政案例 —— 020
- 案例四 中国企业转型与重塑典范 …… 020
- 案例五 不只有"西方"的经济学 …… 026
- 案例六 垄断的代价 …… 033

第三章 财务管理类课程思政案例 —— 039
- 案例七 正确认识校园贷 …… 039
- 案例八 步入财务共享服务时代 …… 045

第四章 会计类课程思政案例 —— 053
- 案例九 中国的会计文化 …… 053
- 案例十 重拳治乱 对造假"零容忍" …… 059
- 案例十一 成功的密码 …… 065

第五章 税法类课程思政案例 —— 073
- 案例十二 从"贡"到"税"的探寻 …… 073
- 案例十三 减税降费促发展 添力赋能增信心 …… 081
- 案例十四 以数治税 偷逃税款无处遁形 …… 091

第六章 审计类课程思政案例 —— 101
- 案例十五 知荣明耻 执审为民 …… 101
- 案例十六 审计报告的改革 …… 109

案例十七　守正创新：数字化审计到来 …………………………………………… 117

第七章　金融投资类课程思政案例 ——————————————— 123
案例十八　高瞻远瞩的"一带一路" …………………………………………… 123
案例十九　数字经济与数字人民币 ……………………………………………… 129
案例二十　金融风险与金融监管 ………………………………………………… 137

第八章　数据分析类课程思政案例 ——————————————— 145
案例二十一　大数据的"天下" ………………………………………………… 145
案例二十二　数字时代的机遇与挑战 …………………………………………… 152

第一章
走近大师　感悟初心

案例一　中国现代会计之父

思政元素：诚实守信、终身学习、社会责任、民族复兴。

教育目标：引导学生树立正确的人生观、价值观和世界观，坚定自身理想信念，具备诚实守信、终身学习的意识；引导学生以诚信的态度自觉践行社会主义核心价值观；增强学生责任担当与社会责任感；引导学生关注社会问题、树立宏观意识；鼓励学生为促进中国财经事业的发展而努力。

教学组织：主题活动、小组分享、自我探究。

一、案例介绍

在中国当代学术界，能称为"学科之父"的，潘序伦先生是其中之一。潘序伦先生（1893—1985）被誉为"中国现代会计之父""现代会计学宗师，职业教育之楷模"，是我国著名的会计学家、会计教育家、会计实务专家和会计实业家，"三位一体"立信会计实业的创办者。他将现代会计理论带回我国，告诫学生"夫学识经验及才能，在会计师固无一项可缺，然根本上究不若道德之重要"，对我国现代会计事业的启蒙与发展做出了重大贡献。终其一生，恐怕没有比立"信"更重要的事业了，他创立的"立信精神"作为一种精神，被国人传承。

潘序伦先生，江苏宜兴人，1921 年毕业于上海圣约翰大学。后留学美国，获哈佛大学企业管理硕士学位（MBA）及哥伦比亚大学经济学博士学位，是一名不可多得的哈佛、哥大双料"高材生"，是当时我国少有的在美国取得经济学博士学位的留学生。1924 年回国，任上海商科大学教务主任兼会计系主任、上海国立暨南大学商学院院长。20 世纪 20 年代后期起，先后创办立信会计师事务所、立信会计专科学校和立信会计图书用品社。新中国成立后，任立信会计专科学校名誉校长。

（一）走过坎坷路

1893 年 7 月 14 日，潘序伦出生在江苏宜兴蜀山镇的一个官宦之家，曾祖父和伯父都是清代举人，自幼便在私塾中受到了良好的国学教育。1904 年，科举废除后，宜兴东南八乡上的 24 家"大族"利用东坡祠堂的房屋，办了一所高等小学。在这里，潘序伦初次接触到了除四书五经以外的数学、英文、历史、地理等知识。

东坡小学毕业后，天资聪颖的潘序伦以优异的成绩考上了上海浦东中学。在上海，潘序伦在学业上依然如鱼得水，每每考试总能得到第一名的好成绩，深得师长们的喜爱，颇得校长黄炎培的赏识。在浦东中学读到二年级时，他曾越级投考天津高等工业学校，结果考了第一名，却被其兄长以"欲速不达"驳回，未能成行。

然而，本该一帆风顺的中学生涯，却在临近毕业之际终止了。恃才而难免傲物，行将毕业之时，潘序伦卷入因抗议某教师批分较严而举行的"交白卷"风潮中。一场"交白卷"风波，让年轻气盛的潘序伦遭受到了学业上的第一次挫折，被浦东中学开除，只得回乡，之后他进入常州府中学堂继续学业。

1911年，潘序伦考入了当时的南京法政大学，岂料这所私立大学由于不符合办学条件，不到两年就被主管部门勒令停办，再次失学的潘序伦不得不再另谋出路。不久，他又考进了南京海军军官学校无线电报收发讲习班。一年半后学习期满，以五门学科皆一百分的成绩毕业，被派往当时海军最大吨位的巡洋舰"海圻"号，成了一名准尉无线电报收发员。终究志不在此，一再呈请退出军籍，费尽周折才获批准。其后，他到南京造币厂当过翻译员，依然屡屡受挫。后来，人生的这段光景被潘序伦先生自称为"学书不成，学剑无门，不成材的青年"时光。

1918年，眼看已近而立之年，潘序伦深感自己在学业、事业上一无所获，不禁灰心丧气，回到了家乡。在回忆录中，潘序伦对这段早期的求学就职经历做出了这样的感慨："自己没有真实的本领，要想在职业界里混饭吃，实在是太靠不住了。"

回到家乡依旧日日无所事事，百般无聊之际，潘序伦结识了一群赌徒，开始沉沦于乡间赌博。晚年的回忆录里，潘序伦这样说道："年轻时不懂事，懂事时不年轻。"他告诫后人："一生学业事业的成就，不关年龄的迟早。俗语说得好，太公八十遇文王。只要肯学，任何时候都为时不晚。"

1919年，潘序伦终于寻到了人生的转机。这一年，他回到上海，在当时的浦东中学校长黄炎培的推荐下，成为上海圣约翰大学的旁听生。由于已近而立之年，起初同学们都以为他是个国文先生，搞清楚状况之后，都觉得有些奇怪，便常常到他的宿舍门口探头探脑。

圣约翰大学是一所教会大学，校内的通用语言是英文。章程、书信，哪怕是同学间聊天，都是用英文。对于当时英文基础极差的潘序伦来说，无疑是个莫大的考验。班级里，潘序伦的英文程度算是很低的，教授们顾及他的体面，便不大向其发问。自知基础差，便只得拼命用功。从晨间六时起床直至晚上十时宿舍熄灯为止，除饮食、如厕、体操外，潘序伦便把时间都扑在了书本上，争分夺秒地学习。他的学业很快便又回到了"第一名"，全校英文政治论文比赛中，竟拿了个"状元"。

1921年的夏天，潘序伦以各科均位列全班之首的成绩，顺利拿到圣约翰大学文学学士学位。报上见南洋兄弟烟草公司考送留学生的广告，潘序伦恳求校方保荐其去应试，经过层层选拔，结果又以第一名的成绩被录取。在南洋兄弟烟草公司简氏兄弟的资助下，潘序伦被保送进入了美国哈佛大学工商管理学院。

在"银行货币学"大热的当时，潘序伦却出人意料地选了"会计"这门学科。在学业上面他采取"人弃我取"的方针，看好"会计"这门学科，他认为20世纪20年代我国民族工商业刚刚起步，要得到振兴，肯定离不开经济核算，而经济核算离不开会计。

赴美留学的3年里，潘序伦忘掉了假期，放弃了一切休闲娱乐的机会，几乎天天都是过着书本、面包伴白开水艰难的日子。他先用2年时间取得了哈佛大学企业管理硕士学位，再用1年时间获得了哥伦比亚大学经济学博士学位。

时间带走了曾经的年少轻狂，沉淀下来的是坚定的信念与非凡的毅力。学成归国的潘序伦，在旧中国动荡的社会现状中摸索前进，逐步构建出了"三位一体"的会计事业发展模式。然而，他毕生所推崇的"借贷复式记账法"在当时并没有得到社会的认可，很多人不是很赞同。

20世纪30年代，大批有识之士力图改变我国积贫积弱的现状，知识界、实业界都涌动起了一股改革与改良的思潮。一场会计界"中式簿记改良派"与"西式簿记改革派"的论战也随之而生。改良派为首的是我国当时非常有名的会计师徐永祚，潘序伦则坚持西方借贷复式记账法比中式簿记方法更科学，两派争论持续很久。新中国改革开放以后，放弃以前传统的阶级性等想法，着重方法的科学性考虑问题得到了大家的认同，特别是1992年，我国开始采用国际惯例会计准则，明确企业会计全部改用借贷记账法，社会各界完全统一思想，没有任何疑义。潘序伦引进并推崇借贷记账法，是非常有远见的，而且通过百年历史证明他是正确的。

抗战胜利后，潘序伦从重庆回到了上海，重整旗鼓，继续为立信专科学校的建设而奔走，直至1947年，包括一座教学大楼、一个大礼堂、一座大饭厅、一个足球场的立信会计专科学校终于在柿子湾建成。潘序伦亲自主持校务，一切坚持"认真严谨"四字，对师生都是高标准、严要求。

1980年，潘序伦虽已年过八旬，但老骥伏枥的他敏锐地意识到现代会计人才远远不能满足我国经济蓬勃发展的新需求，便联合了11位教育界、经济界的知名人士，向上海市政府发出复办立信会计专科学校的倡议书。1980年10月20日，立信会计专科学校被批准复校，87岁的潘序伦大喜过望，再一次出任了名誉校长。

（二）簿记改革的先行者

1921年潘序伦赴美留学，在哈佛大学攻读硕士学位，重点选修了该校会计系的课程，1923年获得该校企业管理硕士学位，1924年获得哥伦比亚大学经济博士学位。在归国途中，他绕道欧洲，周游十三国，实地考察了欧洲诸国的经济状况，加深了他对西方经济世界的认识，这为他归国后引进和传播西方现代会计中的借贷复式簿记奠定了思想基础。

在他回国后引进和传播西方借贷复式簿记的过程中，他深刻感受到中式会计簿记的弊端和西式借贷复式簿记的优势，极力主张改良中式会计簿记。当时以徐永祚先生为代表的"中式簿记改良派"，主张在保存中式簿记核算形式的前提下进行改良，把借贷记账法的优点融合到中式收付簿记中。1933年，徐永祚在《改良中式簿记概说》一书中详细阐述了他的主张与观点。

以潘序伦为代表的"改革派"持不同观点，他发表《为讨论"改良中式簿记"致徐永祚君书》、顾准发表《评徐永祚氏"改良中式簿记"》、钱乃澄发表《对于徐永祚君"改良中式簿记"之批评》等文章，主张全面引进、推进西式簿记。这是我国会计学术史上一场关于会计改革的论争。

1934年潘序伦先生在《改良中式会计簿记之讨论》序中写道："我国目前之计，唯有急起直追，舍己之短，取人之长。则桑榆之收，尚可不嫌其晚。幸也。近年来，国人为时势环境之所迫，经会计学家之倡导，对于簿记，重要之认识，已渐普通。以簿记为研究讨论之对象者，亦日渐增多，各机关及工商企业之采酌欧美成法，以实施其簿记之改良者，尤多纷纷而起。"

潘序伦在《为讨论"改良中式簿记"致徐永祚君书》中详细阐述了自己的观点：簿记不分中式与西式的观点，会计属于一门科学，是不分国界的，也无所谓中西之分；徐永祚的改良方案中主张的现金收付记账法以现金为记账基础，即现金过入总账时，必须反其方向。潘序伦认为"要分别现金非现金或转账交易的应收应付，记账要比借贷法更复杂困难"。现金过账反其方向没有使人信服的理论依据，会计实务中难以做到通俗易懂；徐永祚的改良方案中沿用中式会计直写的习惯，潘序伦认为在大规模的企业组织中，账簿多，业务量大，为节省记账工作，必须应用各种专栏，以便汇总金额过入总账，而直写则不能多设专栏；针对徐永祚主张的"中体西用"原则，潘序伦主张全盘西化，簿记方法世界趋同，"商业习惯日趋大同，正应提倡一致之（簿记）方法，以求彼此业务之便利"。

他的这些观点在现在看来是顺理成章的，符合历史潮流的，但在当时处于弱势。据史料记载，20世纪30年代，90%以上的工商企业采用现金收付记账法，到1947年，这一比例虽然在西式借贷簿记的挑战下有所下降，但仍高居80%以上，应用借贷簿记法的工商企业不到20%。可见当时潘序伦力推借贷记账法的艰辛。

（三）"立信精神"的创立者

1927年1月，潘序伦在上海爱多亚路39号创办潘序伦会计师事务所，试图在会计师业务中，帮助工商企业改变会计现状，推行新式借贷会计，开启改革我国会计的艰苦创业之路。后来，经过一段时间的实践，潘先生深感开展会计师业务，必须要取信于社会，于是取《论语》中"民无信不立"之句，将事务所改名为立信会计师事务所。

1928年，他又将"民无信不立"的立信文化，进行了提炼与升华，提出了"信以立志，信以守身，信以处世，信以待人，毋忘立信，当必有成"的"立信精神"。从此，他将这一"立信精神"贯彻于他所从事的会计事业，无论是会计师事务所，还是会计学校以及会计图书用品社，均赢得了社会的高度信任。

1928年春，"立信"开设会计补习班，同年秋，创办立信会计补习学校，1930年8月，增设立信会计函授学校，1937年立信会计专科学校正式成立。"信以立志，信以守身，信以处世，信以待人，毋忘立信，当必有成"的"立信精神"被当成了校训，在立信会计学校及立信学子中广泛传播。

（四）会计实业的践行者

1941年，潘序伦从商务印书馆收回了立信会计丛书的版权，与邹韬奋先生主持的生活书店合作筹资，同年6月创办了"立信会计图书用品社"，除出版发行立信会计丛书等会计财经类图书以外，还印刷账簿、表单，以满足工商业日常经营之需。

1947年，会计学家、审计学家管锦康留学美国，就曾在华盛顿美国国会图书馆看到过潘先生所著中文本《会计学》，立信会计、财经丛书的学术影响可见一斑。

从立信会计师事务所，到立信会计专科学校，再到立信会计图书用品社，自此，潘序伦"三位一体"的立信会计事业版图终创建完成。在事务所创立后的执业过程中，深感新式会计人才的缺乏，为推进新式簿记，培养新式会计人才，于是创办"立信会计学校"，同时为了传播新式簿记，满足立信会计学校的教材需要以及社会的需求，编著"立信会计丛书"，创办会计杂志，并发展为组织图书出版发行"立信会计书社"，由于该社具备编辑、出版与印刷三位一体的条件，"立信会计书社"更名为"立信会计图书用品社"，这一实体，不仅具备编辑、出版与印刷的功能，还具备经营会计用品多方面的功能，成为真正的会计实体。他曾说："事务所可以为学校提供师资；图书社可以为学校提供教材和补助部分办校经费；学校培养出来的会计人才，参加工作以后，可以回过来协助事务所和图书社发展业务。"其用心良苦，不言自明。

"三位一体"立信会计事业，发端于立信会计师事务所的创办，发展于立信会计教育事业的举办，完善于立信会计出版社以及会计图书用品社的成立。

"三位一体"立信会计事业，相互支撑，形成了良性循环。立信会计学校除靠学校收取的学费办学外，还通过事务所、出版社的收入支持办学，发展会计教育事业，而立信会计学校又为事务所和出版社培养输送会计人才，形成了良性互动。

潘序伦一直致力于会计理论的革新和会计人才的培养，长达六十多个春秋，是当时我国会计学界改革的精神领袖，开创了学校、事务所、出版社三位一体的立信会计事业，成为我国现代会计学界的泰斗，被国际会计学界尊称为"中国现代会计之父"。他对财政、金融、税务经济管理有很深的研究，在会计学、审计学等方面有很深的造诣，是一位集大成的会计学家。

潘序伦先生引用王安石的"合天下之众者财，理天下之财者法，守天下之法者吏也。吏不良，则有法而莫守；法不善，则有财而莫理"作为会计工作的指导思想，以毕生从事的会计事业和立信会计师事务所的实践，树立了会计行业的诚信和职业道德的典范。而他创立的"立信精神"更是深入人心，早已超出会计的界限，被国人传承至今。

（五）诚信者，天下之结也

《中庸》讲"诚者，天之道也。诚之者，人之道也"；《论语》也讲"与朋友交，言而有信""人而无信，不知其可也。大车无輗，小车无軏，其何以行之哉？""谨而信，泛爱众"；孟子说"朋友有信"，都是在强调诚实守信是人与人之间交往的基础，只有彼此真诚，才能成为朋友，我们应该把追求真诚作为立身处世之本。

当今世界，新型冠状病毒感染疫情持续反复，世界经济复苏脆弱，气候变化挑战突出，地区热点问题频发。面对世界百年未有之大变局和世纪疫情，世界各国要负起应有责任，为了人类未来、人民福祉，坚持开放包容、合作共赢，践行真正的多边主义，推动构建人类命运共同体。习近平主席曾引用古语"诚信者，天下之结也"，向世界传播中国声音，传达中国方案。

习近平主席高度重视中华优秀传统文化的传承与发展，强调深入挖掘和阐发中华优秀传统文化讲仁爱、重民本、守诚信、崇正义、尚和合、求大同的时代价值。其中，中华优秀传统文化的诚信精神，作为国家重要的文化软实力，是新时代人与人相处、国与国相处的道德基础。

人与人交往在于言而有信，国与国相处讲究诚信为本。中国"以诚待人、以信为本"的大国形象，为推动构建人类命运共同体、共创世界更美好未来指明方向。诚信关乎一个国家国民的道德素质，更关乎一个民族、一个国家的整体形象。自古以来，诚信在世界各个民族的文化传统中都具有极为重要的道德价值。大国要有大胸怀、大气度、大格局。一个在国际交往合作中坚持正确义利观，坚持以诚待人、以信为本的国家，才能赢得国际社会由衷尊重，才能扎实深入开展各领域国际合作。

二、案例思考

① 请收集潘序伦先生及其他财经名人名家的优秀事迹，思考从老前辈们的人生经历中我们应遵循哪些优秀人格品质。

② 请收集潘序伦先生写过的名言名句及其他前辈的财经名言名句，从中体会财经工作的职业精髓是什么。

③ 中华民族正面临百年未有之大变局，请以诚信为道德基石，思考在中华民族伟大复兴的道路上如何实现自己的职业梦、中国梦。

三、活动安排

① 请学生收集潘序伦先生的名言名句及其他前辈的财经名言名句，并在课堂上向其他同学分享心得体会。

② 以"中国梦，财经梦，有你，有我！"为主题，引导学生畅谈自己的梦想以及如何为实现梦想而努力。

③ 全体同学起立，一起合唱歌曲《我的中国梦》，引导学生坚定自己的中国梦，并朝着自己的梦想而努力奋斗。

④ 以"诚信"为主题，以小组为单位，制作手抄报，弘扬诚信文化，践行社会主义核心价值观。

四、案例启示

潘序伦先生的处世言论均以"信"为核心，即"信以立志，信以守身，信以处世，信以待人，毋忘立信，当必有成"。他的处世言论作为财经类高校学生的训条警句也就成为最为醒目的标志，"诚信是会计之本"是财会类专业每一位新生入学时必须要上的第一堂课。

诚信是中华民族的传统美德，也是每一个有品行的人必备的品质。所谓"君子养心，莫善于诚""诚外无物""宁失千金，不失诚信"，"诚"，是内在的品质；"信"，则是外在的表现。怀着诚实不欺的心，并付诸实际行动，这就是"诚信"。

人无信不立、业无信不兴、国无信不强。对于个人来说，要想培养高尚的品行，最基本的就是要讲诚信；对于企业来说，市场经济就是契约经济、信用经济，而诚信，就是企业至关重要的无形资产，是企业立足之本；对于政府来说，要实现社会的长治久安，必须取信于民。

作为市场经济的重要基石，信用正成为个人和社会的宝贵财富，是个人干事创业、社会高质高效运行的刚需。现在我国已经跃升为世界第二大经济体，正在为实现中华民族的伟大复兴而奋斗，我们更应该强化诚信意识、加强诚信建设、打造诚信中国，这对于完善市场经济体系、实现社会稳定、提升国际影响力，都具有重要而深远的意义。

诚信是大学生树立理想信念的基础。一个没有良好诚信品德的人，不可能有坚定的理想信念；一个平时不讲诚信的人，在关键时刻不可能为崇高的理想信念做出牺牲。大学生只有养成诚实守信的道德品质，才能真正忠诚于国家和民族的事业，牢固树立在中国共产党领导下走中国特色社会主义道路、为实现中华民族伟大复兴终生奋斗的理想信念。

诚信是大学生全面发展的前提。大学生只有以诚实守信为重点，加强思想道德修养，讲诚信、讲道德，言必信、行必果，诚心做事、诚实做人，言行一致、表里如一，自觉端正态度，坚守道德规范，才能不断提高思想道德素质、科学文化素质和健康素质，实现全面发展。诚信是大学生进入社会的"通行证"。社会主义市场经济的正常运行需要每个人诚实守信、遵守契约；民主法治建设需要社会成员遵纪守法、相互信任。

大学生只有树立诚信为本、操守为重的信用意识和道德观念，"以诚实守信为荣、以见利忘义为耻"，努力培养诚实守信的优良品质，奠定立足现代社会的道德基石，才能成为高素质的各类人才，承担起社会责任和历史使命。

作为新时代的大学生，应勇敢肩负起时代赋予的重任，志存高远，脚踏实地，努力在实现中华民族伟大复兴的中国梦的生动实践中放飞青春梦想。

五、参考文献

[1] 潘序伦. 潘序伦回忆录 [M]. 北京：中国财政经济出版社，1986.
[2] 陈涌泠. 潘序伦先生与"立信"教育思想 [J]. 中国农业会计，2001（11）：48.
[3] 李湖生. 潘序伦会计教育思想概述 [J]. 新会计，2015（7）：15-17.
[4] 任武，李湖生. 潘序伦会计思想的形成和发展初探 [J]. 新会计，2016（2）：12-14.
[5] 陆军. 潘序伦：中国现代会计之父 [J]. 中国档案，2019（1）：84-85.
[6] 董昕. 潘序伦与民国时期的立信会计期刊的出版发行 [J]. 中国出版史研究，2020（2）：32-44.
[7] 赵新民，彭秋龙. 近现代立信会计出版事业的历史贡献及经验启示 [J]. 出版与印刷，2021（5）：94-103.
[8] 王晶梅. 习近平关于诚信建设重要论述的五个维度 [J]. 中共石家庄市委党校学报，2021，23（7）：4-9.
[9] 郑永钢. 勤勉 睿智 诚信 担当——新时代会计先生风采（2021）[J]. 财务与会计，2021（20）：18-19.
[10] 杨承翰. 习近平关于诚信重要论述研究 [D]. 哈尔滨：哈尔滨商业大学，2021.

案例二 红色审计的奠基人与开拓者

思政元素： 家国情怀、社会责任感、职业精神、人格品格。

教育目标： 向学生强调应具备客观公允、不偏不倚的道德观念，让学生深刻理解维护公众利益的社会责任感、家国情怀、民族精神和时代精神；学习廉洁公正、爱岗敬业、勤劳友善、团结协作、一丝不苟的人格品格和职业精神。

教学组织： 主题讨论、自我探究、自主学习。

一、案例介绍

"环顾同志中,阮贺足称贤。阮誉传岭表,贺名播幽燕。审计呕心血,主政见威严。哀哉同突围,独我得生全。"陈毅同志诗中的"阮誉传岭表"称赞了阮啸仙同志在家乡广东领导农民运动功绩卓著,声誉远播;"审计呕心血"赞誉了他主持苏区审计工作呕心沥血,建立和健全国家机关、企事业单位的预算决算制度。健全财会制度,完善经济核算;严格执行节省方针,反对贪污浪费;反对官僚主义作风,领导干部必须学会管理经济,坚持秉公办案、注重审计策略、科学创新审计方法,卓有成效地开展审计工作。

阮啸仙(1898—1935)是无产阶级革命家,广东河源人。原名熙朝,字建备,号瑞宗,别号晁曦。少小时,先后在"洪事书屋"家塾、"闻啸轩"学堂和县城三江高等小学读书。在县城读书期间的作文中,主张变革,振兴实业。1921年加入广州共产主义小组,中国共产党早期的党员之一,广东青年运动的先驱,大革命时期著名的农民运动领袖,第一任中央审计委员会主任,人民审计制度的创建者和奠基人。

(一)广东青年运动先驱

1918年秋天,时年二十岁的阮啸仙同志考入了广东第一甲种工业学校机械科。此时,介绍俄国十月革命、宣传民主共和思想的书报传播到广州,阮啸仙同志和他的同学周其鉴、刘尔崧等组织了读书会,探讨新思想。1919年,在五四运动中,阮啸仙同志积极参与组织"广东中等以上学校学生联合会",上街游行示威,反对帝国主义侵略和军阀卖国行径,为唤起群众的觉悟而奔走呼号,并营救被捕同学。阮啸仙同志认为"提倡平民主义,打破军阀制度",必须"商工农士,都要出来争人格,谋自由,监督政府,干预政治"。经过五四运动的锻炼,1920年8月阮啸仙同志在广州加入了社会主义青年团,不久之后又加入了广州马克思主义研究会,他一边孜孜不倦地学习有关马克思主义的著作、文章,吸收马克思主义思想,一边积极地参加各种社会活动。1921年7月,中国共产党成立了,阮啸仙同志随即申请加入了中国共产党,完成了由社会主义者向共产主义者的转变。

1922年秋,阮啸仙同志从广东第一甲种工业学校完成学业后,便开始从事工人运动。他常常以爱群通讯社记者的身份深入油业工会、车船工会、革履工会、机织工会等团体中去,采访工人,宣传革命。1923年夏,阮啸仙同志成为广东青年运动的先驱和团组织的领导者,受陈独秀委托整顿广东团组织。在担任团广东区委书记期间,为整顿广东团组织纪律涣散的现象,他有针对性地注意对团员进行纪律上、政策上、工作上的训练,使团组织成为"更有组织更有力量"的革命团体。阮啸仙同志提出革命青年应是"新社会的健儿,为主义的实行家","为旧社会环境的破坏者",而且他较早地提出了学生只有与劳苦群众相结合,才能成为社会一种新势力的观点,他认为"劳苦群众是中国新的真势力,这种真势力得到学生的诚心引导,这可以做革命运动的重要分子,而且是最重要的分子,没有这种真势力,学生自身也不能成为一种新势力。"

(二)著名的农民运动领袖

早在1923年,阮啸仙同志就曾和黄学增、彭刚侠等到广东鹤山、顺德、花县、东莞、广宁等地农村进行宣传和调查活动。1924年,随着国共两党合作的革命统一战线的建立,阮啸仙同志把全部精力从青年运动转移到农民运动方面，他受命担任了中共广东区委农民运动委员会书记。1925年1月至4月，他又在广州主持开办了第三届农民运动讲习所，招收广东、广西等地青年进行培训，极有力地促进了两广地区农民运动的发展。1925年5月，阮啸仙同志被选为广东省农民协会执行委员会常务委员，以组织部主任的身份深入顺德等地视察农民运动状况，广泛宣传帝国主义在省港等地屠杀中国人民的罪行，以唤起农民拥护革命政府，实行援助省港罢工工友，巩固反帝国主义联合战线。之后，他又兼任国民党中央农民部组织干事、国民党中央农民运动委员会委员、中共中央农民运动委员会委员等职。在长期领导农民运动的实践中，他深入研究了广东、湖南、河南、广西、山东、陕西等省农民运动的状况，撰写了《中国农民运动》一书，全面地论述了农民运动在中国革命中的地位和作用，批判了党内外在农民问题上的错误论调和主张。《中国农民运动》一书中的实践总结对于指导农民运动的发展和深入进行反帝反封建斗争，起着指导作用。

（三）党审计的奠基人与开拓者

在1934年1月的第二次全国苏维埃代表大会上，阮啸仙同志被选举为中央委员会委员和中央审计委员会主任。

为贯彻执行毛泽东代表中央委员会提出的要从发展国民经济来增加财政收入，财政支出要坚持节省的方针，阮啸仙同志做出了不懈的努力。为了打破敌人对中央苏区的经济封锁，保证红军和苏维埃政府的供给，坚持根据地斗争，他领导审计委员会的全体人员，千方百计为增加苏维埃财政经济收入，呕心沥血搞好审计工作。正是这些不懈的努力和踏实认真的工作态度，中央苏区的支出节省运动取得了伟大成绩，在完成了80万元的节省计划的基础上超过计划节约额130万元以上。阮啸仙同志作为红色审计的奠基人与开拓者，其工作业绩体现在以下方面。

1. 为审计工作立法

1934年1月阮啸仙同志担任了中央审计委员会主任，此时的中央审计委员会是依照《中华苏维埃共和国中央苏维埃组织法》的规定成立的，直属中央执行委员会，与中央人民委员会平行。它的职权依法赋予，由中央执行委员会主席团委任其组成成员。中央审计委员会对下实行垂直管理，并与地方苏维埃政府发生密切联系。与之比较，1933年9月在"新的财政计划"下成立的中央审计委员会则挂靠中央财政部，其三名委员由中央人民委员会指定，并且均系兼职，包括中央工农检察部代部长高自立，中央内务部代部长梁柏台，中央国民经济部副部长吴亮平。通过对比不难发现，阮啸仙同志担任主任时的中央审计委员会的规格、职权和独立性，都比"新的财政计划"下成立的中央审计委员会高出、大出许多。这些组织特征为阮啸仙同志大展身手、开创苏区审计新局面，打下了坚实的基础。阮啸仙同志就任中央审计委员会主任后，一手抓组建工作班子、协调内外关系，一手抓审计工作的立法工作。1934年2月20日，中华苏维埃共和国中央政府执行委员会以命令形式公布了《中华苏维埃共和国中央政府执行委员会审计条例》（简称《审计条例》），这是中国共产党建立人民政权以来的第一部审计法规。

该条例一共十九条，围绕预算、决算制度的建立和完善，财政的统一和反贪污浪费斗争，开展了富有成效的审计工作。第一、二条属总则性质，分别阐释了制定本条例的目的以及施行本条例的可靠路径即审计工作要走群众路线。第三至第七条，是关于中央审计委员会及分会，怎样履行法律赋予的"审核国家的岁入与岁出"，以及"监督国家预算之执行"的职权，包括审查各级苏维埃机关预算决算的流程、必备资料、审查时限等。第八、第九条分别明确规定中央审计委员会及分会各自应审查的事项。第十至第十七条，规定了中央审计委员会及分会，为完整履行法律赋予的职权，所应承担的责任及采取的措施。第十八、第十九条系附则，说明本条例的修改办法和施行起始时间。

该条例既具有法律法规的严肃性，又具有实际工作的可操作性和一定的灵活性，比如第十七条规定：中央审计委员会及分会对于审查事项，在必要时，可以委托审查，受委托之人或机关须报告审查结果于中央审计委员会或分会。这就具有可操作性和灵活性。正是该条例的公布，中央苏区审计工作就有法可依、有规可循，从而具备权威性，有利于开展工作并提高工作效率。之后中央苏区审计工作的开展及取得的成效很好地证明了为审计立法的必要性。这部诞生于苏区时期的《审计条例》，还对此后抗日根据地、老解放区，以至新中国的审计立法、审计实践，都产生过深远的影响。

2. 开国家审计先河

《审计条例》公布后，阮啸仙同志即带领中央审计委员会一班人，展开了以国家名义、执行国家意志、维护国家利益、受国家法律保护的一系列审计活动：对中央政府、国家企业、群众团体，以及省和中央直属县的预算、会计、经济开支、财政收支等的国家审计。这些审计活动不同于已开展的主要在单位内部进行的自我审计，超越了各个系统间进行的上级审计。它扩大和提升了审计监督的范围、程度及功效。

中央审计委员会通过审计工作对国家企业在计划、生产、成本、经营、财务、纪律等各方面管理上存在的问题的揭示，对问题产生原因及解决办法的分析与提出，不仅一针见血，而且具有普遍意义。1934年3月17日，在《红色中华》发表了《中央审计委员会审查三月份中央政府预算的总结》。这份审计总结记述了审计工作及经过情形如下。

审计的目标立足于开展节省运动，健全和建立会计制度，审计的过程是首先检查中央各部（包括总务厅、劳动部、土地部、财政部、工农检察委员会、国民经济部、教育部、司法部、内务部、粮食部），并由总务厅召集各部工作人员组织突击队，相互到各部查阅账目，号召开展节省运动，帮助编制预算决算。等到3月预算时，又直接与各部负责人按照工作需要，详细检讨，才把预算查讫，完成对中央政府当月预算的审计。审计的结果以表列形式宣布。审计委员会将3月核定预算与1933年11月及1934年2月进行比较，认为：1934年3月的预算，各部都能按照工作实际需要，来详细核减原来预算数，以前存在的随便开列预算数的现象已基本不存在，可以保证将来决算和预算无大出入，这是预算确立过程中的大进步。此外，通过本次审计还发现，随着改善工作方式与裁减不必要的工作人员，各部门的工作方法得以进步，工作的情绪比以前紧张，劳动纪律得以提高。在节省经费方面，劳动部做得最好，国民经济部次之。这份审计总结也指出了审核预算中发现的几个问题：一是各部首长对于预算决算制度，还没有提到与整个苏维埃政府的关系高度来重视这一工作，有的没有从实际工作需要出发，来负责检讨经费问题，甚至很少过问预算决算的事，或最多过过目而已。二是阶级警觉性不够，有的部门未能及时发现阶级异己分子、坏分子的贪污行为，让他们掌了财权，如土地部。三是有些工农出身的干部，不会写，不懂管账，有必要提起这些干部"热忱学习管理自己国家财政"的警觉。四是各部裁判冗员，节省不必要的开支，还没有在积极方面提高应有的限度。最后，审计总结"要求各部负责同志决心做出更大的成绩,做成全苏维埃模范的领导"。

纵观《中央审计委员会审查三月份中央政府预算的总结》,审计总结有数据,有分析,有展示成绩,也有提出问题,并且指出今后努力方向,堪称当今国家审计报告的先声。

3. 创审计公开范例

中央苏区审计公开首先表现在通过《红色中华》等舆论工具,把审计工作的方针政策、实施办法及结果,交给群众和社会,从而为审计活动公开化、群众化打下思想基础。诸如《审计条例》的颁行、审计报告的发布,而且体现在审计活动中的发动群众、依靠群众过程。

审计公开也表现在通过工农检察、工会、共青团等相关部门与团体,组织的突击队、轻骑队,设立的工农通信员、控告箱,动员和组织群众参加对机关团体、企事业单位的审计监督。这既体现了在中央苏区的反腐倡廉斗争中,审计部门和反贪部门的相互配合和支持,也展现了审计公开的一个侧面。在查办国家或集体某一单位的贪腐问题时,往往少不了查账这个环节,这就要组织审查委员会或审查小组。审计部门理当承担指导,或直接介入的责任,从而实现审计公开。

审计公开还表现在审计结论公开。中央审计委员会及各地分会的审计结论,除按程序上报主管领导、主管机构外,还刊登在政府机关报上,或以其他形式与群众见面。这既扩大了审计工作的社会影响及受教育面,也使审计工作多了一层社会监督。

中央苏区审计公开的做法,为此后红色审计、人民审计的发展,提供了范例,积累了经验,其影响是积极而深远的。

阮啸仙同志要求每个审计人员必须弄懂、吃透精神实质,做好革命审计工作。对待审计工作秉公办案、一丝不苟,善于走群众路线,注重审计策略,积极创新,创造科学审计方法,正是卓越的工作成效使得阮啸仙和全体审计人员被人誉为"苏区经济卫士"。

勤奋敬业是一种认真的、积极的工作态度,它来源于一个人崇高的使命感和责任感;开拓进取则是思想的升华,是创造性的实践。作为中国红色审计事业的开路先锋,阮啸仙同志就是这样一个怀着坚定的革命责任感,用一生去为梦想、为事业而奋斗的人。

二、案例思考

① 请结合案例资料思考哪些内容体现了阮啸仙同志的家国情怀,你如何理解家国情怀。

② 请结合案例资料思考哪些内容体现了阮啸仙同志的社会责任感,你如何理解社会责任感。

③ 请结合案例资料思考哪些内容体现了阮啸仙同志的职业精神,你如何理解职业精神。

④ 请思考阮啸仙同志哪些优秀的人格品质值得学习。

三、活动安排

① 收集阮啸仙同志事迹,并在课堂上向其他同学分享心得体会。

② 以"家国情怀"为话题,引导学生畅谈自己将通过哪些路径实现家国情怀。

③ 收集资料,讲述"身边的事与人",展示一个具有社会责任感的人应该具备的品质。

④ 以小组为单位,选择感兴趣的一个财经类职业,讨论总结该职业应具备的职业精神。

四、案例启示

阮啸仙同志用短暂的一生为苏维埃政府赢得了"空前廉洁政府"的美誉，为红色审计监督事业的发展壮大奠定了基础。在他身上闪烁着的敬业、开拓的精神永远值得我们学习。

作为财经人，要像阮啸仙同志那样具有坚定的革命理想和信念，忠于党的事业，忠于人民，始终保持清醒头脑，坚持依法审计，要像阮啸仙同志那样发扬敬业奉献精神，自觉服从组织的工作安排，爱岗敬业，忠于职守，做好审计工作，要像阮啸仙同志那样艰苦奋斗、百折不挠、坚持原则、廉洁奉公，在党中央、国务院的领导下，坚持依法审计、服务大局、围绕中心、突出重点、求真务实，不断推进审计事业的发展，为建设富强民主文明和谐美丽的社会主义现代化强国做出新的更大的贡献。

作为新时代的大学生，同学们也应树立维护公众利益的社会责任感，以勤奋的态度对待学习和工作，以开放的思维对待一切新生事物，把各方面的智慧和力量充分凝聚起来。

大学生要肩负起中国特色社会主义建设的主力军这一历史使命离不开强烈的社会责任感。当代大学生是青年一代的代表，当代大学生具有丰富的知识文化和良好的素养，有着蓬勃的生命力以及潜在的创造力，是社会发展进步、构建和谐社会的推动器，应当肩负起中华民族伟大复兴的历史使命和责任，不断提高自己的知识文化内涵和发掘自身的潜在力量。

五、参考文献

[1] 曹春荣. 阮啸仙：红色审计的奠基人与开拓者 [J]. 红广角, 2015 (11)：4-8.
[2] 王雁, 刘东. 百年红色审计历史对推动审计高质量发展的启示 [J]. 会计之友, 2021 (17)：156-158.
[3] 马爱婷. 阮啸仙对早期马克思主义中国化的探索研究 [D]. 湛江：广东海洋大学, 2020.
[4] 武汉市纪委监察局. 1934年2月20日中华苏维埃共和国执行委员会颁布《中央政府执行委员会审计条例》[EB/OL]. (2015-05-29) [2022-02-20].

案例三　溯源红色金融

思政元素：党国意识、制度自信、文化认同、文化传承。
教育目标：引导学生对祖国的历史、国情和文化等内容进行更加深刻的认识与解读，从而强化学生对国家的认同，并帮助学生树立起文化自信。
教学组织：主题讨论、小组探究、自主学习。

一、案例介绍

新中国成立之前，由于政权的割据，战争的拉锯，农业荒废、交通阻隔，工商业一片萧条。同时，政权割据下，货币滥发导致解放区物价飞涨，社会民生苦不堪言。民生不稳则政权难立，因此革命战争的胜利从来不仅是战场上与敌军战斗的胜利，还必须是社会民生的胜利。故而，穿越历史的褶皱回到战火纷飞的年代，我们会发现，红色金融与革命军队同根同生、相辅相成，并依仗共产党人的信仰、智慧和勇气，在一片废墟中不断创造、积攒着民生奇迹。

而在溯源红色金融的历程中，有一个人从时空深处缓缓向我们走来，他就是被誉为"红色金融的奠基人"——毛泽民。

毛泽民，1896年生于湖南湘潭韶山冲，是毛泽东的大弟，是位善于边干边学、在实践中学习和成长的实干家。他接受的正规教育非常有限，幼年只读了4年私塾，1921年在自修大学短期半工半读，1925年在广州农民运动讲习所学习了3个月。

他从小就在家务农，因受父亲的影响，能写会算，珠算尤好。毛泽民对商品经济的最初认识，来自父亲毛贻昌对他的耳濡目染和言传身教。毛贻昌从军回家后，半耕半商，经营过谷米生意、猪牛生意等，长子毛泽东在外求学，次子毛泽民自然成了父亲最忠实的帮手。年少的他从父亲那里直接获得了一些粗浅的商品买卖和财经知识。虽然没有系统学习过经济学知识，但他非常善于在实际工作中学习。他在担任湖南第一师范附小和湖南自修大学庶务时，组织勤工俭学，对食材等采购精打细算，把学校食堂办得很好，深受师生欢迎，特别是为贫寒子弟办理分期缴纳学费的措施，让贫寒学子获得求学机会、为学校实践平民教育、扩大办学规模作出了巨大贡献。

1921年，在毛泽东的影响下，他离开了朝夕劳作的韶山冲，走上了革命道路，并于次年加入中国共产党，将从父亲毛贻昌那里学来的经商以及管家本领运用到共产党领导的革命斗争中，从此开启中国革命的红色金融事业。

（一）创办党的第一个工人消费合作社：探索合作经济，开创金融事业

1922年冬，组织派他到安源路矿开展工人运动。在工人运动取得胜利的基础上，他和易礼容一起创办了安源路矿工人消费合作社，这是共产党领导下工人自己举办的最早的经济实体之一。工人消费合作社开张1个月后，总经理易礼容调离安源，毛泽民代任总经理。随后在工人俱乐部换届选举中被最高代表会任命为安源路矿工人消费合作社总经理。

合作社经营之初，面临着资金不足的问题，毛泽民想到父亲创办"义顺堂"发行股票筹集资金的办法，决定面向社员发行股票，扩充资本金，也让工人参与分红得到实惠。毛泽民规定每股股金银圆5角，采取群众自愿入股原则，工人们尽管生活比较拮据，但仍然积极响应号召入股，很快合作社就募集到股金7 800余银圆，加上俱乐部基金、新发行的纸币等，消费合作社资金总额为2.83万余银圆。安源路矿工人俱乐部成了党早期活动经费的三个来源之一。

同时毛泽民认为，让工人阶级相信党，光靠思想动员是不够的，还必须解决工人实际困难。为做好服务工作，毛泽民经常深入工人及其家属中进行调研，根据他们的实际需要不断扩大经营范围，从油盐酱醋到日杂百货，甚至还销售进步书籍。为提高合作社的竞争力，毛泽民充分借助合作社成员由煤矿和铁路工人构成的便利，到武汉、长沙、株洲等大城市采购货物，让工友通过铁路运输顺车带回，这既扩大采购的种类和数量，也减少中间环节，降低采购成本，还节约运输储存费用。合作社货物品种丰富，而且物美价廉，很多商品价格比周边商号便宜1/3以上，深受路矿工人的拥护和欢迎。

合作社的迅速发展严重影响了旧社会商号的利益，许多商号开始私下结盟，准备联手搞垮合作社。他们秘密筹集资金，将合作社商品抢购一空，准备囤积居奇，搞垮合作社后再高价售卖。很快，毛泽民就发现了其中的蹊跷，一场斗智斗勇的商战就这样拉开序幕。毛泽民一方面让人加大货物采购量，确保了合作社商品能够正常供应；另一方面又让人连夜赶制了一批木质购物证发放给社员，社员凭购物证购物，这开创了我党历史上最早的限量购物凭证，堵住了其他商号从合作社抢购商品、转手倒卖的渠道。这些措施保障了合作社的经营以及工人的利益，让参与抢购、囤积居奇的商号傻了眼、亏了本，再也不敢同合作社叫板。

为组织工人同资本家开展经济斗争，毛泽民还在合作社设立储蓄部，以商品作保，发行10万铜圆券和纸币。这是一种基于商品的兑换券性质货币，限定路矿范围内数万工人和家属在市场上流通使用。这种钞票是中国共产党革命斗争史上最早发行的货币，是党领导金融事业的最初尝试。毛泽民在安源路矿工人消费合作社领导的这场经济斗争，虽然总体规模不大，却影响深远。此后各个时期根据地的经济运行管理，以及1949年的上海金融保卫战，都深受这场斗争的影响。

（二）参与组建中华苏维埃国家银行：经营金融信用，树立红军信誉

1923年3月中华苏维埃共和国国家银行在瑞金正式成立。鉴于毛泽民担任过湖南第一师范附小和湖南自修大学的庶务、安源路矿工人消费合作社总经理等职务，有丰富的经济工作实际经验，组织认为毛泽民为行长最佳人选。一直渴望带兵上前线的毛泽民经组织宣布服从了安排，就任了行长。

虽是国家银行，但初创时期一切都需要从零开始。而毛泽民在较短时间内妥善解决了资金不足、制度缺失、货币混乱等问题，开启了他红色金融事业中最辉煌的一页。

国家银行刚成立时，面临的最大问题是启动资金不足，临时中央政府本应拨款100万银圆，但真正到位的只有从闽西工农银行转来的20万银圆，而且不久后也被转走了。毛泽民想尽办法推动国家银行运转，组织"没收征集委员会"随部队到战斗前方筹款筹粮。1932年3月下旬，中国工农红军东路军攻下漳州，毛泽民领导下的没收征集委员会筹到资金100多万银圆，这成为国家银行获得的第一笔大额资金。

而创建初期，包括毛泽民在内，国家银行仅有工作人员5名，他们文化程度普遍不高，也没有从事过银行业务，但他们面临的任务十分艰巨，需要建立一套严格的管理制度和业务流程，确保国家银行平稳规范运行。毛泽民是边干边学，在实践中积累经验、增长才干。在没有经验可循、没有专家指导的情况下，受缴获的国民党税务机关四联单启发，他独辟蹊径，号召国家银行工作人员、红军战士，广泛收集涉及财政和金融等方面的书籍、单据、文件以及其他用具，集中开展研究，摸清其中蕴含的内在规律。仅用了几个月，毛泽民就组织人员研究制定了《中华苏维埃共和国国家银行暂行章程》《定期放款暂行规定》《暂行汇兑规则》《定期抵押放款暂行规定》等一批规章制度。这些制度设计比较科学严密，不仅详尽规范了国家银行的运营发展，而且也有助于防范财政金融风险。

国家银行成立时，苏区货币市场十分混乱，流通的既有国民政府发行的钱币，也有各级苏维埃政府发行的货币，甚至还包括清朝时期的铜板。货币市场的混乱，严重影响苏区商品流通和经济发展，发行统一的货币成为国家银行必须完成的任务。统一货币，首先是要印刷出纸币。在采购专用油墨、纸张无果的情况下，毛泽民决定自己动手造纸、造墨。

他带领大家剥树皮、砍毛竹、收集烂麻袋、破棉絮，砸碎后多次试验，最终成功研制出适用于造币的纸张。之后他又多方请教，将松脂、烟油、熟桐油等进行调配，研制出适合造币的油墨。1932年7月，中华苏维埃共和国统一的货币开始发行，解决了苏区货币市场混乱的局面。

统一货币发行后，社会经济趋于稳定，而这必然引起了国民党的仇视，他们大量伪造苏区货币投放市场，试图破坏苏区的货币金融稳定。为做好货币防伪，毛泽民费尽了心思。一天，毛泽民在工作时吸烟，无意中将羊毛衫烧着，羊毛焚烧的特殊气味引发了他的深思。通过反复试验他发现，在造纸中加入一定量的羊毛，既可以通过阳光下透视羊毛纤维，也可以通过火烧纸币闻煳焦味来辨别钱币真假。这就解决了防范国民党假币冲击的大难题，也充分体现了毛泽民在红色金融实践探索中的智慧。

在那个特殊的年代，纸币需要有金银作为发行准备，以确保币值稳定。国家银行缺乏黄金、白银，毛泽民就创造性地采用钨石、食盐等物资作为货币发行准备。毛泽民兼任中华钨矿公司总经理的时候，积极发展采矿事业，拓展"对外"贸易，打破了敌人的经济封锁，大幅增加了苏维埃国家财政收入，提升了苏区货币的信用。

为筹集经费，满足军事需求以及政府运转的需要，1932年至1933年毛泽民领导国家银行，发行了两期革命战争短期公债178万元、经济建设公债300万元，这成为我们党领导下国债发行的开端。

1934年初，第五次反"围剿"不断失利，苏区财政极其困难，加上敌人煽风造谣，国家银行发行的纸币信誉严重受损、流通受阻，甚至引发了挤兑。面对这一金融危机，毛泽民沉着应对。一方面，他要求国家银行应兑尽兑，从金库中拿出大量现洋，按一元纸币兑换一元现洋保证兑换，即使库存的银圆快要见底，依然态度坚决地要求不能停止兑换，坚定维护纸币信用。另一方面，他别出心裁地上演了一出"空城计"，拿出国家银行压箱底的全部金银放进箩筐，由红军开道，组织运输队在瑞金县城沿路展示，并将这些金银在国家银行营业大厅堆成一座小山，场面非常壮观，这打消了不少群众心里的疑虑，兑换的群众由此散去了不少。仅仅是这样还不够，要维持币值稳定，还需要增加市场上的物资供应，确保货币能买到等值的商品。当时，红军在反"围剿"斗争中缴获了大量银圆以及食盐、布匹等日用品。当前线缴获的物资运抵瑞金后，毛泽民下令运输物资的车队先在大街上转悠，然后将食盐、布匹等日用品摆上合作社的货架，并且告知老百姓合作社销售的商品只收纸币、不收银圆。国家银行不但拿出银圆保证纸币兑换，同时卖出的物品又只收纸币，双管齐下，彻底消除了苏区群众心中的疑虑和恐慌，百姓们又争先恐后地兑换纸币购买商品，国家银行收回的银圆比兑换出去的还多。

毛泽民积极维护国家银行信用，认为银行经营的就是信用，讲信用才能有信誉，苏维埃国家银行发行的纸币代表党和红军的信誉，不能侵害群众利益，否则会失去群众基础，故而领导了这次金融战争的胜利。

1934年10月，受王明"左"倾教条主义错误影响，第五次反"围剿"失败，中央红军被迫战略转移，包括毛泽民在内的中华苏维埃共和国国家银行14名工作人员，被编入中央军委直属纵队第十五大队。他们带着装有金银、纸币、印钞机等物品的上百个担子，离开江西，踏上了艰苦而又漫长的长征路。

自毛泽民创立中华苏维埃共和国国家银行开始，到撤离江西，短短不到3年。尽管这家银行没有雄厚的资本，也没有豪华气派的大楼，甚至被誉为"世界上最小的国家银行"，但它为苏区发展经济、改善民生、支援战争等提供了强有力的金融支撑，也为我们党领导下的金融事业发展积累了经验、奠定了基础、储备了人才。今天的中国人民银行，实际上就是在继承中华苏维埃共和国国家银行光荣传统的基础上不断发展起来的。

（三）治疗新疆财政：实现货币税收财政统一

1938年，毛泽民取道新疆前往苏联治病因故滞留新疆。当时我党已经和新疆的盛世才建立了统一战线关系，盛世才在我党的帮助下制订了"反帝、亲苏、民平、清廉、和平、建设"的六大政策。毛泽民经党组织同意后被当时主政新疆的盛世才挽留委任财政厅代厅长职务治理新疆财政。民国以来新疆币制混乱，各种价值不一的货币十余种，混杂使用，致使货币流通紊乱，物价极不稳定，严重影响了生产发展和社会秩序稳定，各族民众怨声载道。在盛世才统治初期，为应付新疆未息战乱，省政府只得无休止地印发大额纸币来勉撑难局。在盛世才执政的头五年（1933—1937），全疆累计收入4 171.8万元，总支出达6 232.3万元，赤字高达2 060.5万元，这些赤字全靠省政府滥发纸币来填补。由于纸币贬值厉害，又不得不借大量的外债。

毛泽民上任伊始，经过几个月的调查，1938年7月开始整顿新疆财政，制定了"发展经济，增加收入，开源节流，保证支出，量入为出，争取收支平衡"的财政工作方针。毛泽民针对新疆现状，首先健全了财政机构。毛泽民根据新疆的地理和行政区划情况，在喀什、和田、阿克苏、伊犁、哈密等地区设立了财政局，地区所属各县也设立了财政局，同时还在各县建立了税务局，属省财政厅统一领导，这样全疆就有了一个统一健全的财政管理网络。

另外，毛泽民大力整顿财经纪律，建立严格的收支预决算制度，消除不合理的规定。盛世才上台后，新疆的财政无论是收入还是支出，根本就没有预算、决算制度。针对这种情况，毛泽民从行政开支、军费开支、警察开支等方面入手，编制具体的收支计划，送财政厅、省政府审核后方可执行。毛泽民对军费和公安费两项开支卡得很紧，其中公安费（实质为盛世才的特务费）几乎比原来削减了近一半，而对于教育费，却由原来的4.5%调整到11.5%，增加了一倍多。仅仅一年，新疆的财政收支就达到了基本平衡，使新疆一度出现了金融稳定、市场繁荣的景象。

毛泽民总结以前在中央苏区时领导财政工作的实战经验，深深地懂得币制混乱，必然会导致财政经济混乱，为此，他说服盛世才进行币制改革，废除新疆原来以"两"为单位的旧银票，统一改用以"元"为单位的新币。新币以黄金白银为储备基础，有很高的信誉，受到新疆各族人民的拥护和欢迎。新旧币的兑换率为旧省票四千两兑换新币一元，喀票一百六十两兑换新币一元。针对新疆多民族的特殊情况，新币背面文字印有维吾尔文、蒙古文和满文三种文字，面额用阿拉伯数字标明，票的背面右下侧有毛泽民的亲笔签名。

同时，毛泽民还着手改组省银。财政厅根据1938年10月新疆第三次民众大会的决议，于1938年12月5日成立商业银行筹备会，毛泽民为委员长。1939年1月1日，省银行改组为商业银行，银行的性质由官办改为官商合办。商业银行资本总额为500万元，分两期招收，官股占60%，商股占40%，为使民众便于入股，每股定为50元。毛泽民以厅长长官股身份出任理事长。商业银行成立后，增加了分支机构，同时商业银行的开办，得到了民众的支持。各族各界认股十分踊跃，不久商股即完全募足。商业银行在开办的上半年，就获纯利 309 000 元，较上年同期增加一倍。银行机构也日益扩大，到 1942 年，扩充到 1 个总行，17 个分行，1 个储蓄处，13 个办事处，3 个副业。新疆省商业银行的成立和开业，在发展本地区经济、巩固抗战后方、运用游资增加生产方面都起了积极作用。

1942 年，盛世才背信弃义，投靠蒋介石，9 月 17 日软禁了包括毛泽民等在新疆工作的全体共产党员，并于 1943 年 9 月 27 日深夜将毛泽民一行秘密杀害。

二、案例思考

① 在革命战争中，"金融"的作用有哪些？
② 请思考"政治""民生""金融"三者的关系。
③ 请思考在革命战争时代，"金融信用"与"红军信誉"的关系是什么？

三、活动安排

① 请进一步梳理红色金融的历程，并选取一个微观视角，在课堂上向其他同学分享相关内容。
② 请以"红色金融"为主题，以小组为单位，制作手抄报，弘扬并传承我们党和国家的历史和文化。

四、案例启示

教育学家们普遍认为，人们对于距离其成长时代越近、越贴近其生活的内容接受程度越高，兴趣越充足，且印象越深刻。但追溯历史，很有必要。

在金融行业的日常工作中，商业银行、证券公司、保险公司和基金公司等金融机构的从业人员都会面对形形色色的高净值客户，接触大量的资金，这就要求金融从业人员更需要有较高的职业道德素养与良好的职业操守。

因此，通过追溯历史，溯源红色金融的点滴历程，细数红色金融的优良传统，我们能认知我国金融事业的发展基因，有助于将自身发展与国家利益紧密关联，在推动国家和社会的进步中实现个人价值。

（一）党对红色金融的领导，是金融业兴旺发达的根与魂

中国共产党利用"钱袋子"支撑"枪杆子"，加快了中国革命胜利的步伐。"枪杆子里出政权""钱袋子里出民生"。在战争时期，中国共产党领导下的金融力量，以自己独特的方式开辟了各种创造性的金融活动，在发展战区经济、改善人民生活、调剂军需、稳定物价、维护红色政权等方面发挥了重要作用，加快了中国革命胜利的步伐。红色金融机构的发展壮大，打破了旧中国金融体系，创建了独立的货币体系和货币制度，开展了借贷、储蓄、兑换、担保等金融业务，取缔了帝国主义、封建主义、官僚资本主义的金融特权，创立了独特的红色金融体系，开创了中国共产党领导的真正代表广大工农利益的红色金融事业，奠定了新中国金融事业发展的根基。

（二）秉持为民情怀是红色金融矢志不渝的初心

毛泽东指出："真正的铜墙铁壁是什么？是群众，是千百万真心实意地拥护革命的群众。"分得土地的老百姓，缺乏生产资金时，红色金融伸出援助之手，发放低息贷款、实

物贷款,帮助解决困难。秋收后,他们想到的第一件事,便是交土地税。还要求提高税率,以支援战争经费。为支持红色金融工作,他们购买公债,踊跃入股银行或者加入合作社。建设现代金融事业,必须把群众的满意与否当作最高标准,全面深化金融改革,必须依靠群众,从群众中汲取智慧和力量,在为人民服务中实现金融事业新的飞跃。

(三) 勇于开拓创新是金融业深入发展的不竭动力

"创新"贯穿红色金融的发展历程。货币的防伪,实物贷款的普惠金融实践,银行工作人员受包着现洋的四联单的启发而制定苏区银行的金库条例,设计国家的财政金库制度,制定财政部的会计预算、决算和审计等制度,创造性地提出"物价本位制"的货币政策(比西方弗里德曼的货币主义学说早了几十年)等,无不体现了红色金融工作者勇于开拓创新的智慧与精神品格。可以说,红色金融的发展史就是一部金融创新史,"创新"最终铸就了金融事业的不朽业绩。

五、知识链接

(一) 中国人民银行

中国人民银行(The People's Bank of China,PBC),简称央行,是中华人民共和国的中央银行,为国务院组成部门。在国务院领导下,制定和执行货币政策,防范和化解金融风险,维护金融稳定。根据《中华人民共和国中国人民银行法》的规定,央行在国务院的领导下依法独立执行货币政策,履行职责,开展业务,不受地方政府、社会团体和个人的干涉。主要职责有发行和管理人民币、制定和执行货币政策、承担最后贷款人责任等。

(二) 货币与货币政策

货币是由国家法律规定的,在商品和劳务的交易中或者债务清偿中被普遍接受的"媒介"。具有普遍接受性是货币的重要特征。各国中央银行以流动性作为标准,将不同货币形式划分为不同层次,如 M0、M1、M2。

货币政策,是央行为实现特定的经济目标,运用各种工具控制调节货币供给量和利率所采取的方针和措施的总和。包括信贷政策、利率政策和外汇政策等。央行通过货币政策调节货币供给量,影响利率及信贷供给来间接影响社会总需求,以达到总需求与总供给趋于理想的均衡,进而调控宏观经济。

(三) 证券与证券发行

证券是指各类记载并代表一定权利的法律凭证。用以证明持有人有权依其所持凭证记载的内容而取得应有的权益。按其性质不同,可分为凭证证券和有价证券。

凭证证券又称无价证券,本身不能使持有人取得一定收入的证券,不存在流通的价值和意义,如证据证券(收据、借据)、资格证券(保险单、电影票)等。有价证券,是指标有票面金额,持有人有权按期取得一定收入且可自由转让、买卖的证券,包括商品证券、货币证券和资本证券。其中资本证券主要有股票、债券等。

证券发行是指证券发行主体(政府、金融机构、工商企业等)以筹集资金为目的向投资者出售代表一定权利的有价证券。如发行股票、发行债券等。

(四) 财政政策

财政政策是国家制定的指导财政分配活动和处理各种财政分配关系的基本准则。它是客观存在的财政分配关系在国家意志上的反映。在现代市场经济条件下，财政政策又是国家干预经济、实现宏观经济目标的工具。

（五）通货膨胀与通货紧缩

通货膨胀是指在纸币流通条件下，市场上的货币供应量超过了商品生产和流通对货币的客观需要量而引起的货币贬值、一般物价水平持续上涨的经济现象。

通货紧缩是指由于货币供给不足而引起货币升值、一般物价水平持续下跌的货币现象。

六、参考文献

[1] 中国人民银行郑州培训学院红色金融研究课题组. 解放战争时期中原地区红色金融实践与启示 [J]. 征信, 2022 (3)：97-92.

[2] 许斌. 红色事业的开创者——毛泽民及其金融事业 [J]. 中国城市金融, 2013 (7)：72-73.

[3] 许树信. 红色金融先驱毛泽民 [J]. 中国金融, 2011 (13)：56-59.

[4] 牛犇. 毛泽民：中共早期杰出的红色金融家 [J]. 党史文苑, 2021 (10)：22-24.

[5] 朱与墨. 毛泽民的财经工作实践与贡献 [J]. 湖南第一师范学院学报, 2018 (18)：22-26.

[6] 中国人民银行南昌中心支行课题组. 中央苏区红色金融故事 [J]. 中国金融, 2021 (13-14)：105-107.

[7] 熊亮华. 红色金融的奠基人——毛泽民 [J]. 中国金融家, 2006 (1)：69-77.

[8] 孙维娜. 培育大学生爱国主义精神对抵御历史虚无主义影响的路径研究 [D]. 北京：北京化工大学, 2020.

第二章
商科专业通识类课程思政案例

案例四 中国企业转型与重塑典范

思政元素：民族自信、创新思维、科学发展观。

教育目标：帮助学生了解管理及创新，引导学生学会统揽全局，善于把握事物发展总体趋势和方向，具有勇于开拓创新的思维。

教学组织：视频观看、小组讨论与分享、自我探究。

一、案例介绍

企业发展与成熟的路径应该是一个螺旋式上升的过程。随着时间的不同，企业所处的阶段不一样，市场环境、服务人群、消费习惯等都随之发生了改变，这就要求企业必须随之进行改变、重塑甚至革新，以满足时代需求。

（一）TCL 的变革与重塑之路

TCL 创立于 1981 年，前身为 TTK 家庭电器（惠州）有限公司，最初从事磁带的生产制造，后来布局到智能终端产品、半导体显示及材料、半导体及新能源等领域，业务范围不断拓展。2019 年，TCL 完成资产重组，拆分为 TCL 科技集团股份有限公司（简称"TCL 科技"）和 TCL 实业控股股份有限公司（简称"TCL 实业"）。TCL 科技聚焦半导体显示及材料、半导体及光伏领域，以产业金融与投资创投支持主业发展，加速向技术、资本密集型的高科技产业集团转型。2020 年 7 月，TCL 科技战略收购中环半导体，实现在半导体及新能源领域的重要布局与战略储备，以新能源材料与半导体材料为双主业驱动发展。TCL 实业聚焦智能终端产品及服务，旨在以全品类智慧科技产品服务全球用户。2020 年 7 月，2020 年《财富》中国 500 强，TCL 科技排名第 135 位。在 TCL 卓越的发展历程中，它不断探究、不断创新、不断重生。

1. 授权经营，体制创新

TCL 早在 1981 年创建之初，主要经营生产和制造录音磁带，经过不断拓展业务领域，发展到液晶面板、小家电、空调、洗衣机、冰箱、手机、电视、电话等多个领域。1996 年底，李东生出任 TCL 集团公司董事长兼总裁。具有现代企业管理意识的他已经意识到，TCL 若要更进一步，需要完善企业治理结构。

1997 年 5 月，TCL 集团与惠州市政府签订了契约，开始五年的"授权经营、增量奖股"的国有资产授权经营试点。1997年至2001年的五年授权经营使TCL集团销售收入增长了3倍,利润增长了2倍,品牌价值增长了4倍,实现了由地方小企业向我国消费电子领先企业的历史跨越。2001年授权经营结束时TCL集团国有资产增值率高达261.73%,TCL以629万台"王牌"彩电的销量登上了彩电行业领先者的位置,还获得国产手机销量第一的霸主地位,实现了销售额211亿元,利润7.1亿元,成为我国家电行业少有的新星。

2. 建立现代企业制度

为了实现进一步做大做强,成为世界一流企业,TCL选择同行的一些世界一流公司,从业务方向、技术方向、市场营销、财务管理、人力资源、股权结构、公司治理和管理体制等多方面进行比较,学习同行业优秀企业的管理经验。从2001年开始,TCL陆续引进了南太、住友、东芝、飞利浦等战略投资者,并变更为股份有限公司,在董事会中引入了独立董事。TCL规范化的公司治理及管理体制,保证了股权多元化下的企业健康发展,正因为如此,才能成功地吸引海外的战略投资者。2004年1月30日,TCL集团成功吸收合并控股上市企业TCL通讯,并在深交所整体上市,TCL集团在国内A股整体上市,加上分别于1993年和1999年在香港上市的TCL通讯和TCL多媒体,使得TCL成为国内少数几家在内地和香港市场均拥有上市公司的企业。伴随着施耐德电器的彩电生产线、汤姆逊彩电业务及阿尔卡特手机业务的收购,TCL进一步地实现了国际化的发展。

TCL集团成功的产权制度改革,不但使公司从国有控股企业逐步转变为多元投资为主体的混合所有制企业,公司治理结构日趋科学和完善;而且为建立现代企业制度创造了必要的条件,加强了与战略投资者在技术、制造、渠道等方面的合作;同时也逐步形成了与市场经济相适应并与国际惯例接轨的经营机制,增强了企业的竞争力与活力。

3. 多维度激励计划

随着市场环境的开放和企业的发展,国际化成了我国企业发展的方向。TCL跨国并购的实施使得它的国际业务规模和竞争力有了质的提升,但同时也带来了一系列具有重大挑战的整合问题。这些问题不仅涉及资金、技术、人才的储备,也涉及对欧洲法律、文化、风俗以及市场的了解等。2006年上半年欧洲彩电业务亏损达7.63亿元,资产减值准备高达8.31亿元,截至2006年9月30日,TCL在欧洲业务上的投资损失约为2.03亿欧元(约合人民币20.3亿元),亏损的"罪魁祸首"正是TCL一度引以为豪的国际化战略,欧洲业务已成为吞噬TCL集团盈利的"黑洞"。

在跨国并购受挫等因素的影响下,TCL股份2005年报出现了巨亏,为了激发团队的士气,TCL集团再次启动了管理层期权激励计划,面向产业管理者、业务骨干、技术专家制订了股票期权激励计划。在利益一致化下,TCL全员上下齐心协力,公司的销售收入从2010年的518.7亿元,到2014年成功实现1 034亿元销售额,利润增长近4倍。此外,TCL多媒体、TCL通讯等多家上市公司也开展了多种形式的奖励性股票、期权等模式的激励方案。2008年TCL多媒体和TCL通讯也推出了"金手铐计划",先后实施了股权激励。从而形成了A股和港股多上市平台联动,集团整体激励与产业多样化激励相结合的,多层次、宽领域、全面化股权改革与激励方案。

这些激励,不仅保留核心管理团队及核心技术团队,保持并提升公司在液晶显示行业垂直一体化领域的竞争能力,2011年激励计划启动,到2014年时集团营收突破千亿元,比 2010 年的 518.7 亿元翻了一番。

4. 实现长效激励

2014 年，TCL 首次迈入了千亿俱乐部，成为我国消费电子领域销售收入超过千亿元的第一家企业。随着乐视、小米等企业的加入，在 TCL 成长道路中的竞争对手，也已经不再是原来传统的黑电企业。新的竞争对手以其快速的反应、较强的市场宣传能力，快速抢占市场。而 TCL 的新业务华星光电也面临着巨大的资金需求，为满足业务的发展需要，TCL 在 2014 年和 2015 年连续进行了两次非公开发行，募集资金近 80 亿元。2014 年以来，TCL 连续三年实现 1 000 亿元以上的营业收入。2016 年 TCL 的彩电销售量突破 2 000 万台，成为国内行业龙头，挤进全球前三，且华星光电全年液晶基板投放量达到 282 万片，位列全球第五。

由于 TCL 集团各主要股东单独持股比例偏低，股权较为分散，公司无控股股东和实际控制人。为提升公司管理层对公司的治理水平和管理效率，保持公司经营管理和未来发展战略的稳定性，李东生作为公司董事长兼总经理（首席执行官），九天联成作为公司高级管理人员持股平台，东兴华瑞作为公司核心员工持股平台，于 2017 年 5 月 19 日共同签署《关于 TCL 集团股份有限公司一致行动人协议》，以提高其在公司股东大会的影响力，增强公司治理结构的稳定性。这次协议的签署意味着李东生领导的公司管理层对公司未来的发展方向达成了高度的一致性。

TCL 卓有成效的变革极大地激发了企业发展的活力，创造了企业与员工共同发展的共赢局面，成为推动 TCL 在消费电子行业稳健前行的重要原因。

（二）五粮液的数字化转型

1. 五粮液公司简介

五粮液集团公司（以下简称五粮液）是一家以酒业为核心，涉及智能制造、食品包装、现代物流、金融投资、健康产业等领域的特大型国有企业集团。其主导产品五粮液酒历史悠久，文化底蕴深厚，是我国浓香型白酒的典型代表与著名民族品牌，多次荣获"国家名酒"称号，并首批入选中欧地理标志协定保护名录。2019 年，公司销售收入突破 1 000 亿元，名列"全球品牌价值 500 强""中国品牌价值 100 强"。

2. 数字化转型战略

未来的经济发展离不开数据。面对这一趋势，传统行业意识到：企业需要数字化赋能才能迎来新的变革和腾飞。五粮液正是顺应了企业数字化转型的趋势，积极应对数字化时代面对新市场、新需求、新竞争的挑战，将数字化转型作为"二次创业"的战略方向，率先推动"以市场为驱动、消费者为中心"的营销数字化转型。

2017 年，五粮液确定了供给侧结构性改革下数字化转型的战略。2018 年 4 月，与 IBM 进行战略合作，将基于"一个中心、六大能力"开展数字化转型工作，全面打造出五粮液数字化转型的能力体系。经过 8 个多月全方位、立体化的调研、分析及规划，制定了整个五粮液公司的"1365 数字化转型战略蓝图"。整个战略计划于 2022 年完成建设，战略目标定位为提升品质与重塑体验，围绕业务模式、运营管理、企业能力三方面展开转型，以六项能力和五大工程进行支撑，成立集酒业数据获取、处理、共享、分析、挖掘、应用和产业化为一体的酒业大数据全产业链服务平台。

基于"1365数字化转型战略蓝图",五粮液以营销数字化为龙头,制定了以"消费者驱动、平台化运营、数字化支撑"为指导思想的"营销数字化转型蓝图",启动了营销数字化转型,开展了营销前、中、后台数字化系统建设。基于SAP产品开展ERP项目,发布智慧门店解决方案1.0,加快建设智慧门店,推进管理和赋能双轮驱动,以数据支撑业务发展,提升用户体验和专卖店经营效率,实现线上线下模式融合与创新。同时,通过营销中台的建设,以及与ERP项目共同开展的SAPBI/BW决策支持分析应用,建立了营销领域数据分析,实现渠道管控、精准营销。此外,启动ERP企业资源计划管理,进行数据治理,建设运营管理体系。建立LIMS实验室系统,贯穿原料、制曲、配粮、酿造、原酒、成品酒全过程质量检测,实现质量安全信息化管理。启动产品质量全生命周期溯源项目,采用分段溯源的思路,通过信息系统溯源和关键过程质量控制分析,结合营销系统的"一瓶一码",实现从原粮到每一瓶五粮液可溯源、可管控的质量管理体系和整体可视化。

(三) 卡奥斯赋能传统工业企业转型与重塑

在第八届《哈佛商业评论》中国年会上,2021拉姆·查兰管理实践奖重磅发布,凭借工业互联网生态建设和管理实践,海尔卡奥斯物联生态科技有限公司及董事长陈录城,获得"拉姆·查兰管理实践奖-杰出奖",成为后来企业转型和管理重塑的典范。

海尔卡奥斯物联生态科技有限公司(以下简称卡奥斯)成立于2017年4月19日,注册地位于山东省青岛市崂山区海尔路1号海尔工业园内,法定代表人为陈录城。经营范围包括工业互联网技术研发、应用与服务;计算机软件系统开发、集成、销售;计算机信息安全产品的开发、数据信息处理与储存;机器人、智能设备、自动化智能生产线软硬件产品的开发、集成、制造、工程安装设计、销售及售后服务;技术咨询、转让、技术进出口;企业培训管理。其构建并运营的COSMOPlat工业互联网平台是面向智能制造和新一代信息技术所构建的、率先引入用户全流程参与体验的工业互联网生态平台。依托该平台,卡奥斯为企业提供全流程大规模定制解决方案、互联工厂智能制造解决方案与核心软硬件供应、物联系统集成、大数据与产品级IoT、人工智能解决方案服务,赋能企业转型升级,构建共创共赢的生态圈。在"围绕产业链部署创新链、围绕创新链布局产业链,推动经济高质量发展迈出更大步伐"的时代诉求下,卡奥斯工业互联网作为一个开放的生态平台,浓缩了多产业高质量发展的新变革、新机遇、新引擎。

由于疫情的影响,山东荣成康派斯新能源车辆股份有限公司无法保证原材料板材的供应,已签订的400台订单面临着违约的风险,正当燃眉之急,卡奥斯平台帮助公司解决了问题,通过在平台上发布需求,当天就有厂家进行了联系,并且借助平台的捆绑,与另外5家具有相同需求的公司一起与另一个供应商达成合作,采购成本下降了6.3%,整体的原材料成本下降了7.3%。

疫情期间,防护物资短缺,卡奥斯紧急搭建了"新冠病毒战役供需平台",完成了核心产线、设备、原材料等生产资源的调配,成功地赋能山西省首条全自动医用口罩生产线落地。疫情期间,卡奥斯平台通过物联网生态助力100多家防疫一线企业产能提升,为超过2万家中小企业提供复工防控物资保障、在线作业、异地协同、远程服务等。透过特殊时期的需求,不难发现,工业互联网已经离企业越来越近。卡奥斯正努力掌握工业互联网发展的主动权,它汇聚了全球3.3亿用户、4.3万家企业和390多玩家的生态资源方,利用强大的供应链生态能力,把工业编织成网,为企业提供全流程大规模定制解决方案、互联工程智能制造解决方案，赋能企业转型升级，构建共创共赢的生态圈。

二、案例思考

① 请结合 TCL 的案例，思考体现了哪些现代管理理论。
② 请思考五粮液营销数字化转型的背景有哪些。
③ 请思考卡奥斯如何成功地赋能传统工业企业的转型与重塑。

三、活动安排

① 组织观看视频《公司的力量》，并分享观后感，引导学生认识公司起源与发展变革。
② 组织学生分组搜集我国企业成功经营的管理经验，并在课堂上分享收获，让学生了解企业通过管理及创新所获得的成功。
③ 以"创新"为话题，组织学生讨论创新给国家、企事业单位及个人带来的影响，引导学生树立开拓创新的理念。

四、案例启示

从 TCL 的四次革新到五粮液公司的数字化营销转型，再到卡奥斯的工业互联网赋能企业的转型，我们不难发现企业面临着瞬息万变的外界环境和日益复杂的内部环境，应该具备长远发展的全局眼光，顺应时代的变化，科学地寻求转型与发展方向，不断地创新才能在变化中求得生存与发展。而作为当代大学生应该从企业转型与重塑典范案例中有所感悟。

（1）作为大学生应该具有全局观。

当代一部分大学生在发展越来越迅速的日常生活中，经常会觉得看不清周围的形势，对于周围情况（包括经济、政治、文化方面）的变化不敏感，甚至会感到迷茫，对于自身所面对的外界环境变化无法进行有效的分析，大局观念意识淡薄。对于大学生这个群体来说，在努力学习了科学知识具备了坚实的理论基础上，更应该具备发展的眼光，学会全面看待问题，把握全局，找出问题的关键，从而着手解决问题甚至创新创优，这样才能促进一个社会的发展，实现一个国家的伟大复兴。

（2）作为大学生要具有创新思维。

社会在不断前进，生活在不断发展。发展的生活离不开创新，创新是推动民族前进和社会进步的不竭动力。创新是人类主观能动性的一个高级表现形式，一个民族要想走在时代的前列，必须要有创新意识，必须要有创新思维。一个大学生要想得到更好的发展，也必须要有创新思维，心中有创新意识。

（3）作为大学生要树立科学发展观。

当代大学生应该积极贯彻落实科学发展观，树立正确的成才观，明确自身的使命和责任，通过不断的学习和实践，把建设祖国、服务人民和适应社会与实现自我价值结合起来，在实践中开拓进取，为全面建成小康社会，成长为国家和社会所需的合格人才。

五、知识链接

现代管理理论是继科学管理理论、行为科学理论之后，西方管理理论和思想发展的第三阶段。现代管理理论发展的脉络如下。

（一）管理理论的分散化阶段

进入 20 世纪 50 年代以后，由于企业规模不断扩大，市场竞争加剧，对企业管理，特别是决策水平提出了更高的要求。加之科学技术迅猛发展，为提高决策水平、建立系统的管理科学提供了技术支持。正是这样的背景下，管理理论形成了诸多的学派，也被称为管理理论的"热带丛林"。

（1）管理过程学派，代表人哈罗德、孔茨和西里尔·奥唐奈，主要研究管理者的管理过程及其功能，并以管理职能作为其理论的概念结构。

（2）经验学派，代表人戴尔和德鲁克，认为成功的组织管理者的经验是最值得借鉴的。

（3）行为科学学派，代表人马斯洛、赫兹伯格和麦戈雷戈，主要研究人、尊重人、关心人、满足人的需要以调动人的积极性，并创造一种能使组织成员充分发挥力量的工作环境。

（4）社会系统学派，代表人巴纳德，他将社会学的概念引入管理，在组织的性质和理论方面做出了杰出贡献。

（5）决策理论学派，代表人赫伯特·西蒙，他认为管理的关键在于决策，管理必须采用一套制定决策的科学方法及合理的决策程序。

（6）数理学派，注重量化分析，强调应用数学模型解决管理决策问题，以寻求决策的科学化与精确化。

（7）交流中心学派，认为管理人员是交流中心，并围绕这一观念建立起管理理论体系，管理人员的作用是接受信息、储存信息、处理信息、传播信息，并将计算机运用于管理之中。

（二）管理理论集中化阶段

（1）系统管理理论。系统管理理论代表人物为卡斯特、詹姆斯·E. 罗森茨韦克和约翰逊。该理论运用一般系统论和控制论的理论和方法，考察组织结构和管理职能，以系统解决管理问题。

（2）权变管理理论。世界进入 20 世纪 60 年代末、70 年代初，企业面临着瞬息万变的外部环境，环境的不确定性与企业经营的风险与日俱增；而且企业内部生产经营、管理、技术也更加复杂。于是，权变管理理论应运而生。

（三）现代管理思想的新发展阶段

（1）非理性主义倾向与重视企业文化。20 世纪 70 年代末、80 年代初，由于经营风险增大，竞争激烈，管理日趋复杂，在西方管理理论界出现了一种非理性主义倾向和重视企业文化的思潮。

（2）战略管理理论。随着竞争环境的加剧，风险的日增，为了谋求企业的长期生存发展，开始注重构建竞争优势。在经历了长期规划、战略规划等阶段之后，形成了较为系统的战略管理理论。

（3）企业再造理论。企业再造是指"为了飞越性地改善成本、质量、服务、速度等重大的现代企业的运营基准，对工作流程作根本的重新思考与彻底翻新。"

（4）"学习型组织"理论。"学习型组织"的基本思想认为"未来真正出色的企业，将是能够设法使各阶层人员全心投入，并有能力不断学习的组织。"

(四) 现代管理理论的共性

现代管理理论是近代所有管理理论的综合，是一个知识体系，是一个学科群，它的基本目标就是要在不断急剧变化的现代社会面前，建立起一个充满创造活力的自适应系统。纵观管理学各学派，虽各有所长，各有不同，但不难寻求其共性。

（1）强调系统化。就是运用系统思想和系统分析方法来指导管理的实践活动，解决和处理管理的实际问题。

（2）重视人的因素。要注意人的社会性，对人的需要予以研究和探索，在一定的环境条件下，尽最大可能满足人们的需要，以保证组织中全体成员齐心协力地为完成组织目标而自觉作出贡献。

（3）更视非正式组织的作用。非正式组织是人们以感情为基础而结成的集体，这个集体有约定俗成的信念，人们彼此感情融洽。利用非正式组织，就是在不违背组织原则的前提下，发挥非正式群体在组织中的积极作用，从而有助于组织目标的实现。

（4）运用先进的管理理论与方法。各级管理人员必须广泛利用现代的科学技术与方法，促进管理水平的提高。

（5）加强信息工作。管理人员必须利用现代技术建立信息系统，以便有效、及时、准确地传递信息和使用信息，促进管理的现代化。

（6）把效率和效果结合起来。要把效率和效果有机地结合起来，从而使管理的目的体现在效率和效果之中。

（7）重视理论联系实际。重视管理学在理论上的研究和发展，进行管理实践，并善于把实践归纳总结，找出规律性。

（8）强调"预见"能力。要运用科学的方法进行预测，进行前馈控制，从而保证管理活动的顺利进行。

（9）强调不断创新。要积极改革，不断创新。管理意味着创新，就是在保证"惯性运行"的状态下，不满足现状，利用一切可能的机会进行变革，从而使组织更加适应社会条件的变化。

六、参考文献

[1] 杨瑶，李艺雯. 海尔卡奥斯：赋能企业青"云"直上 [J]. 国际人才交流，2020 (12)：37-38.
[2] 巩欣帅，张仁玉. 时代海尔的新思维——卡奥斯 [J]. 走向世界，2020 (33)：26-29.
[3] 刘俊杰. 五粮液公司数字化能力评价及提升策略研究 [D]. 兰州：兰州理工大学，2021.
[4] 证券时报. TCL集团股份有限公司详式权益变动报告书 [EB/OL]. (2017-05-20) [2022-02-27].

案例五　不只有"西方"的经济学

思政元素：文化认同、文化自信、文化传承。

教育目标：引导学生树立起文化自信，进而积极参与到保护和弘扬传统文化的过程中，并将优秀的文化融入自身所学习的专业当中，在提升自身专业水平的同时，从优秀传统文化中汲取营养，实现综合能力的提高。

教学组织：小组活动、自我探究、主题讲演。

一、案例介绍

钱穆先生在《国史大纲》中说，"抗战时期，美国副总统华莱士来华访问，在兰州甫下飞机，即向国府派去的欢迎大员提起王安石来，深表钦佩之忱，而那些大员却瞠目不知所对……"。

那个时候，美国人对我国古代经济思想与治理的重视着实让人意外和惊讶。因为在那样的时代背景下，很多国人自己都认为我国的一切都是落后的，在现代世界潮流下，一切历史人物传统政制，都不值得再谈了。没想到美国的政治家却发现了我国古代经济思想的价值。华莱士在1943年2月25日的日记中记录了与宋美龄的谈话。宋美龄说，罗斯福总统告诉她，美国一部分农业计划依据的正是源自中国人的智慧，而华莱士则告诉宋美龄，自己是从一本名叫《孔门理财学》的书中知道了王安石，并了解到中国古代经济思想的。那么，《孔门理财学》是一本什么样的书呢？

《孔门理财学》是清末民初留美求学的陈焕章在哥伦比亚大学完成的博士学位论文，这部用英文写作的论文，向西方介绍了我国古代的常平仓法，使我国古代经济思想由此走向世界，并对时任美国农业部部长华莱士在20世纪30年代大力推动的美国农业改革产生了重要影响。华莱士从小在美国农村长大，一生致力于美国农业发展。《孔门理财学》让他如获至宝。华莱士从中了解了中国农业史，了解了王安石青苗法改革和中国古代的常平仓思想，找到解决当时美国农业生产过剩及由此引起的一系列经济社会问题的出路。1945年8月24日，华莱士在给宾夕法尼亚大学的博德教授的回信中说："我最早是通过阅读哥伦比亚大学的一位中国学者陈焕章的博士论文获知常平仓的。这篇博士论文的标题是《孔门理财学》，后来我于20年代在《华莱士农民》上撰写了数篇标题为常平仓的文章。"华莱士主张政府应在调节农产品供求关系的环节扮演重要角色。

而中国古代的经济思想绝不仅仅是《孔门理财学》能代表的，让我们再次穿越时空回到中华文明的起源阶段——先秦时期，去细数财经珍宝。

中华民族有着数千年光辉的历史和灿烂的文明，这是由我国不同区域优秀的地域文化积累、融合而成的。齐文化作为古代东方文明的璀璨明珠，是中华文化重要的组成部分。处在"海岱"之间的古代齐地是齐文化赖以产生、繁荣、昌盛的主要区域。自史前时代起，有许多部族在这片土地上繁衍生息，为我国古代文化的繁荣做出巨大的贡献。春秋时期，这里出现了一位卓越的政治家、思想家——管仲。他的"通货积财，富国疆兵"之法，助齐桓公首成春秋霸业；其治国措施之有效，其发展谋略之得当，令千百年来无数叱咤风云的英雄豪杰黯然失色；其"劳动分工定居、作内政而寄军令、相地而衰征、货币轻重调节、农工商并重以及任贤使能、赏善罚罪"的经济思想，及其对"人"深刻理解和把握之上的一系列宽政薄敛的经济政策及其独特之处，无不展现出其经济思想的时代进步性。因此，穿越时空的隧道，我们首先要去了解的便是被誉为"经济学鼻祖"的管仲，解读其经济思想的深刻内涵，辨析考证其中存在的诸多问题及其相互联系。

(一) 管仲其人,《管子》其书

管仲,名夷吾,字仲,《史记·管晏列传》记载管仲为"颍上人也",春秋时期"颍上"指颍水之滨,现位于安徽阜阳颍上县。管仲生年史书并无详细记载,卒于齐桓公四十一年,即公元前 645 年。

管仲祖上为周文王之子管叔鲜,周武王于牧野之战伐纣灭商建立周王朝以后,通过分封制建立统治秩序,分封管叔鲜于管地,位于今河南郑州市,并以国为姓,改姬姓为管姓。周武王逝世后,周成王继位,此时期由周公旦辅政,管叔鲜、蔡叔度及霍叔处发起叛乱,即"三监之乱",以周公旦率军东征三年平定叛乱结束。此次叛乱中管叔鲜被杀,其后人未再次复封,而管仲即管叔鲜的后人之一。但到管仲时期,其家族已经从奴隶主贵族沦落为士阶层。

因此,管仲早年家境贫穷,《史记·管晏列传》记载管仲曾与鲍叔牙合伙在齐国和鲁国交界的河南南阳一带经商,在此之后,管仲有过一段时间的军伍生活。后在齐僖公执政时期,作为公子纠的老师辅佐其与公子小白竞争齐国国君之位,后公子小白在竞争中获得胜利,继位为齐桓公。管仲也在鲍叔牙的推荐下被齐桓公拜为齐国相国,辅佐齐桓公对内增强国力,对外参与争霸,并最终帮助其实现齐国富国强兵的目标,成为春秋时期首个霸主。

而《管子》是一部以管仲治齐事迹及施政之策为内容的汇编总集。汉代及汉代以前学者多认为《管子》是管仲所著,西晋以后学者认为《管子》非为管仲个人所著,而是管仲学派对管仲治国思想及其理论延伸后,形成的一部与国家治理理论相关的论文总集。

《管子》主要包含管仲思想、管仲学派思想及稷下学士思想,其作者包括春秋时期的齐国史官、管仲的门人弟子以及战国时期齐国稷下学宫的学士,《管子》成书时间从春秋管仲相齐起始,一直延续到战国末年稷下学宫衰亡为止。《管子》内容博大精深,经西汉刘向编校前,《管子》主要以单篇的形式在社会上流传,且各种版本内容不尽相同,经刘向编校后剩余 86 篇,现实存 76 篇。《管子》在时间区分上可以划分为前管仲时期与后管仲时期,《管子》中前管仲时期的内容为全书的主体部分,包括管仲治齐的思想及理论,《管子》中后管仲时期的内容主要为轻重理论。

(二)《管子》经济思想的逻辑架构

《管子》经济思想可谓博大精深,并形成了逻辑自洽的思想体系。研究《管子》经济思想的文献较多,甚至日本、韩国、美国等海外学者对此也有深入研究。但大多数文献是对《管子》经济思想的某些具体方面进行研究,对其内在逻辑框架的分析较少,而把握其内在逻辑架构对于深入理解与有效借鉴《管子》经济思想具有重要和深远的意义。

《管子》经济思想的内在逻辑可概括为:立足富民强国而成就王道霸业目标,基于人性趋利避害前提,遵循"衡无数"规律,围绕"轻重论"主线,紧紧抓住粮食与货币两大重点,从分工与贸易、价格与货币、赋税与官营、信贷与生产、消费与就业、国计与民生六个方面进行有效调控。

《管子》经济思想立足于富民强国而成就王道霸业的总目标。《管子》的主角是千古一相、扶助齐桓公成就霸业的管仲。《管子》正是管仲的学生及继承者对管仲成就王道霸业的相关思想、言论及实践的记录、编纂及提炼。《管子》中包含了以民为本、侈俭并用、贫富有度、本末并举、轻重治术等基本思想,但其经济思想的全部内容都是服务并服从于富民强国而成就霸业这一总目标的,这也正是其法家思想最鲜明的烙印。

在《管子》的思想框架中,富民强国成就霸业需要处理好国(或君)与民的关系,即"凡治国之道必先富民"。《管子·治国》提到"民富则易治也,民贫则难治也。故治国常富,而乱国常贫"。《管子·小问》则强调"富上而足下,此圣王之至事也",也就是强调治国必须统筹兼顾强国与富民。然而,人性总是趋利避害的。《管子·版法》云"凡人者莫不欲利而恶害"。《管子·轻重乙》更明确指出"民,夺之则怒,予之则喜,民情固然"。在人性趋利避害的前提下,要想兼顾国强与民富,就需要遵循"衡无数",即动态均衡规律。"衡无数也,衡者使物一高一下,不得常固";"衡数不可调,调则澄,澄则常,常则高下不贰,高下不贰则万物不可得而使固"。其意从经济学的角度去理解,就是供求关系与商品价格不可以通过人为干预而导致固定不变,而应该巧妙利用价格波动与供求关系的相互作用进行动态调节。基于"衡无数"规律,运用"轻重论"来调控经济,是贯穿《管子》经济思想的逻辑主线。正如胡寄窗先生所说:"在《管子》的全部经济概念中,以其'轻重论'为最突出而又最复杂,可谓变化多端,在这里我们看到《管子》作者天才般智慧光芒的闪耀,如果价值论是政治经济学的基础理论,则轻重论就是《管子》全部经济学说的基石。"

综上所述,《管子》经济思想基于人性趋利避害的基本前提,利用市场动态均衡规律,运用轻重之法管理与调制经济,从而实现富民强国,达到成就王道霸业的总目标。而这条逻辑主线贯穿于以下六个方面。

1. 分工与贸易

《管子》中已经具有了系统的社会分工思想,首次提出"士农工商四民者,国之石民也",将工匠、商人、农民与"士"并列。世人常云,中国古代一直"重农抑商",然则并非如此。《管子》的经济思想中,强调商业与农业要协调发展,如果商业发展过快,就会同农业发展产生矛盾,导致"野与市争民,金与粟争贵"的局面,但商业的发展也应与整个社会经济的发展相适应,所谓"万乘之国,必有万金之贾;千乘之国,必有千金之贾;百乘之国,必有百金之贾"。

《管子》中甚至还形成了根据禀赋差异进行国际分工与贸易的思想。如齐国具有丰富的盐矿资源,而其邻国宋国、卫国等均不产盐,齐国就应大力生产食盐并与其他国家进行贸易。《管子·地数》与《管子·山至数》还谈到,不宜发展农业的"漏壤之国"就应该大力发展工商业,用本国手工制品换回国内所缺乏的粮食。

2. 价格与货币

《管子》对货币的基本职能已有比较清晰的认知,提出"币重而万物轻,币轻而万物重",因此国家宏观调控最重要的对象就是谷物和货币。"五谷食米,民之司命也。黄金、刀币,民之通施也,故善者执其通施以御其司命""粟重黄金轻,黄金重而粟轻""穀重而万物轻,谷轻而万物重",因此,朝政应对轻重、贵贱之间有目的、有步骤地进行调控,积极地发挥货币在"制轻重"中的作用,操纵谷物的价格及供求关系,并运用货币和谷物这两个工具调控整个经济。

3. 赋税与官营

《管子》反对国君进行掠夺式的横征暴敛,《管子·五辅》对此有明确的论述:"地之生财有时,民之用力有倦,而人君之欲无穷,以有时与有倦养无穷之君,而度量不生于其间,则上下相疾也。取于民无度,用之不止,国虽大必危。"但如何兼顾国富与民富呢,《管子》认为主要有三大措施:其一,减少直接税,增加间接税,以实现"见予之形,不见夺之理""万民无籍,而国利归于君";其二,减轻农业税,提高盐税,并按土地的肥瘠程度收取相应的土地税,使赋税负担趋于合理;其三,控制关乎国计民生的矿山、森林、河海等重要自然资源,并对盐、铁等实行官营。《管子》中多次出现"官山海""官天财"等词。"官"即是"管",即管控、垄断之意。

4. 信贷与生产

《管子·揆度》云"无食者予之陈,无种者贷之新,故无什倍之贾,无倍称之民",认为向"无赀"贫穷百姓赈贷,是避免高利贷压榨盘剥的最有效方式。据《管子·山国轨》记载,当贫民缺乏基本的生活与生产资料时,官方出面为其提供信贷,购买基本的生活与生产资料,帮助贫民维系生存与再生产,等有了收成之后再偿还政府贷款。如此既能保证社会再生产的稳定,又能保障政府有充足的赋税来源,这实在是比那些竭泽而渔的统治者高明太多。

5. 消费与就业

《管子》的基本思想是提倡节俭。《管子·八观》上讲到"国侈则用费,用费则民贫,民贫则奸智生,奸智生则邪巧作。故奸邪之所生,生于匮不足,匮不足之所生,生于侈,侈之所生,生于毋度"。《管子·重令》中进一步指出"国虽富,不侈泰,不纵欲",同时《管子》并非单方面强调节欲,其消费思想又强调"俭侈并用"。《管子·乘马》提到"知侈俭,则百用节矣,故俭则伤事,侈则伤货"。其意思就是,太节省了就办不成事情,太奢侈了也会浪费财物。为什么不能一味节欲,消费也同样重要呢,《管子·乘马数》中明确提出"若岁凶旱水泆,民失本则"。这就应因时采取"侈靡"的宽松政策,"作功起众,立宫室台榭","积者立余食而侈,美车马而驰,多酒醴而靡",简而言之,就是通过加大基础设施,让富人多消费等方式扩大内需,创造就业,促进经济。

6. 国计与民生

《管子·治国》中说"是以善为国者,必先富民,然后治之","足民财足,则君赋敛焉不穷"。因此,国家要轻徭薄赋,藏富于民,实行低税率,"田租百取五,市赋百取二,关赋百取一"。《管子·入国》提出了"九惠之教",即老老、慈幼、恤孤、养疾、合独、问疾、通穷、赈困、接绝,形成了较为系统的社会保障思想。《管子》中设计一个理想的秩序图,仓库有充足粮食,关键时候发放给老百姓,老百姓能安居乐业。政府根据情形回收粮食,社会和谐稳定。

二、案例思考

① 如何理解"强国"须先"富民"。

②"经济"一词并非舶来品,基于中华传统文化的理解,"经济"有"经世济民"之意,请结合"经世济民"一词,谈谈对"经济"的理解。

③ 请查阅国际贸易相关理论,谈谈对《管子》中贸易思想的理解。

三、活动安排

① 请搜集资料并梳理中国古代经济思想,分享相关流派与思想。

② 请以"东方经济学"为主题,小组为单位,制作手抄报,弘扬并传承我国优秀的历史和文化。

四、案例启示

高等院校财经类和管理类专业学生必修的一门专业基础课程便是《西方经济学》,不同学校对课程的学分设置不同,但大多会从"政治经济学""宏观经济学"和"微观经济学"三个维度去构架课程内容。

西方经济学即被运用于西方市场经济国家的经济学,即所谓的"主流经济学",因特别注重对市场机制的研究,而又有市场经济学之称。以1776年亚当·斯密《国富论》的出版为标志,西方经济学历经200多年的风雨沧桑,从古典经济学、新古典经济学到凯恩斯主义经济学、新古典宏观经济学和新凯恩斯主义经济学,流派林立,百家争鸣,带来西方经济学的不断创新和发展,以至于西方经济学文献上有"经济学帝国"之称。

一直以来会有一种声音认为,中国古代经济与治理存在诸多问题,没有系统科学的经济学理论,导致现代科技和现代工业没有诞生在中国,使中国在近代失去了自古以来的文明领先性。但真的如此吗?虽然我们学的都是"西方"的经济学,就真的没有自己的经济学吗?其实并不然,《管子》之外,还有许多优秀的思想、理论和实践成果。如果客观审视,中国之所以能够在古代长期保持全球第一经济大国地位,并不是偶然的,其经济与治理政策理念、制度设计,不仅深度契合中国国情,而且有着文化底蕴的独特性与优势性。

(一)在产业政策上以农为本、兼顾工商

从历史的时间线来看,"重农抑商"是中国历代王朝产业政策的主基调。后人对古代中国"重农抑商"的产业政策取向批评较多,认为正是因为过于强调农业,忽视了工商业的发展,导致中国在近代失去了工业革命的历史机遇。其实,这是对"重农抑商"政策的一种误读。古代中国选择以农为本,是符合当时的历史和自然条件的。而且,从历史的真相看,重农并没有否定工商业,相反,古代中国工商业还相当发达。重农抑商,实际上走的是一条以农为先、农工商并重的发展道路。《周书》曰:"农不出则乏其食,工不出则乏其事,商不出则三宝绝,虞不出则财匮少。"据此,司马迁认为,"此四者,民所衣食之原也。原大则饶,原小则鲜。上则富国,下则富家。"由此可见,早在周代,中国人就已经懂得产业分工发展和农工商并重的富国富家之道。

(二)在所有制关系上坚持国有与民营共同发展

当代中国经济发展模式的一个突出特点是有一个比较庞大的国有经济部门,控制着基础产业和关键领域,掌握国民经济命脉,从而形成了中国特有的国有经济与民营经济共同发展的格局。中国经济这种特殊的所有制结构,仅仅是马克思主义政治经济学在中国的实践形式吗?事实上,在所有制关系上坚持国有与民营共同发展,是中国经济治理的一种历史传统,当代中国这种特殊的所有制结构背后有深厚的中华文明基因。

(三)在资源配置上国家调节与市场调节并行

在大部分人的认知里,近代工商业是西方列强用船坚炮利带来的,现代市场经济体制是改革开放后我们主动引进的,其实不然。市场经济于中国不是陌生的,不仅曾经有一个"发达的商品经济、货币交换和雇佣制度"与古代中国共生共荣,而且,我们还创造了独

具中国特色的宏观经济调控体系，形成了资源配置国家调节与市场调节相结合的中国风格。如果把商品经济视同市场经济，即不把市场经济看成是所谓的商品经济的高级阶段，那么有人认为"从战国时期开始，中国经济已经是一个市场经济"。新加坡学者郑永年认为，"历史地看，中国传统数千年，在大部分时期，市场也存在，并且相当发达"。

中国古代经济思想十分丰富，治理实践更是源远流长。当代中国特色社会主义市场经济体制的形成，不仅是马克思主义中国化的理论成果，也蕴含有深厚的中国古代经世济民的智慧和风格。古代中国的经济治理思想与实践，是中华文明的优秀成果，是当代中国构建国家治理体系和推进国家治理能力现代化的宝贵遗产，是创立中国特色社会主义政治经济学的深厚养分。

五、知识链接

（一）西方经济学

西方经济学以一般均衡理论、配置经济学、价格经济学为基础理论，以理性人都是自私的"经济人"假设为理论出发点，以私有制为经济基础，以价格机制为市场的核心机制，以竞争为经济发展的根本动力，以博弈为经济主体的行为方式，以利润最大化为微观经济的最终目标，以 GDP 经济规模最大化为宏观经济的最终目标，以线性非对称思维方式和还原论思维方法为方法论特征，擅长数量分析，在"实证化"的名义下把经济学的实证性与规范性建立起来，是西方经济学的基本模式、基本结构与基本功能。线性、抽象性、片面性是西方经济学范式的基本特征。

西方经济学包含的内容非常广泛，包括微观经济学、宏观经济学、数理经济学、动态经济学、福利经济学、经济思想史等，最主要的是微观经济学和宏观经济学。

微观经济学是主要研究个人、家庭、厂商和市场合理配置经济资源的科学。以单个经济单位的经济行为为对象，以资源的合理配置为解决的主要问题，以价格理论为中心理论，以个量分析为方法，其基本假定是市场出清、完全理性和充分信息。

宏观经济学是主要研究国民经济的整体运行中充分利用经济资源的科学。以国民经济整体的运行为对象，以资源的充分利用为解决的主要问题，以国民收入决定理论为中心理论，以总量分析为方法，其基本假定为市场失灵和政府有效。

（二）宏观调控

政府宏观调控也叫国家宏观调控，是政府作为市场经济的主体，通过行政手段、经济手段（主要是财政手段），以及法律手段，实现以经济主体为主导、经济主体与经济客体的对称关系为核心、经济结构平衡与经济可持续发展的经济行为。宏观调控的目标有保持社会总供给与总需求的基本平衡，弥补市场调节的不足，从而促进经济增长，增加就业，稳定物价，保持国际收支平衡。

（三）信贷政策

信贷政策是国家一定时期经济政策在信贷资金供应方面的体现。它由贷款供应政策和贷款利率政策两部分组成。贷款供应政策规定贷款的投向、规模、支持重点、限制对象，以及促进国民经济发展的总目标；贷款利率政策规定贷款利率的总水平和差别利率的原则。两者互相联系、互相补充，共同发挥作用。

中国目前的信贷政策大致包含四方面内容：一是与货币信贷总量扩张有关，包括政策措施影响货币乘数和货币流动性。比如，规定汽车和住房消费信贷的首付款比例、证券质押贷款比例等；二是配合国家产业政策，通过贷款贴息等多种手段，引导信贷资金向国家政策需要鼓励和扶持的地区及行业流动，以扶持这些地区和行业的经济发展；三是限制性的信贷政策。通过"窗口指导"或引导商业银行通过调整授信额度、调整信贷风险评级和风险溢价等方式，限制信贷资金向某些产业、行业及地区过度投放，体现扶优限劣原则。四是制定信贷法律法规，引导、规范和促进金融创新，防范信贷风险。

六、参考文献

[1] 郭伦德. 浅析中国古代经济治理的特色与优势 [J]. 江苏省社会主义学院学报，2021（3）：64-71.
[2] 许秀江. 中国古代经济思想在美国 [J]. 金融博览，2021（6）.
[3] 李健.《管子》经济伦理思想及其当代价值研究 [D]. 桂林：广西师范大学，2021.
[4] 罗卫东，等.《管子》经济思想的内在逻辑、历史贡献及现实意义 [J]. 湖南大学学报，2020（6）：99-103.
[5] 翟建宏. 管子经济思想研究 [D]. 郑州：郑州大学，2005.
[6] 曹旭华. 论先秦诸时期的核心经济思想 [J]. 杭州大学学报，1987（17）：1-7.
[7] 庄健霖. 先秦儒家经济思想的现实启示 [D]. 延安：延安大学，2019.

案例六　垄断的代价

思政元素：遵纪守法、规则意识、公平竞争。

教育目标：引导学生理解遵纪守法的重要性，培养学生的规则意识，引导学生认识公平竞争的重要性，增强学生的法律意识，学会依法保护自身利益。

教学形式：视频教学、辩论、自我探究。

一、案例介绍

（一）公牛集团概况

1. 公牛集团简介

1995年，公牛电器成立，创立"公牛"品牌。2004年，迁入慈溪观海卫工业园，成功转型为规范化专业制造型的企业集团，现已发展为中国制造业500强企业，2020年2月6日，公司在上交所主板挂牌上市，股票代码603195。

公司专注于民用电工产品的研发、生产和销售，主要包括转换器、墙壁开关插座、LED照明、数码配件等电源连接和用电延伸性产品，同时，公司充分发挥在产品研发、营销、供应链及品牌方面形成的综合领先优势，逐步培育智能门锁、断路器、嵌入式产品、浴霸等新业务，广泛应用于家庭、办公等用电场合，公牛已围绕民用电工及照明领域形成了长期可持续发展的产业布局。公牛集团作为国内电工及电源连接器行业领先企业，不仅为客户提供更安全的全方位电源连接解决方案,而且还将业务发展到国外,在10多个发达国家和地区,如美国、德国、法国、日本等都设有提高产品销售和售后服务的代理机构,并且拥有多项国际领先的原创技术,如H重防雷、抗电磁干扰、插套啮合等。

2. 公牛集团的发展历程

公牛集团的发展大致经历了崛起、升级、新起点三个阶段。

1995—2001年处于崛起阶段,公牛确立"制造用不坏的插座"的战略定位,建立古窑工厂,开始现代化生产,产品一经推出,就受到消费者的欢迎。首创按钮式开关插座,让消费者使用更安全。成为行业第一个获得国家长城认证,荣获中国质检协会"全国质量稳定合格产品"称号,坚持不打价格战的公牛,奠定了行业内高品质品牌形象。1997年,公牛成为插座转换器国家新标准GB 2099.3—1997(该标准现已废止)的主要起草、制定者之一。

2002—2013年间公牛处于升级阶段。公司成功转型为规范化专业制造型的企业集团,成立了宁波公牛电器有限公司,全面进入墙壁开关与插座领域,专业从事墙壁开关、插座等相关产品的研发、生产及销售。公司建造第四个全新生产基地,开展全面规范化管理,引入全面信息化,促进管理运营效率提升。公司致力于多领域业务探索,持续提升技术优势和硬件实力,进一步引领行业技术创新,战略提升为"制造中国最安全的插座",同时通过营销模式创新,让产品走进千家万户。作为行业的领导者,公牛全面领先创新国标时代,把属于自己的专利孔型贡献给整个行业,担负起率领行业升级全社会安全用电环境的责任,更是建成了经美国最具权威的安全试验与鉴定机构——UL国际专业认证组织评定的高标准专业实验室。这个阶段,公牛先后获得了"诚信制造商"荣誉称号、"质量可信产品推介证书"、"中国驰名商标"的转换器品牌、"2009年度中国企业营销创新单项奖""年度最佳渠道整合创新奖"、中国电气行业评选活动"十大满意品牌""消费者最信赖品牌""绿色中国年度绿色企业"等各项荣誉,累计获得国家各项专利313项。

2014年公牛集团正式进军LED产业,2016年进入数码配件领域,公司发展开启了新的起点。2014年成立了宁波光电科技有限公司,组建智能物联项目部,正式导入"事业部制",转型为集团管控模式。产品方面,公牛将战略定位为"插座专家与领导者",先后推出了G11彩蝶系列装饰开关插座、G15大间距开关插座、防频闪LED球泡灯、墙开铝镁合金开关、高晶玻璃开关、抗电涌、智能WIFI、USB定时充电、防淋雨等插座和装饰开关等系列极具科技时尚感的产品。销售方面,公司成立了电商事业部,进驻天猫旗舰店、京东、1号店、亚马孙等大型电商平台,全面提升公牛电商销售实力。成立了精品事业部、B2B模式及市场标准品定制项目组,实现市场快速响应,满足客户定制化需求。经过不断地创新开拓发展,2019年,公牛品牌再次跻身世界品牌实验室"中国500最具价值品牌排行榜",品牌价值较2018年增长25.41亿元,达138.36亿元,公司还首次入选中国制造业企业500强榜单。

3. 公牛集团的经营运作

公牛的采购业务主要包括塑料、铜材等生产物料采购以及IT物资、行政等非生产物料采购两大类。公司确立了以品质为核心的采购策略,通过严格的供应商准入、定期考核及审查机制优选主要供应商,并与主要供应商建立战略合作关系,确保品质与交付。公司在集团层面设立采购共享平台,配备专职人员,通过集中采购的方式提升议价能力、降低采购成本。此外，公司借助供应商管理系统、ERP 系统、制造执行及仓储管理等系统不断提升采购效率。公司采用"市场预测＋安全库存"的模式组织生产，以自制为主，部分新品和配套类产品采取 OEM 生产方式。各工厂负责相应产品和部件的生产组织，在确保产品品质、有效管控成本的同时保证按时交货。同时，公司持续推进生产模式创新，通过不断提高的精益化、自动化水平来不断加强产品的品质保证、提高生产效率和降低成本。公司销售模式为经销为主、直销为辅。公司在民用电工领域内创新性地推行线下"配送访销"的销售方式，并持续开展渠道精细化管理，有效的组织、调动了全国经销商的资源，经过长期的积累，公司已建立了覆盖全国城乡的线下销售网络和专业的线上销售渠道，同时也积极拓展海外市场，加快全球布局。

2018 年 11 月，公牛的转换器产品（移动插座）被工信部和中国工业经济联合会确定为制造业单项冠军产品。2019—2020 年，公司的转换器、墙壁开关插座产品在天猫市场线上销售排名均为第一，转换器产品在天猫市场占有率分别为 65.27％和 62.4％，墙壁开关插座产品在天猫市场占有率分别为 28.06％和 30.7％。

公牛之所以能实现高产品市场占有率，它的销售模式功不可没。公牛的销售模式以经销为主、直销为辅，并授权经销商在线上平台开店销售。其中，经销商 3 000 家左右，均为一级经销商，线下渠道主要是五金渠道、装饰渠道、商场超市、社区零售市场，线下的分销按照产品划分为转换器、墙壁开关＆LED、数码配件三个经销网络代理，品类间经销商相互独立。线上渠道包含京东和天猫等平台。

（二）公牛集团的违法

然而，作为"消费者最信赖品牌"的公牛集团，在 2021 年 5 月 12 日却发布公告称，浙江省市场监督管理局决定对公牛集团涉嫌与交易相对人达成并实施垄断协议行为进行立案调查。2021 年 9 月 27 日，浙江省市场监督管理局发布了对公牛集团的行政处罚决定书。浙江省市场监督管理局在官网"反垄断、反不正当竞争"栏目披露了《行政处罚决定书》（浙市监案〔2021〕4 号），该决定书显示，公牛集团股份有限公司（603195.SH）因违反《中华人民共和国反垄断法》，被处以公司 2020 年度中国境内销售额 98.27 亿元的 3％的罚款，总计 2.948 1 亿元。

调查显示，2014—2020 年，公牛集团在转换器、墙壁开关插座、LED 照明、数码配件等电源连接和用电延伸性产品销售渠道，与经销商达成并实施固定和限定价格的垄断协议，排除、限制了市场竞争，损害了消费者利益。

1. 与经销商达成固定和限定价格的垄断协议

2014—2020 年间，公牛制定含有固定产品转售价格和限定最低转售价格内容的《市场运营规范》《经销商管理规则》《线上市场管理规范》《承诺书》等文件，通过发布价格政策、与经销商签订经销合同和承诺书等方式，实现对产品价格的管控。

（1）公牛集团与经销商之间签订的《经销合同》规定，经销商"认可并遵守双方约定的市场管理体系""服从甲方的价格管理和总体市场管理"。而公牛制定的市场管理体系严密且庞大，经销商必须遵守和严格执行。

（2）公牛向各经销商发布调价政策，并规定如"经销商应严格执行在公司备案的或者公司要求的加价率""终端零售价指导价为 7.5 折，最低 6.5 折，最高 8.5 折""所有互联网平台店铺销售的产品价格应以日常零售价为基础,价格体系按照《互联网平台价建议零售价格表》执行"等。具体方式包括建立 QQ 群和钉钉群等,在群里发布产品价格表,要求群里的经销商按照价格表进行销售。

(3) 在签订《经销合同》的同时,还要求经销商签订《承诺书》,承诺遵守公牛的价格管控体系。如"经销的墙壁开关插座全系列产品零售价不低于公司下发价格表 6.5 折,G09 系列产品不低于公司下发价格表 5 折"等。

2. 实施了固定和限定价格的垄断协议

公牛方面通过强化自行考核监督、委托中介机构监督、惩罚经销商等措施进一步强化了固定和限定价格协议的实施。

监督方面：组建市场督查部,监管产品终端零售价格水平。还先后委托杭州维淘电子商务有限公司、杭州淘唯电子商务有限公司、杭州邦银电子商务有限公司、爱德威信息科技(上海)有限公司、任拓数据科技(上海)有限公司等第三方公司对其经销商的零售价格水平进行监督,监督内容具体包括监督经销商是否执行其价格政策、是否窜货销售等。

实施惩处措施方面：经销商一旦发生窜货、低于最低价格销售等违反当事人的价格政策行为,经督查部门核实后,将会在 B2B 系统里发通告,以扣分、收取违约金(扣除经销商返利或者保证金等)、取缔经销资格等方式予以惩处。经调查,2020 年度,公牛集团线上线下共发出违约通告 1 000 多份。

(三) 公牛集团违法案的影响及思考

公牛集团称,2.948 1 亿元的罚款,约占公司最近一期经审计净资产的 3.23%,占公司最近一期经审计净利润的 12.74%,减少公司 2021 年利润 2.948 1 亿元,这样的违法代价对公牛集团的打击无疑是巨大的。

从资本市场反应来看,因接受浙江省市场监督管理局关于涉嫌"签署垄断协议"的调查,2021 年 5 月 13 日,公牛股价低开 7.74%,盘中一度跌超 9%,截至收盘跌 4.62%,股价报 181.65 元/股,市值蒸发超 50 亿元。垄断案件调查期间,截至 9 月 27 日,公牛股价从 190.45 元/股跌至 163.99 元/股,跌幅达到 14%。9 月 30 日,公司股票价格收于 163.25 元/股,总市值跌破千亿元关口。可以看出,公牛的垄断行为被罚案件严重地影响了投资者的信心。

从公牛的发展历程来看,虽然已在人们心目中树立了持久、良好的品牌形象,但随着行业竞争的加剧,加之此次事件的发生,必然给企业形象带来损害。

公牛的市场垄断行为被罚事件,是值得行业深思的。首先,"用户至上"是企业必然坚持原则,任何忽略用户思维和损害用户利益的行为,都将付出惨痛的代价。其次,不要知法犯法,企业不能为了追求一时的业绩和利润而影响同行的利益,透支用户的利益,甚至不惜以身试法。最后,企业在追求利益的同时要兼顾风险管理和控制,在风险可控之下,追求经营的稳定和可持续性,才能真正实现企业发展的稳定和持续。

二、案例思考

① 搜集垄断案例并思考垄断会带来哪些危害。
② 结合案例思考《中华人民共和国反垄断法》制定的意义和作用是什么。

③ 请思考个人在社会生活中应如何增强法律意识。

三、活动安排

① 组织学生观看法制栏目，分享维权事件，引导学生学会依法保护自身利益。
② 开展"知法、懂法、守法"的主题分享活动，引导学生理解遵纪守法的重要性，培养学生的规则意识。
③ 组织辩论赛：当代大学生的法律意识高还是低？增强学生的法律意识。

四、案例启示

《孟子》云："诚者，天之道也，思诚者，人之道也。""诚"是道理之本、行为之源，是精神的安宁和纯净；"信"是诚的实践，言行一致，是"仁义礼智信"五常之保证；而"忠"是信之前提，"和"则是忠信诚所要达成的目标，以和为贵方能天地人和。专业专注，要求企业专注于自己最擅长的行业领域、最有竞争力的营销模式、最具核心能力的价值链，从而形成自己的核心竞争优势。"忠信诚和、专业专注"，必然会树立良好的企业形象，取得良好的市场地位，实现做大做强，但再强悍的公司也不能扰乱市场秩序，以身试法，损害他人合法利益，否则必会付出惨痛的代价。

现代社会是法治社会，不论是组织还是个人，要做到人人守法，凡事依法，坚定不移走中国特色社会主义法治道路，才能顺利实现和谐社会的建设任务。

作为社会主义建设和发展的中坚力量，当代大学生更应该知法、懂法、守法。从思想上树立"以遵纪守法为荣，以违法乱纪为耻"的荣辱观。在行动上积极学习法律知识，遵守纪律不做违法乱纪的事，面对违法乱纪行为，要敢于揭发、敢于抵制，学会用法律武器维护自身合法利益，与一切违法乱纪行为作斗争。

五、知识链接

（一）经济法概念

经济法是中国特色社会主义法律体系中的重要组成部分，它是一门独立的部门法。经济法是调整国家干预社会经济过程中发生的各种社会关系，以保障国家调节，促进社会经济协调、稳定发展的法律规范的总称。它是国家机关、企事业单位、各种社会经济组织以及公民个人在社会经济活动中的行为准则。

经济法的概念从理论上有以下含义。

第一，经济法本身是一种法律规范，它是国家对社会经济活动进行调控和管理的法律。因此，它对社会的经济活动和行为人的作为与不作为都具有普遍的法律约束力。

第二，经济法是用以调整社会经济关系的法律规范。这种经济关系是为实现一定的经济目的而发生的社会关系。

第三，经济法调整社会经济活动中一定范围内的经济关系，主要包含因经济的调控和管理活动而发生的纵向经济关系、经济运行中开展协作活动而发生的横向经济关系、社会经济组织内部在管理和协作过程中所发生的经济关系，还有涉外活动中所发生的各种经济关系。

（二）经济法的调整对象

在具体范围上，经济法的调整对象包含了三个方面特定的经济关系：市场主体规制关系、市场秩序规制关系和宏观调控关系。

（三）经济法的体系

按照经济法的调整对象，构成体系如下。

（1）市场主体规制法。经济法着重关注国有企业及其财产管理的法律问题，主要涉及国有企业法和国有资产法等。

（2）市场秩序规制法。包括反垄断法、反不正当竞争法、消费者权益保护法、产品质量法等。

（3）宏观调控法。主要包括计划与产业政策法、财政法、税法、金融法、价格法等。

反垄断法是现代经济法最早出现的法律，在西方国家长期居于经济法体系的核心地位，随着我国经济的不断发展，反垄断法在我国社会主义市场经济条件下也日益重要。另外，在我国财政法、金融法等中也占有非常重要的地位。经济法的各组成部分有效配合，综合地运用，才能更有效地调整国家干预社会经济过程中发生的各种社会关系，以保障国家调节，促进社会经济协调、稳定发展。

（四）学习经济法学课程的意义

经济法学是以经济法律现象为研究对象的一门法学学科。与民法学、刑法学、行政法学、国际法学、诉讼法学等其他二级法学一样，是法学的核心课，也是法学的基础课，在中国特色社会主义法律体系中占有重要的地位。

学习经济法学的意义非常重大：第一，经济法学与其他基础法学之间有着密切的联系，学好经济法学对学好其他基础法学有重要的促进作用；第二，学好经济法学对学好经济法学的专业理论课，如市场竞争法、自然资源法、财政法、税法、金融法等有重要的指导作用；第三，学好经济法学，对司法实践具有重要的帮助作用，因为经济法学既是一门理论法学，又是一门实践法学，在司法实践中必不可少，经常使用。

六、参考文献

[1] 徐晖．公牛集团：插座专家与领导者［J］．电器工业，2018（2）：54-55．

[2] 郭秀娟，张君花．被罚近3亿元"插座一哥"做错了什么［N］．北京商报，2021-09-28（003）．

[3] 本刊讯．公牛集团为何被浙江省市场监管局处罚近3亿元？［J］．中国品牌与防伪，2021（9）：24-27．

[4] 胥帅．要罚公牛集团 更要鼓励竞争防垄断［N］．每日经济新闻，2021-09-30（001）．

[5] 刘颂辉．"插座一哥"公牛集团的"垄断生意"［N］．中国经营报，2021-10-11（B16）．

[6] 黄建华．经济法［M］．2版．成都：西南财经大学出版社，2018．

第三章
财务管理类课程思政案例

案例七 正确认识校园贷

思政元素：正确消费观、法律意识、信用意识。

教育目标：引导学生正确认识校园贷，了解非法校园贷的危害，树立正确的消费观，不虚荣，不盲目攀比，学会理性消费，树立信用意识，谨慎贷款，谨防受骗。

教学组织：视频观看、发言分享、自我探究。

一、案例介绍

（一）校园贷

当前的法律法规并没有对校园贷做出明确的界定。公司或个人，通过线上或线下的方式，面向在校大学生开展的各类贷款业务通称为校园贷。校园贷出现的初衷主要是为家境贫寒的学生提供贷款完成学业，或是为解决在校生创新创业解决资金短缺问题。校园贷发展至今，大致有五种模式：

第一种，学生可以申请注册的分期购物平台。这种属于传统的校园贷模式，如京东（京东白条）、淘宝（蚂蚁花呗）、分期乐等。

第二种，用于大学生助学和创业的贷款平台。这也是一种传统的校园贷模式，但这类平台随着国家的管控，数量已经大幅缩减，转向白领人群，如任我花。

第三种，部分国有银行新推出的"校园贷"服务，即银行面向大学生提供的校园产品，如招商银行的"大学生闪电贷"、中国建设银行的"金蜜蜂校园快贷"、青岛银行的"学e贷"等。这种模式属于新型国有银行校园贷类。

第四种，非法借贷，如"裸条"等。

第五种，具有欺诈性质的诱导贷款，如培训贷、刷单贷等。

合法的校园贷是借贷双方在平等自愿的基础上就借款事宜达成一致，不存在欺诈等行为。非法校园贷是资金的提供方通过虚假宣传、降低贷款门槛等行为诱导大学生实施借款行为。由此可见，第四种和第五种模式属于非法校园贷。

（二）对校园贷的管控

2016年4月，教育部与银监会联合发布了《关于加强校园不良网络借贷风险防范和教育引导工作的通知》，明确要求各高校建立校园不良网络借贷日常监测机制和实时预警机制，同时建立校园不良网络借贷应对处置机制。2016年8月24日，银监会明确提出用"停、移、整、教、引"五字方针，整改校园贷问题。2018年2月28日，广东金融办发布《关于贯彻落实网络借贷信息中介机构业务活动管理暂行办法的通知》，要求开展校园网贷业务整治，一律暂停网贷机构开展在校学生网贷业务，逐步消化存量业务；地方金融监管部门发现网贷机构主要办事机构与营业执照所登记的住所不一致的，应通报工商行政管理部门，工商行政管理部门接到通报后应依法进行处置。2021年3月17日，银保监会官网发布《关于进一步规范大学生互联网消费贷款监督管理工作的通知》。该通知明确小额贷款公司要加强贷款客户身份的实质性核验，不得将大学生设定为互联网消费贷款的目标客户群体，不得针对大学生群体精准营销，不得向大学生发放互联网消费贷款。至此，校园贷迎来更严格的国家监管。

（三）校园贷的特点

1. 传统校园贷的特点

当前，传统校园贷仍呈现出门槛略有升高，但仍较低，放款速度快，部分手续费高，违约成本高等特点。

随着国家对校园贷管控的加强，很多机构已停止对大学生提供贷款服务，转向了白领人群。如诺诺镑客2013年推出的信用借款服务"名校贷"于2017年7月1日正式下线校园贷业务，更名为"名校贷公益"，全面转向校园公益事业，拓展白领人群，服务年轻群体。部分机构和平台降低了学生信贷的额度，2020年12月，花呗调整了年轻用户额度，下调了部分年轻人额度至3 000元以下，倡导合理消费。但部分购物平台推出的分期购物模式，放款速度非常快，只要额度下发，随时可消费。贷款费用方面，传统校园贷在利率设置上做到了合法，但是存在着手续费高昂的情况，机构通过高额的手续费、服务费、管理费等名目变相增加学生贷款的成本。

此外，越来越多的机构建立或加入全国个人信用评级体系，加强了对借款人违约风险的抑制，设置了较高的违约金，提高了借款人的逾期成本。2017年9月，中国互联网金融协会组织建设的"互联网金融行业信用信息共享平台"正式开通，包括京东金融等机构，覆盖了第三方支付、网络借贷、消费金融等互联网金融主要业态，各机构可以从更多元的角度对借款人的信用状况交叉比对。从根源上限制了一位借款人从多处互联网金融机构借贷的行为，抑制了风险。京东金融同时保留将用户的违约信息提供给相关政府管理部门、行业监督管理机构或其他合法设立的征信管理机构的权利。违约金方面，各平台的违约金也相对较高。如京东白条的逾期利息为0.07%/日，不计复利，年化利率为25.2%；蚂蚁花呗逾期利息为0.05%/日，不计复利，年化利率为18%；赛客学生借贷行的逾期利息为单利，但1～10日逾期管理费率为0.1%，10日以上为0.5%，另外还要支付罚息，1～10日费率为0.05%，10日以上为0.1%，换算为年化利率为211.5%。

2. 新型校园贷的特点

2017年，国有银行开始进军校园贷市场，新型的校园贷致力于把对大学生的金融服务做到位，其具有门槛高、额度低、无抵押担保、利率相对低、还款时限相对宽松、逾期资金成本相对较低等特点。

2017年，各大银行陆续推出了校园贷产品。中国银行的"中银E贷·校园贷"业务在华中师范大学等高校试点推出,该业务采用与高校深度合作模式,为高校学生量身打造小额信用循环贷款。业务初期最长可达 12 个月,未来还可延长至 3 年到 6 年,覆盖毕业后入职阶段。同时,该业务还将提供宽限期服务,宽限期内只还息不还本。贷款金额最高可达 8 000 元,完全满足学生日常合理的消费需求。而且,这项业务无须担保和抵押,贷款的申请、还款等在手机银行和网上银行即可完成。招商银行推出的"大学生闪电贷"的最高额度同样为 8 000 元,只在上海部分高校试点,采取白名单模式,进入白名单的学生在招商银行手机银行 APP 上提交贷款需求,招行审核系统将进行审核,闪电贷最多可借 8 000 元,最长可分 24 期还款,日利息最低为万分之一点七,借 1 000 元,每天利息最低为 0.17 元。中国工商银行推出的"大学生融 e 借",已在北京、哈尔滨、上海、南京、威海、武汉、广州、成都、西安、杭州 10 个城市的 15 家高校开展试点,后续还将陆续推广到更多高校。"大学生融 e 借"在产品设计时充分考虑了大学生群体的消费特点、消费习惯和承受能力,提供了利率的优惠。以借款 1 万元为例,分 1 年 12 期偿还,使用"大学生融 e 借"总利息为 308.95 元,平均每天利息不到 0.9 元。中国建行广东省分行推出的"金蜜蜂校园快贷"面向省内部分高校学生,可给予大学生 1 000~50 000 元授信额度;利率为日利息万分之一点五;可提现、随借随还、按使用天数计算利息,最长不超过一年。青岛银行推出的"学 e 贷"主要面向山东省内年满 18 周岁的全日制本科生、研究生群体。符合产品准入条件在校大学生,可前往青岛银行营业网点提出申请,申请成功后即可通过手机银行自助发放贷款,随借随还。

在逾期成本方面与传统校园贷相比新型国有银行校园贷较低。但逾期信息会被记录到人民银行征信中心,对未来的贷款行为产生一定的影响。

3. 非法校园贷的特点

"只要你是在校学生,网上提交资料,通过审核,支付一定手续费,就能轻松申请信用贷款"。对于没有经济来源,经济独立性差,消费没有基础的在校学生,真有这么简单、容易的事儿吗?答案当然是否定的。非法校园贷具有门槛低,诱导性、欺骗性强,违约成本畸高,危害性大等特点。

基于风险控制的角度,对于没有稳定还款来源的高校学生,从正规金融机构获得贷款要经过严格审批。于是非法校园贷便乘虚而入,在放款时不会对学生的偿还能力进行严格的审查,仅凭学生证、身份证照片等信息就可以进行借贷。

非法校园贷会过度夸张、诱惑性宣传,通常会在微信群、QQ 群、微博等平台里面打出各种诱人的贷款广告,如"零抵押""秒到账""零担保""零首付""低息借款""无抵押借款""信用借款"等。非法校园贷的"低息"多指日利率,比如日利率为"0.08%",借贷学生往往只关注到"0.08%",简单地认定为"低息",对于涉世不深的大学生诱导性极强,大部分学生并未仔细分辨日利率和年利率的区别,也未计算实际需要的还款金额。非法校园贷以"低息""无门槛""审批快"诱导高校学生能够及时获得贷款。除需要支付高额的贷款费用外,一旦没有及时还款,非法校园贷平台就会采取非法催债的方式,以败坏名誉相威胁,逼迫高校学生还款。

从大量的非法校园贷伤害大学生的事例中,可以发现由于不法贷款机构的恐吓和威胁,学生面对这类来自社会的压力时,往往更难认清形势去寻求法律上的帮助,反而容易陷入以贷还贷的死循环,或误入歧途从事违法犯罪活动,甚至内心崩溃走向极端,具有极大的危害性。

(四) 认识传统校园贷的"压力"

银行机构虽然可以给大学生提供贷款,但由于办理贷款的门槛比较高,额度比较低,所以较少被使用。传统校园贷虽然具合法性,但对于尚无经济收入来源的大学生而言,也要注意识别和防范其所带来的压力。

蚂蚁花呗,是蚂蚁金服推出的一款消费信贷产品,用户申请开通后,将获得 500～50 000 元不等的消费额度。用户在消费时,可以预支蚂蚁花呗的额度,在确认收货后的下个月的 9 号进行还款,免息期最长可达 41 天,并且消费者还可以分 3、6、12 个月进行还款,手续费(服务费)率分别为 2.3%、4.5%和 7.5%。蚂蚁花呗刚一上线,就受到网购族的大力追捧。数据统计显示,花呗用户的 33%是"90 后","80 后"用户则占 48.5%,而"70 后"用户是 14.3%。可见相对其他支付方式,蚂蚁花呗吸引了更多的新生代消费群体。

假如购物消费金额为 5 000 元,假设还款时间均相隔一个月,不存在逾期还款。

第一种情况:选择 3 个月连续还款,每月还款金额:(5 000+5 000×2.3%)/3=1 705 元,利用 EXCEL 中的函数 IRR,计算得到每月的实际利率为 1.15%,折合为年利率为 $(1+1.15\%)^3-1=3.48\%$。

第二种情况:选择 6 个月连续还款,每月还款金额:(5 000+5 000×4.5%)/6=870.83 元,利用 EXCEL 中的函数 IRR,计算得到每月的实际利率为 1.27%,折合为年利率为 $(1+1.27\%)^6-1=7.87\%$。

第三种情况:选择 12 个月连续还款,每月还款金额:(5 000+5 000×7.5%)/12=447.92 元,利用 EXCEL 中的函数 IRR,计算得到每月的实际利率为 1.15%,折合为年利率为 $(1+1.15\%)^{12}-1=14.70\%$。

通过以上的计算,借款人可以知道每期还款金额以及这款产品的实际年化利率,有助于评估自身的还款能力和贷款产品本身的利率高低。如果仅仅从手续费或日利率来看上述产品很便宜,借款人压力不大,风险不高,但通过计算可见实际年化利率还是比较高的,特别是分 12 期还款的花呗借款,虽然基本没有超过高利贷的红线,但一些银行贷款产品(如工行融 e 借、建行快贷等)年利率一般只有 5%～9%,相比而言还是很高。对于无经济收入来源的大学生,还款存在一定压力。

(五) 识别非法校园贷的危害

非法校园贷冲击着正规的信贷服务,不利于金融体系的稳定,也不利于我国经济发展。此外,对学生个人及家庭而言,不仅会严重影响学生的生命财产安全,还会对受害学生家庭带来严重的经济负担,危害极大。

1. 非法校园贷损害学生身心健康

非法校园贷在催收中多采用非正常手段,主要包括威胁、网上信息曝光、电话骚扰、恐吓学生、冒充公安机关给其父母或老师打电话进行骚扰等。学生的风险防范意识不强,心理承受能力低,面对非正常催收手段时,会出现沉重的心理压力,真实案例比比皆是。

2. 非法校园贷诱导学生过度消费

中国银行保险报网的栏目中有这么一个案例:小 A 看中了一款高档篮球鞋,远超出其生活费用。犹豫几周，在频频看到的网贷广告中宽松审批政策和较高放贷额度的持续刺激和诱导下，再加上"日息2‰～5‰"、新用户赠送一定的免息期等字眼，小A认为还是比较划算的。于是，为满足一时欲望，小A一狠心，在网贷平台贷款购买了心仪的那款高档球鞋。尝试过几次网贷的"甜头"后，由于使用频次高，贷款额度还不断增加，无形中助推了其贷款消费行为，小A就此陷入超前消费泥潭，消费欲望不断助长，走上每月还贷之路而不能自拔。非法校园贷门槛低，审核简单，无须担保，高校学生能轻易取得贷款，满足不合理的消费欲望。

3. 非法校园贷诱发学生违法

实际案例中，学生一旦无法偿还非法校园贷后，非法校园贷平台会以帮助学生为幌子，发展其为"校园代理"，用高额提成进行诱惑，要求借贷学生诱骗更多的同学使用非法校园贷，更有甚者，有学生为偿还校园贷铤而走险，做违法的事。

4. 非法校园贷加剧家校矛盾

借贷学生一般不会向学校或家人透漏自己借款的事情。当学生因非法校园贷出现问题时，学校方面往往会通知学生家长，部分涉事学生家长会认为高校对学生教育监管不力，加剧家庭和学校的矛盾冲突。

二、案例思考

① 结合案例，请思考大学生应该如何防范非法校园贷。
② 请思考如何提高个人的财务管理能力。
③ 请思考为什么说时间就是金钱。

三、活动安排

① 观看微电影《代价》，分享观后感，引导学生认识到非法校园贷的危害。
② 组织学生在校园里开展"远离非法校园贷"的宣传活动，帮助学生了解非法校园贷的危害，树立正确的消费观。

四、案例启示

大学时期是人生重要的成长期，是形成正确价值观的关键时期。面对复杂的社会环境和外界不断的诱惑和刺激，大学生应该学会并做到自我约束和自我保护。通过不断学习知识，提升自身金融财务素养，以专业知识揭示非法机构的"真实面目"；树立科学的筹资理念，树立正确的消费观念，不盲目攀比，追求不切实际的物质生活。

学生要把学习放在第一位，做到主动学习，掌握更多的知识，用知识武装自己。人们的生活都离不开对财务的规划，缺钱时如何解决？哪种方式筹钱更好？资金有富余时怎么处理？这些都与自己的生活息息相关。因此，作为大学生，在完成专业学习的同时，也应该主动地学习相关的金融、财务、理财等知识，提升自身金融素养，增强财务管理和理财能力。对生活中了解到的一些非法金融行为，坚决拒绝，并及时向老师、学校或有关部门反映，使非法金融活动能及时得到打击。

大学生要科学、理性地消费。一是要量入为出，不盲目攀比，大学生日常生活消费时要根据自己经济实力合理规划开支项目，不能因满足虚荣心而盲目攀比。二是在有合理信贷需求时，要保持警惕，拒绝诱惑，不盲目相信一些网贷平台的宣传造势和持续刺激，及时纠正超前消费、过度消费、从众消费等错误观念，逐步树立科学、理性、健康的消费观。

大学生如果确实有合理信贷的需求，也要珍惜信用，保持良好征信记录。如果征信不良，将会对大学生未来的生活和工作带来非常大的影响。

五、知识链接

货币时间价值是指在没有风险和通货膨胀的情况下，货币经历一定时间的投资和再投资所增加的价值，也称为资金时间价值。

由于货币在周转使用过程中随时间的延续而形成差额价值，即一定量的货币资金，在不同时间分布上具有不同的价值，所以，不同时间的货币不宜直接进行比较，需要把它们换算到相同时点进行比较才有意义。

在货币时间价值的计算中，涉及以下内容。

（一）终值和现值

（1）终值。终值又称将来值或本利和，是指现在一定量的资金在未来某一时点上的价值。

（2）现值。现值又称折现值，是指未来某一时点上的一定量资金折合到现在的价值，俗称"本金"。

（二）时间价值的表示方法

（1）相对数。相对数，即时间价值率，增加的价值占投入资金的百分数。

（2）绝对数。绝对数，即时间价值额，是资金在周转使用过程中带来的真实增值额，即一定数额的资金与时间价值率的乘积。

实务中，习惯使用相对数表示货币的时间价值。通常以利息率（简称利率）来具体表现货币的时间价值率。

（三）单利与复利

（1）单利：按照固定的本金计算利息的一种计息方式，所生利息均不加入本金重复计算利息。

（2）复利：复利是指将这一期的利息计入下一期本金中，下期将按本利和的总额计息，即除本金计息外，利息再计利息，俗称"利滚利"。

（四）时间价值计算的对象

时间价值计算的对象就是时间价值变化过程中特定时点上的货币。通常，将这种收入或支出的货币称为现金流量。

依据货币金额的出现频度，将货币金额分成两大类：在整个时间价值变化过程中只出现一次的货币金额；在整个时间价值变化过程中出现若干次的货币金额。对于后一种货币金额，依据其本身特征，又可将其分成规则的计量货币金额和不规则的计量货币金额两种。其中规则的计量货币金额通常称之为年金。

（1）年金的计量货币金额具有如下特征。

① 各次计量货币金额相等。

② 各次计量货币金额对应地出现于各个时段的固定时点上，从而每次计量货币金额的出现时间间隔相同。

③ 每次计量货币金额的流动方向一致，或者说各次计量货币金额的收或付是相同的。

(2) 以下四种形式的年金作为年金的典型具体类别。

① 普通年金。普通年金是指各次计量货币金额对应地出现于各相应时段的最后时点上的年金。所以，通常也称普通年金为后付年金。

② 预付年金。预付年金是指各次计量货币金额对应地出现于各相应时段的初始时点上的年金。所以，通常也称预付年金为先付年金。

③ 递延年金。递延年金是指时间价值变化过程的前若干时段货币计量金额缺损的普通年金，或者说普通年金的货币计量金额依次往后递延若干时段的结果。

④ 永续年金。永续年金是指时间价值变化过程中所包含的时段数无穷大，同时时间价值变化过程的货币计量金额出现次数亦无穷大的普通年金。

(五) 实际利率与名义利率

1. 实际利率

实际利率是剔除通货膨胀率后储户或投资者得到利息回报的真实利率。

2. 名义利率

名义利率，是央行或其他提供资金借贷的机构所公布的未调整通货膨胀因素的利率，即利息（报酬）的货币额与本金的货币额的比率。即指包括补偿通货膨胀（通货紧缩）风险的利率。

名义利率与实际利率存在着下述关系。

(1) 当计息周期为一年时，名义利率和实际利率相等，计息周期短于一年时，实际利率大于名义利率。

(2) 名义利率不能完全反映资金时间价值，实际利率才能真实地反映了资金时间价值。

(3) 名义利率与实际利率之间的关系为：1＋名义利率＝(1＋实际利率)×(1＋通货膨胀率)，一般简化为名义利率＝实际利率＋通货膨胀率。

(4) 名义利率越大，周期越短，实际利率与名义利率的差值就越大。

六、参考文献

[1] 刘鹏霖，李世鹏. 新时期"校园贷"的种类特点分析及风险防范研究 [J]. 吉林省教育学院学报，2018，34（12）：49-52.

[2] 严浩云. 从复利计算看"校园贷"的风险识别和防范 [J]. 上海电机学院学报，2021，24（1）：53-56.

[3] 王婧力. 非法校园贷的治理研究 [D]. 石家庄：河北师范大学，2021.

[4] 陈万江，等. 财务管理 [M]. 2版. 成都：西南财经大学出版社，2020.

案例八 步入财务共享服务时代

思政元素：战略思维、辩证思维、开拓进取。

教育目标：通过认识财务共享及其发展历程，培养学生高瞻远瞩、统揽全局，善于把握事物发展总体趋势和方向的战略思维,引导学生树立发现问题、分析问题、解决问题的辩证思维,培养学生追求具有卓越的创新精神和开拓进取的精神。

教学组织:视频观看、小组讨论、自我探究。

一、案例介绍

(一) 1981 年:福特公司在底特律创建了第一家财务共享服务中心

福特公司是美国最大的工业垄断组织和世界重要跨国企业之一。1903 年 6 月 16 日由亨利·福特和 11 位合伙人成立于密歇根州。1988 年,公司销售额为 924.5 亿美元,资产额为 1 433.7 亿美元,在美国最大的工业公司中居第 2 位,在世界最大工业公司中居第 2 位。1986 年,雇用职工达到 38.2 万人。公司总部设在密歇根州迪尔伯恩市,主要产品有汽车和汽车零件、拖拉机、电视机、收音机、电子通信系统、导弹控制系统、卫星和地面站设备等。主要子公司有福特汽车公司、福特航空航天和通信公司、福特信贷公司等。国外子公司和联营公司主要设在英国、法国、加拿大、德国、意大利、荷兰、瑞士等 30 多个国家和地区以及我国台湾地区。

1908 年,福特公司生产出世界上第一辆属于普通百姓的汽车-T 型车,世界汽车工业革命就此开始。1913 年,福特公司又开发出了汽车行业中的第一条流水线,这一创举使 T 型车一共达到了 1 500 万辆,福特先生为此被称为"为世界装上轮子"的人。正是通过流水线的作业方式让机器流转,大大提高了生产效率,同时也兼顾了产品的标准化,因此福特汽车很快便形成了较大的市场垄断。

福特二世时期,由于集团下形成了诸多组织和事业部等一些机构,福特公司运营展现臃肿,部门与部门之间,事业部与事业部之间,各个业务线之间各自管控,面临着行为方式和规则难以统一的管理难题。1978—1981 年福特公司出现了人才大量流失,同时经营效率下滑严重,当时整个集团的经营利润为−5.1 亿美元,极大影响了各个股东的收益情况,受到各个股东的问责。

在这样的背景下,福特公司成立了专门的经营团队来做综合的决策,同时推动改革,最大的改革就是去解决各部门、各事业部之间的协同与资源共享问题。福特公司建立的共享从设计开始延伸到各业务领域。1981 年福特公司在底特律创建了第一家财务共享服务中心,也是财务共享中心的鼻祖,该中心将各个事业部重复标准化的作业集中起来处理,在后续两年里通过这样的协作,扭转劣势,让福特盈利 4.5 亿美元。

福特公司建立的第一家财务共享服务中心创新性地发展了财务管理理念,实现了成本节约及强化管控的目标,它的成功使其他企业纷纷效仿。通用电气公司(GE)、百特医疗以及科尔尼公司等也建立了类似机构。

(二) 20 世纪 90 年代—2004 年:外企在中国建立财务共享服务中心

伴随企业跨国业务的增加与科技的迅猛发展,为促进了业务流程的融合,共享服务与外包行业得到了加速发展。20 世纪 90 年代初,企业集团内部专属的共享服务在东欧起步,与此同时,更多的企业将目光投向亚洲。20 世纪 90 年代末至 21 世纪早期,印度出现了第一批业务流程外包公司,此后共享服务外包行业以每年超过 10% 的增速迅猛发展壮大。

1999年，成立于1928年的摩托罗拉公司在天津成立了亚洲结算中心，即其会计服务中心的前身。2006年7月，该结算中心正式更名为摩托罗拉全球会计服务中心，当时负责公司90%的全球应付账款业务，80%以上公司间往来业务，80%以上旅行和费用报销业务，70%以上固定资产业务，并在2007年底之前接管摩托罗拉在美国的固定资产业务、欧洲30多个国家的应付账款业务、欧洲15个国家的旅行报销业务和欧洲21个国家的公司间往来业务。摩托罗拉全球会计服务中心将建立世界一流的财务共享服务中心，利用优秀的人才、最佳的系统和地处亚洲的优势，为客户提供高质量、低成本的服务，力争成为摩托罗拉内部和外部效仿的典范。

2000年，通用电气公司在大连成立了亚太区财务共享服务中心。2001年，牛奶国际有限公司在广州设立了财务共享服务中心。2003年，埃森哲公司成立了亚太财务共享服务中心，服务10个亚太国家的1.4万名员工。2004年，惠普公司在大连建立了财务共享服务中心，服务北亚区的韩国、日本、中国机构。

（三）2005—2012年：中国企业的财务共享服务中心

2005年，中兴通讯股份有限公司（以下简称中兴通讯）成为第一家建立财务共享服务中心的中国企业，随后中国平安、海尔等公司紧跟其步伐。

1. 中兴通讯财务共享服务中心的建立

中兴通讯是全球领先的综合通信信息解决方案提供商，为全球电信运营商、政企客户和消费者提供创新的技术与产品解决方案。公司成立于1985年，在香港和深圳两地上市，业务覆盖160多个国家和地区，服务全球1/4以上人口。2020年，面对新型冠状病毒感染疫情和外部环境的挑战，中兴通讯坚持聚焦主业，以技术创新为本，重视经营质量，积极推进业务拓展，国内和国际市场营业收入均实现同比增长，三大业务（运营商网络、政企业务、消费者业务）营业收入均实现同比增长。2020年，中兴通讯实现营业收入1 014.51亿元，同比增长11.81%，国内市场实现营业收入680.51亿元，国际市场实现营业收入334.00亿元，市场前景发展态势良好。

然而，在中兴通讯不断发展壮大的历程中，也面临着不断的改革。以其财务管理来说，作为企业财务管理的重要部分，中兴通讯一直高度重视。1998年，中兴通讯由长达11之久的集权管理的直线职能制改为准事业部制，划分四个产品事业部和三个营销事业部，实行集权和分权相结合的模式。以产品线为基础划分为网络事业部、本部事业部、移动事业部和CDMA事业部。针对不同的客户需求成立了相应的营销部门、技术中心、人事中心、财务中心、总裁办等职能部门，但各部门并不具备独立决策权。财务管理方面，子公司或办事处、事业部、财务中心由总部实行统一管理，各事业部财务总监由总部财务中心派驻，各事业部配有专门的财务人员负责各自的财务工作。然而，分散化的财务管理模式存在的问题也日益凸显。

第一方面是复杂的组织结构导致了较高的运营成本和较低的决策效率。这样的模式造成了财务人员的冗余，总部难以对分散的财务人员进行统一调配，浪费了财务资源，增加财务成本，限制了未来的经营发展。第二方面表现在会计信息的质量降低。独立的财务部门虽然能够及时有效地完成各自的财务工作，但由于处在不同的地理位置、使用不同的财务信息系统、各不相同的财务制度和庞大的层级体系导致了集团收到的财务信息缺乏及时性和准确性。第三方面,独立的财务部门中财务人员用大量的工作时间来完成单一和重复的基层会计工作,没有剩余的精力投入到对数据的分析和对集团业务的优化中去,这无法与集团战略目标匹配。

为了改善以上所述问题,中兴通讯1999年设计和建立了第一代网络报销系统,2003年集团总部整合了下属各分支机构的财务业务,2004年通过将报销系统互联实现了对资金的统收统支和集中监管,最终于2005年正式建立了自己的财务共享中心,成为第一家建立财务共享服务中心的中国企业。目前中兴通讯集团国内外业务的80%由其财务共享中心负责。中兴通讯集团有关建设财务共享中心的丰富经验对我国其他有意进行财务管理变革的企业而言具有重要的借鉴意义。

2. 海尔财务共享服务中心的建立

海尔集团创立于1984年,是全球领先的美好生活解决方案服务商。海尔始终以用户体验为中心,连续3年作为全球唯一物联网生态品牌蝉联BrandZ全球百强,连续13年稳居欧睿国际世界家电第一品牌,旗下子公司海尔智家位列《财富》世界500强。海尔集团拥有3家上市公司,拥有海尔Haier、卡萨帝Casarte、Leader、GE Appliances、Fisher & Paykel、AQUA、Candy等七大全球化高端品牌和全球首个场景品牌"三翼鸟THREE WINGED BIRD",构建了全球引领的工业互联网平台卡奥斯COSMOPlat,成功孵化5家独角兽企业和90家瞪羚企业,在全球布局了10+N创新生态体系、29个工业园、122个制造中心和24万个销售网络,深入全球160个国家和地区,服务全球超10亿户家庭。海尔集团致力于携手全球一流生态合作方,持续建设高端品牌、场景品牌与生态品牌,构建衣食住行康养医教等物联网生态圈,为全球用户定制个性化的智慧生活。

建设财务共享中心之前,公司各级单位均设有财务部门,制定企业内部会计准则,并按照法律规定进行监督与定期检查。在这种财务管理模式下,存在着诸多弊端。首先,随着企业规模的不断扩张,海内外公司的数量均实现增长,产生了时差大、距离远、会计口径不统一等问题,缺少统一的标准与规范。如此一来,有关数据的可靠性、及时性和可比性大打折扣,削弱了集团总部的财务管控能力,公司运营风险较高。其次,随着核算单位数量的不断攀升,每个单位都重复设立一系列包含财务系统的职能部门,重复度较高,且区域内集中度较低,造成严重的资源浪费现象。在外部税费、材料、人工成本持续走高的情况下,运行成本居高不下,挤压企业利润空间。最后,分散的财务管理难以支撑企业的战略决策。在激烈的市场竞争中,战略决策对于财务的支撑作用需求愈发明显,但分散的管理模式致使财务部门将近七成的资源用于基础性工作。核算过去的时间多,规划未来的时间少,无法为企业决策提供有效的数据支持。

2007年至2010年属于海尔财务共享服务的起步阶段。海尔集团从选址、流程、组织和人员、政策和法规、技术手段、服务水平协议六个方面开始财务共享中心的建设工作,并于2007年5月正式建成。在总部青岛地区进行试点后取得良好的效果,会计核算的效率有显著提升,企业资金流的流通速度相较以往也有所变化,信息流的传输加速效果明显,但也出现了如营运资本管理绩效出现下降的消极影响。2011年到2012年,海尔开始针对共享服务的范围逐步进行有计划的推广。第一步即对财务进行集中管理,第二步是财务共享信息平台的尝试运营,第三步是整体进行相关平台的试行。经过这一阶段,从整体层面来看财务共享服务的优势已初步显示。从2013年发展至今,海尔财务共享服务已经处于成熟阶段，财务共享服务的建设工作也已经步入完善期，这一时期的营运资本管理绩效提升效果十分显著，各财务环节也能够正常运行。财务共享中心目前从事核算的工作人员约为240人，人数仅仅占原有财务人员的14.4%，但单位效率却一直在增长。

3. 中国平安财务共享服务中心的建立

中国平安的全称为中国平安保险（集团）股份有限公司成立于1988年，是我国第一家股份制保险企业。中国平安的发展目标是要将保险、投资、银行作为公司业务重点发展的三大支柱，同时也要不断扩展新的业务领域，稳中求快，帮助企业稳定健康发展，为企业各方创造持续增长的价值，成为享誉全球的综合金融服务集团。

中国平安发展初期，因为其业务的特殊性，为了方便业务开展，管理模式上主要采用分散式管理，每个部门拥有的职能都很完善。这种管理模式非常方便各分支机构进行独立的运作，灵活度极高。但是，随着规模的壮大，下属分支机构的增多，业务范围的扩大，这种模式的运作给中国平安带来了一系列问题，使得其内部的资源得不到合理分配，运营效率持续下降，成本负担却持续加重，弱化了企业的竞争优势和竞争力。主要表现在：人力成本上涨，运营成本高；各分支机构的财务部门独立运行，互不干涉，而且没有制定统一标准，效率低；分支机构增多，总部的控制能力和执行能力不断减弱，内控风险随之增加；各分支机构内兼顾运作和审核职能，实行不同的标准制度，各自为政，没有全局意识，财务数据几乎失去了内部透明度和可比性，导致整个集团的财务工作很难顺利进行。

为了改变消极的局势，中国平安确定了实施后援集中的战略目标，引入了共享服务理念，其主要是对企业内部各独立公司的后台服务职能进行集中整合，建立统一的后台服务共享中心，以实现组织、人员、信息和系统等方面的集中运营管理，从而达到标准统一、成本节约、效率提升、风险可控的目的。

2004年中国平安在上海张江的后援中心开建，2006年投入使用。2008年中国平安数据科技（深圳）有限公司（以下简称平安数科）正式挂牌。在平安数科的共享服务平台中，财务共享服务平台是非常重要的一个组件。财务作业中心专职承担财务共享服务平台的运营。财务作业中心从最初的寿险机构试点开始，逐步扩大到保险类、银行类、资产类的各家专业公司。2012年服务对象已涵盖中国平安及旗下所有25家专业公司。其服务的范围最初只负责费用的审核和报销，随后逐步扩大业务范围，增加业务种类，主要包括账户开立与变更、核算资产、收付资金、纳税申报、税票服务、投资平台、产品估值等业务。2012年财务共享服务平台提供的服务达到近700万笔，资金往来约有7 000亿元，已经成为整体服务价值链中不可或缺的重要环节。

财务共享服务平台，包括会计服务和资金服务等主要模块。在共享服务的模式下，各家专业公司客户把可以集中或想要集中的财务业务交给平安数科财务作业中心，由后者进行拆分或打包，交给这个平台上的各条服务线，由他们按照客户要求完成财务处理或提供财务服务。这种模式的核心是在先进网络系统支持下的标准化、集约化——通过标准化把复杂的工作变得简单、规范、单一；通过集约化把琐碎的工作合并，降低件均成本。针对集团内部的一些小型公司，财务作业中心尝试推动全委托模式，除承担现有的会计核算、资金往来业务外，还涵盖预算编制、会计报表编制、日常税务申报、出纳审计等工作，提供整套财务管理服务。

鉴于上海的运营成本日益增高，同时单一地区具有系统性风险，财务作业中心在深圳、成都、内江和合肥逐步设立了四个分中心，并于2012年完成分中心的建设工作。上海总部起到统领作用，它的主要职能是进行全局规划，制定整体战略，整合集团业务，指挥各个分部有序合理地运行工作；深圳分中心也是核心部分，帮助总部规划资金使用、审批资金预算，并且也要为集团深圳总部的现场工作提供及时服务；而剩下的三个分中心主要负责流程化、标准化的财务工作。五个中心既有其独立性，又彼此交织，形成完整的业务网络系统，有效规避业务集中化导致的系统风险，保证财务共享服务中心业务流程的持续运行。

（四）2012年后：越来越多的中国企业行动起来

2012年后，各大央企陆续开始进行财务变革、规划建设财务共享中心，探索通过财务共享服务中心的模式实现企业财务价值的转型。2011年，国资委在北京召开中央企业财务工作会议，会议提出"十二五"时期和未来十年中央企业财务管理工作的总体思路是：完善财务功能，提升财务能力，加快财务转型，实现管理一流。2013年12月6日，财政部印发了《企业会计信息化工作规范》，该规范指出"分公司、子公司数量多、分布广的大型企业、企业集团应当探索利用信息技术促进会计工作的集中，逐步建立财务共享服务中心"。2014年10月27日，财政部财会〔2014〕27号《财政部关于全面推进管理会计体系建设的指导意见》，文中明确指出"鼓励大型企业和企业集团充分利用专业化分工和信息技术优势，建立财务共享服务中心，加快会计职能从重核算到重管理决策的拓展，促进管理会计工作的有效开展"。

在财政部、国资委倡导重视财务共享服务中心建设的要求下，各大央企财务共享服务建设呈快速发展趋势。2019年，由中兴新云与《中国会计报》、西安交通大学联合发布的《2019年中国财务共享服务调研报告》——基于中央企业财务共享服务建设情况中指出，中央企业财务共享服务中心建设概况如下：第一，96家中央企业中，已建立或在建立共享服务中心的企业有48家，占比50%；第二，相对企业的其他职能而言，财务工作更容易标准化和流程化，中央企业共享服务中心的职能主要集中于财务；第三，中央企业建立财务共享中心的目的多是加强管控，避免国有资产流失，降低财务风险。

此外，在中国，越来越多的大型企业也开始探索成立财务共享服务中心。2020年，ACCA、中兴新云、厦门国家会计学院联合开展中国共享服务领域调研，联合发布了《2020年中国共享服务调研报告》。报告中指出：共享服务在中国正处于快速发展阶段，截至2020年底，中国境内共享服务中心已经超过1 000家，共享服务模式已被越来越多的中国企业所接受和应用，进而帮助企业提升财务管理水平，实现财务转型。

二、案例思考

① 结合案例，请思考中兴通讯、海尔、中国平安等国内企业建立财务共享服务中心的动因是什么，是否存在共同点。

② 请思考我国财政部、国资委倡导企业重视财务共享服务中心建设体现什么样的战略实践。

③ 作为专业技术人员，你打算以怎样的态度和行动适应财务共享服务时代。

三、活动安排

① 观看蒙牛财务共享服务中心宣传片，分享观后感，引导学生树立发现问题、分析问题、解决问题的辩证思维。

② 搜集财务共享服务相关前沿发展信息，并进行分享，培养学生高瞻远瞩、统揽全局，善于把握事物发展总体趋势和方向的战略思维。

③ 开展"契合时代需求，勇当'时代新人'"为主题的讨论活动，引导学生分析时代需求，争做时代需要的人才。

四、案例启示

越来越多的企业管理者致力于财务共享服务中心的建立与完善，是具有战略性的思维和能力的体现；认识企业发展过程中出现的问题，认真分析，积极探索解决之道，做大做强，是企业管理层具有辩证思维和能力的体现，作为当代大学生，我们应从中有所感悟。

战略思维属于方法论的范畴，是研究全局性、长远性和根本性认识规律的思维方式，是认识、研究和解决宏观性、前瞻性、政策性等重大战略问题的一种科学方法。战略思维要求在求异求新中发现新的思想火花，发现改变现状的契机和机遇；战略思维又是整合性思维，它运用新的思路和方法对已有知识和经验进行新的组合、迁移和应用从而创造出前所未有的新成果；战略思维还是联想性思维，通过横向、纵向、逆向和超时空联想等多种形式加以引申或移植，产生新的思想找到解决问题的新方法。在经济全球化国际局势日趋复杂多变，竞争日趋激烈的背景下，高校学生具备战略思维能力是时代发展、国家富强、民族繁荣进步和其自身健康发展的迫切需要。

辩证思维，就是承认矛盾、分析矛盾、解决矛盾，善于抓住关键、找准重点、洞察事物发展规律。坚持辩证思维是习近平新时代中国特色社会主义思想的重要特点。新时代坚持和发展中国特色社会主义，实现中华民族伟大复兴的中国梦，面临来自各个方面的风险和挑战，只有切实不断提高辩证思维能力，不断总结经验、吸取教训、完善方法，才能居安思危，在正确认识和解决问题中赢得未来。

五、知识链接

（一）何为财务共享服务中心模式

财务共享服务中心模式是 20 世纪 80 年代兴起于国外的一种财务管理新方式。这种模式是指结合科学信息技术将不同区域的会计业务整合到一个财务共享服务中心（FSSC），从而整合资源，提高工作效率，节约成本，还能服务于客户，实现会计工作处理的专业化与标准化。财务共享服务中心本质上是一个信息化平台。

国际财务共享服务管理协会（IFSS）对其的定义为：所谓财务共享服务中心模式，是以流程化财务处理业务为基础，依托信息技术，目的是规范流程，提升流程效率，优化组织结构，降低运营成本，并以市场化的视角为内外部客户提供专业化生产式服务的管理模式。

（二）财务共享中心的发展应用

"降本增效"是最初的财务共享中心建立的主要任务，但随着经济环境的变化和信息技术的发展，财务共享服务的模式和价值也在不断演化。

根据建设模式和价值目标，一个企业财务共享中心的发展应用大致可分为三个阶段，在财务共享的发展过程中技术贯穿始终。

第一个阶段，建设财务共享中心是集团企业发展的一个必然要求，把标准化的流程、重复性高的工作集中起来，交给财务共享中心来做，既能满足集团管控、财务大集中的要求，又能提高工作效率，减轻分、子公司的压力。通过相应的制度调整安排，分、子公司的灵活性以及集团政策落实和集团与分、子公司间的资源协同得到更好的发展。

第二个阶段，财务共享中心将与采购交易系统和税务管理系统结合在一起。财务共享中心连接外部的商旅、供应商、电商平台及内部的各种资源，搭建企业商城，形成采购交易系统；又连接政府税务平台，搭建税务管理系统。在2.0阶段，通过集成，形成业财税一体化的财务共享中心。

第三个阶段，这个阶段是企业财务共享发展的高级阶段，覆盖企业绝大部分的业务系统，是企业强大的业务平台和数据平台，为分、子公司提供更多的可以随时调用的业务支持。大量的业务交易产生大量的实时数据，使共享中心成为集团级数据中心，共享中心集成核算数据、预算数据、资金数据、资产数据、成本数据、外部标杆数据等，为数据建模、分析提供准确、全面、系统的数据来源，成为企业业务调整依据和决策依据。

六、参考文献

[1] ACCA. 2020年中国共享服务领域调研报告［EB/OL］.（2021-01-01）［2022-03-12］.
[2] 秦天任. 财务共享服务在中兴通讯集团的应用［D］. 长春：吉林财经大学，2018.
[3] 李菁菁. 大智移云背景下企业财务共享中心建设研究［D］. 昆明：云南财经大学，2020.
[4] 魏星. 平安集团财务共享服务中心运行效果分析［D］. 长春：吉林财经大学，2020.
[5] 杨峰. 我国财务共享中心的发展及建议思考［J］. 中国乡镇企业会计，2021（4）：84-85.

第四章
会计类课程思政案例

案例九　中国的会计文化

思政元素：爱国情怀、文化自信、历史思维。
教育目标：通过了解我国会计及其发展史，引导学生梳理文化自信，激发学生对民族的自豪感，对中华文化的热情以及对专业认同感。
教学组织：视频观看、小组讨论、自我探究。

一、案例介绍

（一）中国古代会计

在原始社会，人类的记录和计量行为主要有结绳记事、积石记事和刻契记事。

第一种记录和计量的方法叫作结绳记事，它是古人利用植物的绳索来进行记录，规则是大事大结，小事小结。第二种记录和计量的方法叫作积石记事，它是利用自然界的石子来进行记录和计量。曾在河南舞阳的一个贾湖遗址出土了一些大小不一、颜色各异的石子，古人正是利用石子的大小、颜色表示不同的数量。第三种记录和计量的方法叫作刻契记事。刻契记事就是人类在竹片或者木板等物件上利用利器刻划契口或符号来记录和计量经济活动。刻契记事的命名主要缘于"契"字，左上角的丰字是表示一个竹片所刻画的豁口；右边的刀字表示刻契是用刀具来刻的；下部的大字隐含着人字的字形，表示人用刀在竹片或者木片上进行的一些刻记行为。从这个角度来说，会计产生于文字之前，由此可见会计的历史之深远。结绳记事、积石记事和刻契记事是人类早期的原始的记录和计量行为，这些行为基本具备了会计概念中的所有元素，形成了会计的基因，所以这些行为就是人类历史上最早的会计行为。当然，这些原始的会计行为尚不是独立的管理经济活动行为，而是附带于人类的生产活动中的，还不是一种独立的专门行为。

夏朝于公元前 2070 年由禹的儿子启开朝建国，公元前 1600 年桀亡国，存续时间约长 470 年。依靠考古学成果支撑，夏朝时，已经确立了贡赋征收制度，因此推测此时会出现管理财政收入的会计现象。夏设"百官"，其中有监督奴隶耕作的官员"啬夫"，推测这个官职的官员就是最早的会计。

商朝对会计的一大贡献是数的创造，在商代的甲骨文中，从一到十都已经成型。商代的甲骨上，有记录狩猎收获的内容，而且对事情的记录比较完整，有时间、地点、种类和数量，用"卯"和"埋"表示支出，用"毕"和"获"表示收入，是会计的雏形。从发掘的甲骨文书契中，出现"册"字的象形文字次数达二十余次，有记录财政收支方面的内容，可见这些书契是我国"账簿"的萌芽状态。

西周时期有了较系统的会计组织和国库组织，建立了原始的内部控制制度，会计工作有了考核监督的管理功能。西周时期"司会"一职总管全国财计，负责全国财会的稽核审计；"宰夫"一职主要检查监督百官执掌的法令政策和财政收支。西周时期国家财政收入的来源称为"岁入"，总共有九项，称为"九赋"。国家的财政支出被称为"岁出"，也有九项，即"九式"。"九赋"加上各诸侯王国所献的贡品"九贡"，共计十八个收入项目，九个支出项目，会计报告分"岁会""月要""日成"三种形式。日成汇总十日的情况，是一种旬报；月要是记录一个月的情况，相当于现在的月报；岁会相当于现今的年报。

春秋战国时期是我国历史上从奴隶社会转变为封建社会的重要时期，也是我国封建社会会计发展的重要起点。统治者非常重视官厅会计，官厅会计是为管理国家财政收支而设。同时，这一时期，理财家从不同方面论述了会计在国家理财中的重要作用，如孔子提出"政在节财"的原则。《管子》一书指出，通过会计核算与审查，才能达到节用的目的。墨子从俭节用的观点也很突出，主张"节俭则昌，淫逸则亡"。这一时期的法典《法经》，在用法律手段规范经济行为方面做了第一次尝试。可见，会计核算已经比较规范，会计法规已经初步建立，统治者开始认识到会计管理的意义并确立了会计理财思想和法治观念。

从秦朝起我国定式简明会计记录进一步清晰并开始在全国范围内成为比较统一运用的方法。至此比较固定划一的会计记录格式取代了文字叙述式的、繁琐不一的会计记录方法。这时的记账法特征是：第一，单人单出，单笔出入之间并无对应关系。第二，按经济事件的发生日期流水记录，秦时规定不记日期禁止入账。第三，各本籍书之间也无对应关系，无法相互稽核。秦朝还颁布了《秦律》和《财章》对经济活动使用法律管理，这时的法律相较于战国时期的，规定更细，内涵更明了。

西汉时期，封建统治者进一步强化了中央集权制度使统一的国家得到巩固，进而改革官僚机构。在中央财计组织设置方面，西汉沿袭秦制将财政组织机构划分为国家财政与黄帝财政两大系统。财政建立之初便将财政收入与支出作出明确规定。西汉政权先后创立了律令、军法、礼法、礼仪及财计等重要制度。财计制度主要包括编户制度、上计制度、专仓储备制度、财政收支制度等。在会计方法方面，西汉官厅所使用的原始凭证已经有了编号。单式会计记录法已经有了比较固定划一的记录格式，"入""出"作为会计记录符号已通行一致，"收""付"作为记账符号在民间广泛出现。西汉时期的会计记录已经达到了简要、明确、完整的基本要求。到了东汉时期有了中式会计发展史上的一大突破，分别出现了"上期结存""本期收入""本期付出""本期结存"四个项目。

三国、两晋和南北朝时期，战火不断，使得会计的发展步伐缓慢，但也有一些进步，如户籍记账制度的创建和使用以及书写工具由竹简、木牍向纸张转变。户籍记账之法开始于北朝的北周，由大行台度支尚书苏绰制定，包括记账和户籍之法。这两者的结合为充实国财、资助军需发挥了极大的作用。

唐朝是我国封建社会的鼎盛期，农业生产迅速发展，工商业达到较高水平。会计取得了重大的进步。表现在：第一，唐代在法治建设上取得了辉煌的成就。《长行旨条》是我国财政史上最早的财政预算制度，同时也是中式会计史上最早的全国统一会计科目。《长行旨条》的颁布是针对当时财政预算科目繁多、名目混乱的情况，统一规定了中央各部门、地方各州县以及军队的财政收入与支出项目。第二，与此相适应的会计凭证、会计账簿不断完善，记账水平不断提高。唐代是我国单式记账方法发展的完善时期，唐代中后期，著名的"四柱结算法"确立。"四柱"指"旧管"（上期结存）、"新收"（本期收入）、"开除"（本期支出）和"实在"（本期结余）。"四柱结算法"是在"三柱结算法"（入、出、余）的基础上发展起来的，相对于三柱其划清了本期收入和上期余额的界限，克服了三柱的片面性。第三，唐代吏官李吉甫的《元和国计簿》的问世标志着我国古代会计分析方法得到了初步的发展。

宋代时期，在机构设置、账簿的组织及结算方式方面都得到了极大改进。宋朝在中央设"三司"，管理国家的财政大权。神宗熙宁七年设立三司会计司，总考天下财赋入出，总理会计核算事务。全国自下而上逐级汇总核算上报，有会计司统一进行勾考。会计司是我国政府机构首次以会计命名，也是会计作为独立部门存在的第一次尝试。这一时期，会计账簿的设置已有草账、流水日记账、总账之分。草账是一种按时间登记各类经济事项的底本；流水日记账是分类按时间登记各类财务收支情况的账簿，反映某一方面的经济业务；总账是在各流水日记账的基础上，按国家规定的收支项目归类汇总的账簿。

元代初期，使用纸币在商品交换中产生的金、银、钞的折算关系促使了会计核算技术的提高。元朝算盘的使用十分流行，将算盘作为会计工具促进了会计核算工具的进步。唐宋时期形成的四柱式会计方法在元代得以沿用采用，会计结账和报告业务时都采用四柱式会计方法。

明代我国封建社会经济达到又一鼎盛时期，为这一时期会计的发展奠定了良好的基础。明朝的户部作为全国财计主管部门，地方采用府、县两级设置。明朝的财计制度主要包括管制户口、控制田土、征收赋役的黄册与鱼鳞册编报制度、上计制度、财务出纳勘合制度、经济法制和仓储制度。明朝的账簿已具备统一的格式。明朝十分重视会计报告。由于商品经济的发展，民间会计业发展迅速，记账方法也由单式簿记向复式簿记过渡。如三脚账、龙门账在我国民间会计中广泛运用。

清朝处于资本主义萌芽时期，与其经济发展相适应，会计从凭证、账册到报表都有不少改进和完善，其表现就是四脚账的出现。四脚账，又名天地合账是受三脚账和龙门账影响产生的一种比较成熟的复式账法。

（二）中国近代会计

中国近代会计文化发展时期是从清朝末期到新民主主义革命时期。

1903年，清朝设商部，后将工部并入而改称农工商部；改户部为度支部，仍然管理财政。在度支部内，按分管事项的内容不同分设田赋、税课等司，其中专设会计一司掌理会计核算事宜并进行内部审计。在各省设立财政处，隶属中央度支部。在财计制度方面、预算制度建设方面取得显著进步，宣统二年正月，拟定《预算册式及例言》，规定预算年度，并于宣统二年、三年分别编制出三年、四年全国预算，第一次编成近代形式的预算。在记账方法方面，西方复式记账方法——借贷记账法开始传入中国，成为中国会计史上的重大事件。蔡锡勇的《连环账谱》、谢霖和孟森的《银行簿记学》都是系统介绍借贷记账法的专著。

辛亥革命胜利后，进入北洋军阀统治下的国民政府（简称北洋政府）时期。由于内忧外患，这一时期经济的发展很缓慢。根据《中华民国临时政府组织大纲》的规定，成立了财政部，由财政部主管全国财政。财政收支全部以货币为对象，不再有漕粮的征收和仓储运输等事务。财政部下设赋税司、会计司、泉币司、库藏司、公债司、总务厅六个部门，并制定了会计法和统一的官厅会计制度、公有营业会计制度，开创了中国会计的法治化和制度化的初基，但财政部直隶于大总统，体现了北洋军阀政府干预国家财政的专断和独行。北洋政府对预决算的执行作了严格的规定，并把预算、决算法令订入会计法。北洋政府制定了公款保管制度统一的金库出纳制度和公款经管人员的保证金制度。

1935 年，国民政府颁布《会计法》，并进行了会计制度的建设，建立了全面完整的会计制度。如财务行政制度，国民政府的财务行政分为中央、省市、县市三级制。每一级均有独立的总预算，办理总决算。从建立互相牵制互相合作的财政制度着手，建立超然主计制度、就地稽察审计制度、统一国库制度、赋税征收制度、中央银行制度。

新民主主义革命时期，中华苏维埃共和国宣布成立临时中央工农民主政府，在政府中设置专门主管会计机构，如会计科，负责管理银钱收支、审查苏区各地账目、规定预算和决算、审核等工作。1932 年 2 月中央工农民主政府颁布《中华苏维埃共和国暂行财政条例》，其中规定使用统一账表和统一记账方法的原则。1932 年 12 月中央工农民主政府财政人民委员部的 12 号《统一会计制度》要求建立健全科学的会计制度。1935 年 12 月，中央财政部颁布暂行会计条例。早期的根据地和部队会计主要采用中式的记账方法"收付记账法"后推行西式记账法。

（三）中国现代会计

1985 年，新中国成立以来的第一部《中华人民共和国会计法》颁布实施，同时出台了满足外商资本核算与利润分配的《中华人民共和国中外合资经营企业会计制度》，并在北京、上海、广州设立了会计工作处，满足了外商对会计核算和独立审计的需要，这一系列的会计改革与日益开放的经济环境互动前行，为改革开放国策的全面推进奠定了基础。

20 世纪 90 年代以后会计理论研究在进一步规范，在确定了已有的会计理论和方法的基础之上，引入了西方国家的财务会计和管理会计，深层次地探讨会计改革问题，努力使会计理论研究具体化、现实化，从而推动中国会计实务的进一步发展。1990 年颁布了《总会计师条例》。为使会计工作适应国家改革开放和市场经济的需要，与国际会计准则相协调，1993 年，财政部发布了《企业财务通则》和《企业会计准则》。随着改革开放的深入，注册会计师事业得到恢复和发展。1993 年颁布了《中华人民共和国注册会计师法》。1999 年《中华人民共和国会计法》第二次修订。2001 年开始实行新的《企业会计制度》。为顺应中国市场经济发展对会计工作提出的新要求，借鉴国际财务报告准则，2005 年财政部全面启动了企业会计准则建设工作，并于 2006 年 2 月 15 日发布了由 1 项基本准则、38 项具体准则和应用指南构成的企业会计准则体系。此次颁布的企业会计准则体现了中国会计准则制定以国际化为方向，充分借鉴国际财务报告准则，实现实质趋同，同时又兼顾中国经济发展的客观环境和发展特点。

二、案例思考

① 请思考从会计的发展历史，能反映人类进步的发展史吗。
② 学习完案例，你对中国会计发展的每个阶段分别有怎样的观点。
③ 请思考如何传承与弘扬中国的会计文化。

三、活动安排

① 观看有关中国会计发展的视频，引导学生树立文化的自信。
② 搜集中国会计发展史上做出贡献的代表人物，分享他们的先进事迹，树立职业自豪感。
③ 组建小组，讨论"文化全球化"，并分享观点。

四、案例启示

从最原始的记录与计量，到如今完整、多元的会计体系，中国的会计发展形成了独特而有魅力的文化。我国古代会计文化灿烂光辉，居世界先进行列。从中突显出社会经济的发展决定着会计的发展，经济越发展，会计越发展，会计越重要的历史特征；我国近代会计文化中各种会计思想空前活跃，改革意识得到强化，理财思想进一步完善，会计法治观念强化，会计教育事业蓬勃发展。我国现代会计文化更是体现了趋同存异、因地制宜的发展策略。

当代大学生要学会并坚持从中国文化中汲取精华，提升自信力，要树立文化自信，提升民族自豪感，为民族的伟大复兴贡献力量。还应学会发展先进文化，做到坚持承续民族传统，植根伟大实践，秉持开放包容，做到不忘本来，吸收外来，着眼未来。做到始终坚守民族文化立场，维护民族文化基本，加强中华优秀文化的挖掘和阐发，推动中华文化创造性转化、创新性发展。

同时，我们也要学会坚持历史思维，以史为鉴、知古鉴今，在对历史的深入思考中，不断提高认识能力、精神境界和实践水平。"纸上得来终觉浅，绝知此事要躬行。"提高历史思维能力重在运用历史思维、历史眼光、历史方法指导实践。

五、知识链接

（一）何为会计

会计是以货币为主要计量单位，运用专门的方法对国家机关、社会团体、企业、事业单位等组织的经济活动进行反映和监督，其目的是为会计信息相关使用者提供决策有用的信息。

现代会计有两大分支：财务会计和管理会计。

财务会计，又称为"对外报告会计"，是以通用的会计原则为指导，运用专门的方法，对会计要素进行确认、计量和报告，最终生成财务会计报告。

管理会计，又称为"内部会计"，主要服务于单位内部，是通过财务会计提供的相关信息，以及非财务信息，进行事前的分析和预测、事中的控制以及事后的评价。

（二）记账方法

1. 单式记账法

单式记账法是指对发生的每一项经济业务，只在一个账户中加以登记的记账方法。通常只将现金、银行存款的收付款业务和债权等往来结算业务在账户中进行登记，不登记实物的收付业务。例如用银行存款购买原材料，账簿记录中一般只反映银行存款减少，不反映原材料的增减。单式记账法的记账手续简单,但没有一套完整的账户体系,账户之间的记录没有直接联系和相互平衡关系,不能全面、系统地反映各项会计要素的增减变动情况和经济业务的来龙去脉,也不便于检查账户记录的正确性和完整性。这种方法只适用于经济业务很简单或很单一的经济个体或家庭。

2. 复式记账法

复式记账法是在单式记账法的基础上发展而来的。复式记账法是指对发生的每一项经济业务,都要以相等的金额,在相互联系的两个或两个以上的账户中进行记录的记账方法。在复式记账法下对于发生的每一项经济业务,都要在两个或两个以上的账户中相互联系地进行分类记录。这样,通过账户记录不仅可以全面、清晰地反映经济业务的来龙去脉,还能全面、系统地反映经济活动的过程和结果。另外,由于每一项经济业务发生后,都是以相等的金额在有关的账户中登记,因而可以对记录的结果进行试算平衡,以检查账户记录是否正确。

结合我国会计发展史,我国会计实务采用的复式记账法包括借贷记账法、增减记账法以及收付记账法三种。其中,借贷记账法于20世纪初由我国第一位注册会计师谢霖先生从日本引入到中国。目前,我国会计规范规定借贷记账法为企业唯一可以采用的记账方法。

3. 复式记账法之借贷记账法

借贷记账法是以"借"和"贷"为记账符号,对每项经济业务都以相等的金额在两个或两个以上有关账户中进行记录的一种复式记账法。借贷记账法以"资产=负债+所有者权益"为理论依据,以"借"和"贷"为记账符号,以"有借必有贷,借贷必相等"为记账规则。

(三) 会计学科体系

按照研究内容的不同,会计的学科体系可分为:初级会计、中级财务会计、高级财务会计、管理会计、成本会计、会计信息系统等。

1. 初级会计

初级会计又称基础会计,是会计学科的入门课程,是会计学专业的基础课程。主要阐述会计学基本理论、基本方法、基本技能和账务处理流程,并主要结合制造业日常经济业务讲解方法和账务流程。学习初级会计的主要任务是为解决会计学科体系一些具体、复杂的问题而进行基础知识的储备。

2. 中级财务会计

中级财务会计是财务会计的核心部分,主要以六大会计要素为框架,讲解企业经常发生和普遍存在的一般业务的会计确认、计量、记录和报告。

3. 高级财务会计

高级财务会计主要讲解企业不经常发生的特殊事项的会计处理。高级财务会计处理的会计事项一般来说打破了传统的会计基本假设的限定范围。

4. 管理会计

管理会计也称对内会计,以企业内部经营管理服务为主要目标的新兴的综合性边缘学科,是体现会计预测、决策、规划、控制和责任考核评价等职能的现代会计的分支。

5. 成本会计

成本会计学是高校会计专业必修的专业课程之一，它是基础会计、财务会计等专业课的后续课程，它包括成本预测、成本决策、成本计划、成本控制、成本核算、成本分析、成本考核等内容。其中成本核算是成本会计的基本内容，它不仅反映本期计划的执行情况，而且能为以后各期的成本预测、决策提供有用资料。

6. 会计信息系统

会计信息系统是利用信息技术对会计信息进行采集、存储和处理，完成会计核算任务，并能提供为进行会计管理、分析、决策用的辅助信息的系统。

六、参考文献

[1] 吴秋生. 晋商会计史研究 [M]. 太原：山西经济出版社，2015.
[2] 姜永德. 中国古代会计文化探索 [J]. 北京商学院学报，1995（5）：48-52.
[3] 孙筱楠. 中国会计的产生与发展 [J]. 投资与合作，2021（12）：240-242.
[4] 张云. 中国会计文化研究 [D]. 天津：天津财经大学，2007.
[5] 付磊. 会计史研究三十年 [J]. 会计研究，2008（12）：24-30，93.
[6] 程培先. 会计学基础 [M]. 北京：人民邮电出版社，2013.
[7] 李长青，等. 初级会计学 [M]. 北京：高等教育出版社，2013.

案例十　重拳治乱　对造假"零容忍"

思政元素：法律认同、遵纪守法、诚信、社会责任感、职业素养。

教育目标：引导学生认识遵纪守法的重要性及必要性，树立诚信为本、操守为重的信用意识和道德观念，培养正确的职业价值观。

教学组织：小组讨论、观点分享。

一、案例介绍

（一）康得新简介

康得新复合材料股份有限公司（以下简称康得新）于2001年8月在江苏省工商行政管理局登记成立，主要从事高分子复合材料、功能膜材料、预涂膜、光学膜、光电新材料、化工产品（不含危险化学品）、印刷器材和包装器材的研发，并提供相关技术咨询和技术服务，以及从事上述产品的批发以及进出口业务。作为一家材料高科技企业，公司致力于"打造先进高分子材料平台"。2002年，中国第一条预涂膜生产线在康得新正式投产，中国的涂膜产业也就此开始发展。公司实力雄厚，发展势头迅猛，2010年7月，康得新成功在深圳中小板挂牌上市，注册地是江苏省张家港市。公司实际控制人、大股东为钟玉，控股股东是康得投资集团有限公司（以下简称康得集团）。康得新自上市以来，长期被誉为A股的白马股，股价最高涨幅近十倍，在2017年创下历史新高，股价达到

26.78 元/股，市值达到 948 亿元。然而，曾经的千亿市值大白马，却落得法律严惩，狼狈退市，究其原因是其巨额财务造假。

（二）往昔风光

2002 年 10 月 16 日，位于北京昌平科技园区的预涂膜生产线建成，中国第一条预涂膜生产线正式投产。2004 年 12 月，公司新增的拥有自主知识产权的第二条预涂膜生产线建成投产。2007 年，公司首次私募融资成功，同年张家港保税区康得新工业园开工建设。2009 年 3 月，公司第二次私募融资成功，同年在北京建成第三、第四条预涂膜生产线并投产。2009 年 8 月，在张家港建成第五、第六条预涂膜生产线并投产。至此，康得新在中国预涂膜领域已经无可匹敌，牢牢占据着龙头老大的位置。

征战预涂膜市场的胜利，让康得新名声大噪，为 2010 年的成功上市起到了决定性的影响。根据康得新的上市招股书显示，其生产预涂膜的主要设备，来自美国和中国台湾地区，其原材料几乎都来自万华化学、韩国三星、陶氏化学、LG 等跨国企业。原材料占到了预涂膜生产成本的 80% 以上，导致康得新的毛利率并不高。为了打破发展瓶颈，康得新将发展目光盯上了前景广阔的光学膜产业。2011 年 10 月 18 日，康得新在张家港的光学膜示范基地正式投产，中国第一家具有知识产权的光学膜规模化生产企业诞生了。2013 年 11 月 19 日，康得新又追加投入 45 亿元，在张家港建设了"两亿平方米光学膜产业集群"。光学膜的业务发展日益壮大，公司业绩也跟着飞速增长，2012 年其光学膜业务收入 9.42 亿元，2015 年已经达到了 60 亿元。三星、LG、京东方、TCL……几乎全球重要的显示屏生产商都成了康得新的稳定客户。

2017 年，康得新在《福布斯》"全球最具创新力百强企业"榜单中位列第 47 名，成为全球唯一入选的材料企业。康得新凭借强大的研发实力打破了美国、日本以及中国的台湾地区在光学膜和预涂膜领域业务的垄断局面，不仅弥补了国内光学膜和预涂膜的技术缺口，更实现了进口产品的完全替代。

（三）质疑声起

2017 年 8 月 25 日，康得新收到深圳证券交易所（以下简称深交所）《关于对 2017 年半年报的问询函》。深交所首次对康得新拥有大量现金却又大量举债的问题表示关注。深交所在问询函中指出康得新 2015 年末、2016 年末、2017 年 6 月末货币资金账面金额分别为 100.87 亿元、153.89 亿元、168.43 亿元，但是公司同期的短期借款、长期借款、应付债券分别为 50.59 亿元、57.05 亿元、98.33 亿元。仅 2017 年上半年，康得新的利息支出就达 2.34 亿元，而同期收到的利息仅为 0.5 亿元。因此，深交所要求康得新说明公司货币资金水平与资金需求是否匹配，以及在货币资金较为充裕的情况下新增借款的原因及合理性。此外，公司是否存在关联方非经营性占用上市公司资金的情形等 9 个问题，深交所也一一提出。

2018 年 5 月 10 日，深交所发出《关于对康得新复合材料集团股份有限公司 2017 年年报的问询函》。问询的依旧是针对 2017 年的年报，除继续追问了康得新长期通过举债维持超过运营需要的货币资金的必要性和合理性外，又追问了关于公司资金真实的存放地点、为何隐瞒前几大供应商和主要客户、日常投资现金有无异常流出、与主要供应商是否是关联方、募集的大额资金用途是什么、关联方是否存在资金占用行为、对外担保合规与否等总计19个问题。除此之外，还要求负责审计康得新财报审计的瑞华会计师事务所重新出具专项解释报告。

2019年1月15日，康得新第一期超短期10亿元融资债券因为没有按期偿付本金与利息构成了违约。16日，深交所第三次问询康得新，要求说明存在大额货币资金但未能按期兑付超短融的原因及合理性。深交所首次直接点明并要求康得新回答货币资金的列报是否真实准确，是否存在财务造假情形。18日，康得新承认了公司内部确实存在大股东违规侵占资金的行为，并且证监会在核查中也发现了这一情况。21日，第二期超短期5亿元融资债券也因到期未能足额偿付本金与利息构成违约。22日，康得新股票名称正式变更为"ST康得新"，关于150亿元巨额资金的用途及去处也终于得到了公司管理人员的正面回答，回答中表明资金确实被大股东私自挪用，证监会对这一情况的真伪展开调查，公安部门同步接收了证监会调查中发现的犯罪线索。2019年4月，康得新2018年年报对外公布，公司独立董事强烈质疑了存放于西单支行的122.1亿元巨额存款的真实性，对2018年年报，瑞华会计师事务所也出具了"无法表示意见"的审计报告，巨大的退市风险威胁着康得新，股票名字简称再次由"ST康得新"变更为"＊ST康得"。由于公司账上明明显示存在150亿元现金但却无法偿还十几亿元融资债券利息这一现象无法解释，各界开始发出质疑的声音，自此"千亿白马股"康得新开始被怀疑财务造假，社会公众对这一问题的关注度也日益上升。

（四）揭晓真相

根据2020年12月3日《中国证券监督管理委员会行政复议决定书（康得新复合材料集团股份有限公司）》：

康得新2015年至2018年年度报告利润总额存在虚假记载。通过虚构销售业务、采购、生产、研发、产品运输费用等方式，虚增营业收入、营业成本、研发费用和销售费用，导致2015年至2018年年度报告虚增利润总额分别为2 242 745 642.37元、2 943 420 778.01元、3 908 205 906.90元、2 436 193 525.40元，分别占各年度报告披露利润总额的136.22%、127.85%、134.19%、711.29%。

康得新2015年至2018年年度报告中披露的银行存款余额存在虚假记载。康得集团与北京银行股份有限公司（以下简称北京银行）西单支行签订的《现金管理业务合作协议》，康得新及其合并财务报表范围内3家子公司在北京银行西单支行尾号为3796、3863、4181、5278账户（以下简称北京银行账户组）的资金被实时、全额归集到康得集团北京银行西单支行尾号为3258的账户。康得新2015年至2018年年度报告中披露的银行存款余额分别为9 571 053 025.20元（其中北京银行账户组余额为4 599 634 797.29元）、14 689 542 575.86元（其中北京银行账户组余额为6 160 090 359.52元）、17 781 374 628.03元（其中北京银行账户组余额为10 288 447 275.09元）、14 468 363 032.12元（其中北京银行账户组余额为12 209 443 476.52元）。但实际情况确实康得新北京银行账户组各年末实际余额为0。

同时，康得新与控股股东康得集团常年存在大额关联交易未如实披露，导致控股股东非经营性占用资金及违规担保情况颇多，却未按规定在年度报告中披露上述情况，存在重大遗漏。

此外，2018年7月至12月期间，申请人将定向增发的24.53亿元募集资金从专户转出，经过多道流转后，主要资金最终回流至申请人，用于归还银行贷款、配合虚增利润等方面，其却在 2018 年年度报告中披露，报告期内已使用募集资金总额 36.88 亿元，全部用于建设先进高分子膜材料项目和裸眼 3D 膜组产品项目，导致 2018 年年度报告披露的募集资金使用情况存在虚假记载。

（五）顶格惩罚

2019 年 5 月 12 日，江苏省张家港市公安局发布公告称康得集团董事长、康得新大股东及实际控制人钟玉，因涉嫌犯罪被警方采取刑事强制措施。2019 年 12 月 16 日，康得新公告称，经苏州市人民检察院批准，康得新实际控制人钟玉，因涉嫌犯罪被执行逮捕。

2020 年 9 月 24 日，证监会公布《中国证监会行政处罚决定书（康得新、钟玉等 13 人）》。该决定书中指出，根据康得新的违法行为的事实、性质、情节以及带来的社会危害程度，依据 2005 年《中华人民共和国证券法》第一百九十三条第一款、第三款的规定，做出了顶格的处罚。其中，对康得新责令改正，给予警告，并处以 60 万元罚款；对钟玉给予警告，并处以 90 万元罚款，其中作为直接负责的主管人员罚款 30 万元，指使从事信息披露违法罚款 60 万元；对王瑜给予警告，并处以 30 万元罚款；对徐曙给予警告，并处以 20 万元罚款；对张丽雄给予警告，并处以 15 万元罚款；对肖鹏给予警告，并处以 10 万元罚款；对隋国军、苏中锋、单润泽、刘劲松、杜文静给予警告，并分别处以 5 万元罚款；对邵明圆、张艳红给予警告，并分别处以 3 万元罚款。

（六）狼狈离场

2020 年 7 月 7 日，深圳证券交易所发布公告，根据深交所《股票上市规则（2018 年 11 月修订）》相关规定，因康得新 2018 年、2019 年连续两个会计年度财务会计报告被出具无法表示意见的审计报告，决定康得新股票自 2020 年 7 月 10 日起暂停上市。

2021 年 4 月 6 日，深交所根据 2020 年 9 月 24 日的《中国证监会行政处罚决定书》认定的事实，追溯重述后康得新 2015 年至 2018 年度归属于上市公司股东的净利润连续为负值。同时，又因 2018 年、2019 年连续两个会计年度财务会计报告被出具无法表示意见的审计报告，康得新股票自 2020 年 7 月 10 日起暂停上市。而股票暂停上市后的首个年度报告显示，公司 2020 年净利润、扣除非经常性损益后的净利润、归属于上市公司股东的期末净资产均为负值，且当期财务会计报告被出具保留意见的审计报告。根据《深圳证券交易所上市公司重大违法强制退市实施办法》和《深圳证券交易所股票上市规则（2018 年 11 月修订）》相关规定，深交所决定对康得新股票实施重大违法强制退市，自 2021 年 4 月 14 日起进入退市整理期，退市整理期届满的次一交易日，予以摘牌。2021 年 5 月 31 日，康得新正式告别中国资本市场。至此，曾经的材料界千亿"大白马"终以每股 0.2 元惨淡地结束了 11 年的 A 股生涯。

二、案例思考

① 搜集资料，了解康得新造假所带来的各种影响，思考财务人员在这起造假案中可能存在哪些不作为行为。

② 结合案例思考企业和个人遵纪守法的重要性及必要性。

③ 结合案例思考我国证券监督市场对财务造假的"零容忍"体现在哪些方面。

三、活动安排

① 组建讨论小组，就会计应该遵循哪些职业道德规范进行讨论，引导学生树立正确的职业价值观。

② 以"财务人，财务魂"为主题，组织学生讨论对财务职业的认识。

③ 搜集社会责任感相关话题，讨论个人实现其社会责任的途径。

四、案例启示

证监会新闻发言人曾用"涉案金额巨大、手段极其恶劣、违法情节特别严重"来评论康得新的财务造假，可见其性质的恶劣，影响重大。证监会新闻发言人称，证监会将坚决贯彻落实党中央、国务院决策部署，坚持市场化、法治化的方向，坚持"建制度、不干预、零容忍"，坚持"四个敬畏、一个合力"，完善常态化退市机制，拓宽多元退出渠道，推动提高上市公司质量，更好服务经济高质量发展，对严重违法违规、严重扰乱资本市场秩序的公司坚决出清，打击退市过程中伴生的财务造假、利益输送、操纵市场等违法违规行为，对相关机构和个人加大追责力度。

卢梭曾说过，一切法律中最重要的法律，既不是刻在大理石上，也不是刻在铜表上，而是铭刻在公民的内心里。作为中国公民，我们坚信中国法律将严厉打击违法行为，把维护公民权益放在首位。而我们也应该自觉自律，做一个遵纪守法的公民。

同时，作为财经专业的一名大学生，要清楚地认识到未来职业的素养要求，不仅要做到爱岗敬业、诚信、客观，还要做到熟悉法规、依法办理。如果未来成了一名会计人员，要认识到会计工作不只是单纯地记账、算账、报账，还要意识到会计工作时时、事事、处处都涉及执法守规。会计人员应当熟悉财经法律、法规和国家统一的会计制度，在处理经济业务时知法依法，树立自己的职业形象和人格准则，依法把关守口，敢于抵制歪风邪气，对违法操作事项坚决拒绝，同一切违法乱纪的行为作斗争。

五、知识链接

（一）会计规范

会计规范是以会计为对象的约定俗成或明文规定的标准与法式，是从事会计职业或进行会计工作所需依据的一种客观尺度或标准。通过会计规范可约束会计运行各个方面和不同层次的实际操作，保证会计信息的质量；检查、揭示并且约束会计工作中可能存在的不当行为；保证会计人员履行会计职责。

从形成和来源方式来看，会计规范有自发形成的会计规范和通过一定形式制定的会计规范。从内容划分，会计规范可分为工作组织规范、人员管理规范、信息生成与质量规范以及档案管理规范。从实际作用方式可划分为法律规范和职业道德规范。

（二）会计法律规范

我国的会计法律规范由会计法律、会计行政法规、会计部门规章与地方性会计法规四个层次构成的相对完整的法律规范体系。

会计法律有《中华人民共和国会计法》《中华人民共和国注册会计师法》；会计行政法规包含《企业财务会计报告条例》《总会计师条例》；会计部门规章包含《企业会计准则》

《小企业会计准则》《事业单位会计准则》《政府会计准则》；地方性会计法规是由省、自治区、直辖市人民代表大会或常务委员会在同宪法、会计法律、行政法规和国家统一的会计准则制度不相抵触的前提下，根据本地区情况制定发布的关于会计核算、会计监督、会计机构和会计人员以及会计工作管理的规范性文件，如《四川省会计管理条例》。

（三）会计职业道德规范

会计职业道德规范是一般社会道德规范在会计职业行为活动中的具体体现，由会计职业活动的内容、方式、所涉及的权责利关系等所决定。会计的法律规范通常只限定会计行为应遵守的下限，而会计职业道德规范能从信念、品行、能力等更为本质和更深的层次来影响并提高会计行为质量。

部分法规对会计职业道德的规定：《中华人民共和国会计法》——要求配备的会计人员具有专业能力、遵守职业道德；《会计基础工作规范》——从敬业爱岗、熟悉法规、依法办事、客观公正、搞好服务与保守秘密等方面对会计人员的职业道德进行了规定。

（四）会计职业道德的主要内容

会计职业道德包括爱岗敬业、诚实守信、廉洁自律、客观公正、坚持准则、提高技能、参与管理、强化服务八个方面内容。

（1）爱岗敬业。要求会计人员正确认识会计职业，树立职业荣誉感；热爱会计工作，敬重会计职业；安心工作，任劳任怨；严肃认真，一丝不苟；忠于职守，尽职尽责。

（2）诚实守信。要求会计人员做老实人，说老实话，办老实事，不搞虚假；保密守信，不为利益所诱惑；执业谨慎，信誉至上。

（3）廉洁自律。要求会计人员树立正确的人生观和价值观；公私分明、不贪不占；遵纪守法，一身正气。廉洁就是不贪污钱财，不收受贿赂，保持清白。

（4）客观公正。要求会计人员端正态度，依法办事；实事求是，不偏不倚；如实反映，保持应有的独立性。

（5）坚持准则。要求会计人员熟悉国家法律、法规和国家统一的会计制度，始终坚持按法律、法规和国家统一的会计制度的要求进行会计核算，实施会计监督。会计人员在实际工作中，应当以准则作为自己的行动指南，在发生道德冲突时，应坚持准则，维护国家利益、社会公众利益和正常的经济秩序。

（6）提高技能。要求会计人员具有不断提高会计专业技能的意识和愿望；具有勤学苦练的精神和科学的学习方法，刻苦钻研，不断进取，提高业务水平。

（7）参与管理。要求会计人员在做好本职工作的同时，努力钻研业务，全面熟悉本单位经营活动和业务流程，主动提出合理化建议，积极参与管理，使管理活动更有针对性和实效性。

（8）强化服务。要求会计人员树立服务意识，提高服务质量，努力维护和提升会计职业的良好社会形象。

六、参考文献

[1] 莫晓雪，姚正海．康得新财务造假案例研究［J］．中国乡镇企业会计，2020（10）：78-80．

[2] 中国证券监督管理委员会．中国证券监督管理委员会行政复议决定书（康得新复合材料集团股份

有限公司）［EB/OL］．（2020-12-03）［2022-3-13］．
[3] 深圳证券交易所．关于康得新复合材料集团股份有限公司股票终止上市的公告［EB/OL］．（2021-04-16）［2022-3-13］．
[4] 刘慧．重拳治乱，对证券市场造假"零容忍"［N］．新华每日电讯，2020-06-30（006）．
[5] 骆秋光，宁月峰．财经法规与会计职业道德［M］．重庆：重庆大学出版社，2017．

案例十一 成功的密码

思政元素：节约意识、科学消费观、艰苦朴素。
教育目标：培养学生的节约意识，让学生认识到勤俭节约的意义，同时引导学生学会合理支出、有效开支，培养科学的消费观。
教学组织：自我探究、观点分享、小组辩论。

一、案例简介

（一）沃尔玛概况

1962年，美国零售业的传奇人物山姆·沃尔顿在阿肯色州成立沃尔玛公司。经过不断发展，沃尔玛公司已经成为世界最大的私人雇主和连锁零售商，多次荣登《财富》杂志世界500强榜首及当选最具价值品牌。沃尔玛公司重视为顾客提供无缝连接的零售服务，以满足顾客多种购物方式，致力于通过实体零售店、在线电子商店，以及移动设备移动端等不同平台不同方式来帮助世界各地的人们随时随地节省开支，并生活得更好。据统计，每周超过2.65亿名顾客和会员光顾沃尔玛在24个国家拥有的48个品牌下的10 500多家分店以及电子商务网站。沃尔玛全球2021年营业收入达到5 592亿美元，全球员工总数超220万名。

沃尔玛始终坚持"服务顾客、尊重个人、追求卓越、诚信行事"的四大核心价值观及行为，专注于开好每一家店，服务好每一位顾客，履行公司的核心使命，以不断地为顾客、会员和员工创造非凡。沃尔玛于1996年进入中国，在深圳开设了第一家沃尔玛购物广场和山姆会员商店。目前沃尔玛在中国经营多种业态和品牌，包括沃尔玛大卖场、山姆会员商店，并且已经在全国100多个城市开设了400多家门店、23家配送中心。

沃尔玛成功的密码"帮助顾客节省每一分钱"是沃尔玛提出的宗旨，沃尔玛也实现了价格最便宜的承诺。"服务胜人一筹、员工与众不同"是沃尔玛坚持的服务原则，走进沃尔玛，顾客便可亲身感受到宾至如归的周到服务。"价格低、服务好"是顾客对沃尔玛最直接、最真实的评价。

强调"每日低价"而闻名的沃尔玛，在价格上涨时期备受欢迎。美国当地时间2021年11月16日，据CNBC报道，沃尔玛第三财季的盈利超过了分析师的预期，原因是因为在家庭日常吃穿用成本上涨的情况下，价格敏感的消费者们都涌入了沃尔玛。

沃尔玛之所以能战胜强大对手，在零售行业脱颖而出离不了它的竞争战略——成本领先战略。创始人山姆·沃尔顿认为决定大型零售商超竞争优势的最本质元素是"成本意识",因此沃尔玛将成本控制做到极致,不管是技术升级、管理风格,还是仓储管理、供应商"压榨"、广告营销,甚至被人诟病的一线员工工资低,沃尔玛都是围绕着"成本意识"这个核心元素而展开的。但沃尔玛的成本控制并不是吝啬,应该花的钱,沃尔玛表现得极为慷慨大方,不管是信息化管理系统建设还是员工的培训等,有些做法甚至有点儿让人难以置信。然后正是沃尔玛的"节约"与"奢侈"的合理搭配才成就了它今天的地位。

(二)沃尔玛的"节约"

1. 公司名字中的体现

沃尔玛公司的名称充分体现了沃尔顿的节俭习性。大部分美国人习惯上用创业者的姓氏为公司命名,因此,沃尔玛原本应命名为 Walton-Mart,但是在确定名字时,经过对制作霓虹灯、广告牌和电气照明的成本等的计算,创始者沃尔顿认为省掉"ton"三个字母可以节约一笔钱。于是,最终公司名只保留了"WALMART"七个字母——它不仅是公司的名称,也是创业者节俭品德的象征。沃尔玛中国总店的管理者们延续了创始者的精神,把 WALMART 译成了"沃尔玛"而不是"沃尔玛特"。如果全世界的沃尔玛连锁店全都省一个字,整个沃尔玛公司仅在店名、广告、霓虹灯方面就会节约一笔不小的费用。

2. 行政支出的管理

沃尔玛采用将门店和办公室建立在一起的方式,将管理和经营高效结合。门店的办公室面积非常小,基本没有装修,主要管理部门员工的办公间也仅布置了些简单的桌椅摆设、电脑和铁质的柜子。但是超市内的陈设非常的宽敞和整洁,给顾客营造了非常好的购物环境。

按规定,办公室的开销必须控制在每个门店销售额的 2% 以内。门店内部对于办公费用的支配控制管理非常具体。对于办公用品的消耗控制得非常严格,每个月末,各个部门都需要向行政部提交下个月需要使用的办公用品种类及数量,例如:A4 纸、笔、包装袋、清洁用具和卫生纸等,特别的是沃尔玛的内部员工卫生间内是不提供卫生纸的,纸巾是以各部门为单位,每月定量发放,再由各部门的领导在部门内进行分配使用。这样的安排看上去甚至有点"吝啬"了,但实属节约,这样安排既有利于让员工因为定量而节约使用,避免不必要的浪费,又便于企业直接监督和管理每月各部门对这些易损耗品的使用情况。从而便于根据各个部门的不同需求,调整采购数量控制预算支出。

沃尔玛的高层管理人员也一贯保持节俭作风。公司的 CEO 开的只是一辆大众公司的甲壳虫,而且为了省钱,出差时他还跟别人合住过一个客房。沃尔玛使用各种方法降低管理费用,积少成多,将节俭发挥到了极致。

3. 采购成本的管理

沃尔玛的采购方式为集中式采购。集中式采购的优势之一是能有效降低采购成本。由于沃尔玛公司的商场遍布全球,采购工作依靠当地采购员就可以完成,加之货物需求量又大,议价能力就更强,得到的价格就更优惠。

集中式采购还可以帮助甄选合适的供货商,提高货物质量。2012 年 11 月,沃尔玛将中国 30 个采购办公室整合为 8 个区域采购办公室。2013 年 10 月,沃尔玛又加大中央集中采购范围，一些小供应商被淘汰。中国沃尔玛所有的门店选择的是区域化集中采购，这样不但方便直接管理也可以对门店的货物质量有一定的保障。从采购员、定点的库存管理员以及最后接受产品的各个门店收货入库的员工，都是产品在到达顾客手中之前的质检员。

沃尔玛并不完全依赖于产品供应商的进货，为了保障消费者能够得到安全放心、价格低廉且保质又保量的产品，会选择直接和生产方合作，从源头上保障产品的质量。沃尔玛主打的 3 个品牌分别是"Great Value"，主要覆盖食品类；"Mainstays"，主要覆盖家居用品；"Simply Basic"，主要覆盖服装产品。由于省去了许多中间环节，特别是广告推广和超市入场费。自有品牌与同类型产品的竞争优势就在于：有明显的低价格、较高的产品品质保证。此外，自产自销也是节约产品成本的方式之一。沃尔玛超市中的熟食，例如馒头、包子、新鲜糕点和饮品，这些食品原材料如面粉、各种豆类、糖、盐、油以及鲜肉都是超市在售的产品，通过超市自有的食品加工间制作成鲜食再对外销售。沃尔玛的熟食基本都是自产自销，从源头上使用的是自身的产品，不仅将原有的产品换了一种方式进行售卖，还增加了产品的种类，另外也节约了产品的整体成本。

4. 配送成本的控制

物流配送是连锁企业经营的重要环节，沃尔玛创立之初，为了减少行业间竞争，门店的选址一般在小城镇或者郊区，但因距离太远也就带来了分销商不愿送货或配送时间过长等商品配送的问题。在这种情况下，沃尔玛创建了集中配送中心。1970 年，沃尔玛第一家配送中心在阿肯色州建立，至今，在美国已建立 70 多个由高科技支持的物流配送中心。这些配送中心的选址是设立在 100 多家零售卖场中央位置的物流基地周围，这样便可以同时满足 100 多个销售网点的需求，以此缩短配送时间，降低送货成本。沃尔玛还首创了交叉配送的作业方式，进货与出货几乎同步，没有入库、储存、分拣环节，由此加速货物流通。在竞争对手每 5 天配送一次商品的情况下，沃尔玛每天送货一次，大大减少中间过程，降低管理成本。数据表明，沃尔玛的配送成本仅占销售额的 2%，而一般企业这个比例高达 10%。此外，沃尔玛的冷链运输也非常成功。为了保证鲜食的新鲜度，沃尔玛建立新鲜配送中心（FDC）。2019 年，沃尔玛中国首个定制化设计建造的华南生鲜配送中心投入使用，该项目投资超过 7 亿元，是沃尔玛进入中国 23 年以来最大单笔投资。FDC 冷链运输的路线都是经过科学设计的，以实现缩减运输上的时间损耗，严格控制着运输成本的目的，同时也方便各个门店的收货。

5. 库存成本的管理

沃尔玛通过建立和完善系统的库存管理流程，从而保证商品的正常流通，也减少了商品库存成本。沃尔玛通过先进的信息科学技术，利用信息卫星建立了专属的"Smart"系统，通过这个系统所有产品的订货、周转、库存等信息可以直接展示和管理。使用该系统，库存进货可人为地提前设置，通过日常的销售状况反映库存结果，当某产品库存数量低于设置值时，系统会自动地对外发送需要进货的通知。这样保障热销的产品不会长时间的空柜或者避免长期无货的情况发生，而且即便货品数量繁多也不会发生管理不过来的情况。企业负责采购的人员仅需要关注系统提示进行审查和核对即可。这样既节省了时间也减少了人力成本的支出。

(三)沃尔玛的"奢侈"

沃尔玛的成本控制管理几乎都无孔不入。每一个细节都表现出了企业成本管理的全面性。但沃尔玛在"节约"的同时也存在"奢侈"的一面。

1. 大手笔的信息化建设

曾任沃尔玛总裁大卫·格拉斯这样总结:"配送设施是沃尔玛成功的关键之一,如果说我们有什么比别人干得好的话,那就是我们的配送中心。"沃尔玛完整的物流系统不仅包括配送中心,还有更为复杂的资料输入采购系统、自动补货系统等。只有这样,供应链的协调运行才能实现各个环节主体间高质量的信息传递与共享,助推沃尔玛实现它的行业地位。而供应链的协调运行离不开沃尔玛大手笔的信息化建设。

1969 年,沃尔玛购买了第一台计算机用于支持日常业务并建立了存货管理系统。1985 年,沃尔玛开始运用电子数据交换系统(EDI),该系统又称为无纸贸易系统,主要体现在订货时计算机代替了人工订货,通过计算机向供应商提供商业文件、发出采购指令、获取数据和装运清单等,同时也让供应商及时准确把握其产品的销售情况。通过该系统的运用还解放了一部分人力资源,沃尔玛将这部分空置的人力资源更好地使用在了销售、运输以及分配等其他工作方面。

1983 年,沃尔玛与美国休斯公司合作,花费 2 400 万美元发射了一颗商业卫星,在此基础上,又投入 7 亿美元的巨资,建立了目前的计算机及卫星交互式通信系统。这些高科技技术一方面帮助沃尔玛提高了工作效率,大大缩减了门店销售数量统计和库存盘点的时间,也便于更快速地发现产品数量存在的问题。另一方面实现了中心与供应商、运输体系和各个店面全面、有效的连接,大大降低了配送成本。根据彭剑锋等著的《从乡村小店到世界零售巨头:全方位剖析沃尔玛成功历程》一书中记录,由于沃尔玛采用了这些先进的技术,配送成本从 20 世纪 70 年代初占其销售额的 3% 到后来降到 1.3%,其竞争对手的配送成本一般是占销售额的 5%,凯马特是 8.75%,西尔斯是 5%。另外,通过卫星技术的使用,全球范围内所有的沃尔玛门店数据信息都会在短时间内回馈到数据中心,管理人员就可以根据这些信息,按照实际的销售情况和销售数据预测未来的顾客购物习惯和趋势,及时调整当下的经营策略。另外,沃尔玛公司采用的这些先进的办公系统,能将内部信息保护于自身的系统中,从而大大地加强了沃尔玛公司的整体竞争力。

正是沃尔玛大手笔地使用高科技技术,建立了自己的信息化管理系统,才能够掌握好每一个过程中的经营花费和开销,及时调整不碍于公司长期发展的管理执行,更容易对成本支出做出更节省和更科学的判断。

2. 不遗余力的员工培训

虽然沃尔玛在行政支出方面非常节俭,但沃尔玛重视人才,深知对员工培训是提高员工素质的重要渠道。2004 年 8 月 26 日,沃尔玛中国有限公司在深圳山姆会员店的培训中心举行了"目标管理层加速发展计划"高峰会——TMAP(Targeted Management Acceleration Program)。沃尔玛中国 TMAP 计划其实是沃尔玛公司全球"目标管理层加速发展计划"在中国的延伸,主要目标是为女性员工提供更多机会,发展更多的女性管理者队伍,为女性管理者提供特别发展机会,提升女性管理者的经营及管理能力、经验和素养。本次峰会专为沃尔玛中国在未来三到五年时间内有潜力及愿意成为公司高级管理者的女性员工设立。来自公司各部门和全国各地区的 41 名高级女性管理者参加了此次会议，国际部也派出了多名高层管理者参加，其中有 5 名培训人员专门从美国本顿维尔的总部飞了过来。

在沃尔玛中国，如果是经理上任，首先必须脱产三天参加"基础领导艺术培训"，然后再到位于北京和深圳的沃尔顿学院学习。通常这种学习有上半年和下半年两次课程，每次设有时长一星期的封闭式培训。完成沃尔顿学院的学习后，还将有机会接受高级领导艺术的培训，然后还会被送到卡内基学院再进一步深造。中国各店的经理们从各地奔赴一起开展培训，也是一笔不小的开支。

这些仅是沃尔玛庞大培训体系中的一部分，对于超市内的一线员工，沃尔玛也制定了全面的培养内容。沃尔玛工作人员在入职后每人会有一个系统 ID，这个 ID 不仅是为了新入职员工后期必须完成沃尔玛内部系统学习评测，也是工作上登录 Smart 系统所必需的账号。沃尔玛相信培训可以帮助员工更快速地了解工作职责，同样也为员工以后的职业能力提升和发展奠定基础。沃尔玛希望通过全面的培训一方面让员工快速熟悉自己的工作内容，另一方面培养员工的多样性。比如可以在沃尔玛超市内各个部门员工在超市人流量最大的时候，暂停手头上的工作，优先支援超市内部工作，充当收银员、服务问询的顾客、收拣散货以及整理归纳货架上的商品。而这种多样性的员工是企业实现人力资源成本节约的重要途径。

3. 风险管理投入的重视

零售企业经营中会遇到各种各样头痛的问题，比如价格欺诈、产品质量问题、侵权问题甚至内部员工福利压力等，如果不及时有效地做出应对和处理，将会给企业带来极大的名誉级经济利益影响，沃尔玛非常重视风险管理，从沃尔玛付出大笔的律师费上便可感受到。

1996 年沃尔玛刚刚进入中国市场时，以每年 10 万元的价格聘请了深圳一家法律事务所作为常年法律顾问。然而刚一年便解约转而主动聘请了中国当时规模最大的律师事务所——金杜律师事务所，每年的律师费为 200 万元。这家律师事务所的一个合伙人说："沃尔玛在中国大陆的运作是国际化的，它愿意花更多的钱聘请法律顾问，甚至愿意花 2 万元钱打一个可能只涉及 2 元钱的官司。"

4. 积极履行社会责任

1996 年成立的沃尔玛中国不遗余力地支持的公益项目涉及儿童营养与健康、女性赋权、员工志愿服务、紧急灾害救助等领域，履行着企业社会责任。自进入中国以来，沃尔玛在全国范围内累计向各种慈善公益事业捐献约 6 500 万元的资金和物品，沃尔玛全国员工在社会公益事业方面投入累积 20 万个小时。

(1) 儿童营养健康方面，沃尔玛中国自 2011 年起捐助中国扶贫基金会的"爱加餐"项目，至 2020 年，沃尔玛中国累计捐赠善款超过 1 600 万元，覆盖四川、云南、广西、贵州、河北、河南、湖北、湖南、重庆 9 省（自治区或直辖市）的贫困地区，受益儿童约 4.5 万人次，提供了近 324 万份营养加餐，为 66 所小学配备爱心厨房设备，并开展了营养知识宣教。

(2) 女性赋权方面，2010 年，沃尔玛开始与中国妇女发展基金会合作，捐资设立了"沃尔玛妇女发展公益项目"，用于支持"母亲创业循环金"项目，以"小额借款，入户扶贫，循环使用"的方式，帮助困境女性实现就业和再就业。2015 年，为适应互联网和数字经济时代发展,进一步加强经济赋权女性,支持更多的女性通过创业就业走进经济领域。截至2020年,沃尔玛中国向中国妇女发展基金会累计捐赠1 434万元现金和价值22万余元的赈灾物资,支持的"母亲创业循环金"累计滚动实施资金1 614万元,项目先后在陕西、河北、湖南、云南、内蒙古、天津、湖北、福建、四川、黑龙江、重庆11个省(自治区或直辖市)执行,超过1.4万名女性从中受益。

(3) 员工志愿服务方面,2019年,沃尔玛中国和深圳壹基金公益基金会共同发起"沃爱下午茶"公益行动,聚焦深圳、北京、上海、成都四个城市的心智障碍青年,为他们提供社会就业实践的机会。由员工志愿者为心智障碍青年提供岗前技能培训,并在沃尔玛的门店为他们提供面点打包、商品促销等工作实践机会,沃尔玛的志愿者在这些青年工作的过程中会提供陪伴、指导和鼓励。除公司层面组织的志愿服务活动外,沃尔玛在全国各地的门店也一直在自发地组织各类志愿者活动,服务当地社区。

(4) 紧急灾害救助方面,沃尔玛自1996进入中国以来,一直积极参与备灾救灾,长期支持灾区的重建和发展,例如在四川汶川地震、青海玉树地震、四川雅安地震、新型冠状病毒感染疫情等发生时及时提供救援与资助。

二、案例思考

① 请思考何为"节约意识",并寻找生活中的节约行为。
② 请思考沃尔玛成功的密码是什么,有什么样的启发。
③ 请结合自身情况思考你将怎样树立正确的消费观。

三、活动安排

① 组织开展主题为:"勤俭节约是否过时?"的辩论活动,引导学生认识到勤俭节约的意义。
② 组织学生检讨自己生活中的"浪费"行为并进行反思,引导学生学会合理支出。
③ 组织开展"勤俭节约,看我行"主题分享活动。

四、案例启示

沃尔玛经营的成功很大程度上归功于它的成本领先战略,但成本领先战略的实现又取决于沃尔玛对信息管理技术的大力投入;沃尔玛投入为数不多的广告费,却积极致力于履行企业社会责任,实现了社会责任营销,得到了社会公众的赞誉。从沃尔玛的成功,我们不难学到:以节俭为本,钱要用在刀刃上。

节俭是一种美德,是一种高尚的道德修养,更是一种向上的前进力量。大学生要在日常生活中形成勤俭节约意识。并将勤俭节约的意识深入到自己的思想深处,增强危机意识,发扬艰苦朴素的优良作风。

节俭并不等于吝啬,不浪费并不等于不消费,我们应该树立合理的、科学的消费观。当代大学生是中国特色社会主义现代化建设事业的接班人,更是祖国未来的希望,而当代大学生应该以学习为重,因为学习是最好的投资。在自己及家庭经济可承受的能力范围内,毫不吝啬地投资于有益于自身能力提升的方面才是正确、科学的消费。

五、知识链接

(一) 成本的含义

在经济学领域,马克思的成本理论认为成本是商品价值($C+V+M$)中的($C+V$)部分,即商品生产中耗费的物化劳动(C)和活劳动(V)的货币表现。财务会计中的成本是指遵循会计准则或会计制度要求确认和计量的成本。广义成本主要分产品成本、期间费用两大类型。产品成本是指针对某一特定的产品对象,如生产某一特定产品而发生的直接制造成本(如直接材料、直接人工等)、间接制造成本(也称制造费用,包括车间管理发生的人工成本、其他资源耗费等)。期间费用的主要分类标志是"功能"或职能导向的,它要求企业不同职能部门、不同人员承担着不同的成本责任,包括销售费用(如分销运输费用、销售人员工资、营销推广费用、售后费用等)、管理费用(如管理人员工资、行政办公成本、费用化研发支出等)、财务费用(如利息支出、汇兑损失、相关手续费等)以及资产减值损失和公允价值变动损失。

管理会计中的成本是指可以用货币单位来衡量,为达到特定目的而发生的各种经济资源价值牺牲。按照不同的分类标准,所使用的成本概念也不同,比如按照成本习性分为变动成本和固定成本;按成本实际发生的时态分为历史成本和未来成本;按可控性分为可控成本和不可控成本;按是否与决策相关分为相关成本和非相关成本;按方案之间的关系分为差额成本和机会成本等。另外,资本成本、质量成本、责任成本等也属于管理会计中成本的范畴。

(二) 企业成本管理

企业成本管理,是指企业营运过程中实施成本预测、成本决策、成本计划、成本控制、成本核算、成本分析和成本考核等一系列管理活动的总称。

(1) 成本预测。成本预测是成本决策的前提和依据。成本预测是事前根据历史成本资料及可能发生的发展变化和将要采取的各项措施,估计未来成本水平及其变化趋势,作为成本决策的依据。

(2) 成本决策。成本决策是指根据成本预测的数据和其他有关资料,在若干个与生产经营和成本有关的备选方案中,以成本最优化原则,选出最优方案,是成本预测的延伸和结果。

(3) 成本计划。成本计划是成本决策所确定成本目标的具体化,即是根据成本决策所确定的目标成本,进一步具体化最优方案,提出实现成本的具体方案和措施。

(4) 成本控制。成本控制是对成本计划的实施进行监督,保证决策目标的实现。成本控制是在生产经营过程中,根据成本计划预定的目标,对实际发生或将要发生的成本、费用进行审核,检测实际成本偏离成本计划程度,评价其是否符合预定目标的要求,发现问题,及时采取措施进行处理。

(5) 成本核算。成本核算是对生产经营过程中实际发生的各项生产费用,按照一定的成本计算对象和标准进行归集和分配,计算出成本计算对象的总成本和单位成本以及各项期间费用,并进行相应账务处理。成本核算是对成本决策目标是否实现的检验。

(6) 成本分析。成本分析是成本核算与成本计划的对比,是对成本决策的正确性做出的判断。根据成本核算提供的成本数据和其他有关资料,与本期计划成本、上年同期实际成本、本企业历史先进的成本水平等进行比较，确定成本差异，分析成本变动的原因，把握成本规律，进一步挖掘降低成本的潜力。

（7）成本考核。成本考核是在成本分析的基础上，紧密结合责权利，对不同的责任主体进行奖惩，以调动各方的积极性，是实现决策目标的重要手段。

六、参考文献

［1］陈璞玉．沃尔玛公司成本控制管理研究［D］．北京：北京电力大学，2020．

［2］彭剑锋．孟泽元．从乡村小店到世界零售巨头：全方位剖析沃尔玛成长历程［M］．北京：机械工业出版社，2010．

［3］庞小波．新时代高校培育大学生勤俭节约意识的路径探析［J］．和田师范专科学校学报，2021，40（5）：23-27．

［4］财政部会计资格评价中心．高级会计实务［M］．北京：经济科学出版社，2021．

第五章
税法类课程思政案例

案例十二 从"贡"到"税"的探寻

思政元素：纳税意识、公平、与时俱进。

教育目标：增强学生的纳税意识和纳税遵从度，弘扬社会主义核心价值观。同时通过学习税法的改革进程，让学生了解我国未来税收的发展方向，增强学生与时俱进的观念。

教学组织：主题讨论、小组竞赛、自我探究。

一、案例介绍

（一）我国古代税收的起源

1. "贡"

我国税收的产生与土地所有制的发展密切相关。我国早期农业的形式是"游农"形式，农业生产方式非常原始，必须经常更换耕地，不能定居生活，因此土地的占有方式只能是氏族公有，而且只是临时占用，不是固定分配，更不能由个人占有。随着人们的生活从游牧走向定居，土地所有制度逐渐明朗，逐步形成了井田制度。

夏代最先开始实行井田制，到了西周时已经发展成熟，是西周时期典型的土地制度。在夏朝的井田制度下，全国的土地都归君王所有，君王对其拥有的土地，除部分归王室直接管理外，大部分赐给诸侯臣属作为俸禄，小部分土地则授予自由平民耕种。他们只有土地的使用权，而不拥有土地所有权，因此称为"公田"，他们还需要从"公田的收获物"中拿出一部分，以"贡"的形式缴纳给君王作为财政收入，《史记》中对此有记载："自虞、夏时，贡赋备矣。""贡"体现的是夏代凭借国家政权力量进行强制课征的形式。

2. "助"

到了商代，"贡"法演变成了"助"法，"助"法即"借民力而耕之"。《孟子·滕文公（上）》记载："商人始为井田之制，以六百三十亩之地，昼为九区，区七十亩。中为公田，其外八家各授一区。"八家同力"助耕公田"，公田上收获的农产品全部上缴国家财政，其余八区则"不复税其私田"。因此"助"法实际上也是一种力役税，以征取劳役地租的形式实现财政收入。

3. "彻"

到了周代，"助"法进一步演变为"彻"法。"彻"法打破了井田内"公田"和"私田"的界限，将全部的公田分给平民耕种，收获后，要将一定数量的土地收获物缴纳给王室，即"民耗百亩者，彻取十亩以为赋"。《孟子》所曰："夏后氏五十而贡，殷人七十而助，周人百亩而彻，其实皆什一也。"夏"贡"、商"助"、周"彻"，都是国家对土地收获物强制课征的形式，具有地租和赋税的双重特征，因此还不是纯粹的税收，但它们确实是我国税收的起源，是我国税收的雏形。

4."初税亩"

从周朝到春秋时期，"私田"开始不断增加，"公田"的收入则不断下降。公元前594年，鲁国鲁宣公决定改革周代的"彻"法，实行"初税亩"制度，即不论是公田、私田，一律按亩征税，即"履亩而税"。标志着井田制度开始从全盛走向瓦解，土地私有制度得到了相应的发展。"初税亩"制度首次承认了土地私有制的合法性，首开按田亩征收田赋的先河，标志着我国典型意义上税收的诞生。

5."租庸调制"

随后经过三国、两晋、南北朝、隋朝的发展，唐代初期在均田制、计口授田的基础上，实行租、庸、调制，即"有田则有租、有身则有庸、有家则有调"。田租，每丁每年纳粟2石；庸，每丁每年为官府服劳役20天，不服役的1天纳绢3尺代役；调，随乡土所产，每丁纳绢两文或布2丈4尺。租庸调制对初唐农业生产的恢复与发展起到了积极的作用，但到了中唐时期，藩镇专擅，户籍混乱，租庸调制表现出极端的不公平，不但难以保证财政收入，还严重阻碍和破坏了经济的发展。

6."两税法"

唐德宗建中元年（780年），杨炎废除租庸调制，推行"两税法"。"两税法"仍然以土地和人丁为课税对象，依照量入为出的原则，根据国家财政支出计算出应征赋税总额，分配到各地，不论是主户还是客户，不分定居和行商，也不分年龄大小，一律按贫富、拥有土地和财产的多少划分等级缴纳赋税；并在夏秋两次征税，分为"夏税"和"秋税"，因此又被称为"两税法"。唐代以后的五代、宋、元直至明中叶都沿用"两税法"。

7."一条鞭法"

明万历年间，宰相张居正推行"一条鞭法"，"赋役合一，按亩计税，以银交税"。即将各州县的田赋、徭役以及其他杂征并在一起，合并征收银两，按亩折算缴纳。"一条鞭法"大大简化了征收手续，使农民不再直接负担徭役，有更多的时间耕种土地、发展农业，而且计亩交银的方式，使农民有了更大的人身自由，促进了城市手工业的发展，同时也促进了实物税向货币税的过渡。

8."摊丁入亩"

到了清代，自康熙年间开始在全国逐步推行"摊丁入亩"的办法，即固定丁银不变，最后把丁银完全摊入土地征收。这种地银和丁银合一的课征办法，彻底废除了简单按人丁课征的人头税，实现了从人丁税和土地税并重的税制向以土地税为主体的税制的彻底转变，从而使税收完全过渡到对物课征。至此，我国古代社会税收制度发展达到了最高水平。

（二）新中国成立后税制改革进程

中华人民共和国成立以来，随着国家政治、经济形势的发展，税收制度的建立与发展经历了一个曲折的过程。现行的税收制度是在新中国成立初期建立的税收制度的基础上，经过数次较大的改革逐步发展演变而来的。新中国的税制改革大致经历了以下几个阶段。

1. 1950年统一全国税政，建立社会主义新税制

1950年1月，政务院颁布了《全国税政实施要则》，规定在全国实行统一的税收制度。当时，除农业税外，全国统一的税收共有14种，即货物税、工商业税、盐税、关税、薪给报酬所得税、存款利息所得税、印花税、遗产税、交易税、屠宰税、房产税、地产税、特种消费行为税、车船使用牌照税。除薪给报酬所得税和遗产税没有开征外，先后公布了各个税种的税法，在全国范围内执行。

新中国成立初期建立起来的税收制度，是以流转税为主体税种的多种税、多次征的税制格局。这种复合税制结构既适应了我国当时的生产力水平，同时也适应了当时经济上的多种经济成分和多种经营方式同时并存的局面。新税制的建立，对于我国政府迅速抑制通货膨胀、稳定物价、医治战争创伤、扭转财政经济的困难局面，以及促进经济的恢复和发展都发挥了重要的作用。

2. 1953年修订税制

1953年1月，为了适应我国有计划、大规模的经济建设需要，根据"保证税收、简化税制"的原则，国家对原工商业税制作了若干重要修正。主要内容包括试行商品流通税、修订货物税、工商业税中的营业税、所得税和其他各税。修正后的工商税收共有12种，包括商品流通税、货物税、工商业税、印花税、盐税、关税、牲畜交易税、屠宰税、城市房地产税、文化娱乐税、车船使用牌照税、利息所得税。

修订税制从当时的财政经济情况看是必要的，执行的结果达到了保税的目的。税收对促进三大改造、积累建设资金、发展社会主义经济和保证"一五"计划的顺利完成做出了重要贡献。

3. 1958年的工商税制改革

1956年，我国生产资料的社会主义改造基本完成之后，社会经济发生了根本的变化，由多种经济成分并存，变为基本单一的社会主义经济。原有的税制已不适应新形势发展的需要。因此，1958年，本着"基本上在原有税负的基础上简化税制"的原则，对原税制进行了改革，初步建立起较为完善的税制体系。其主要内容有三个方面：

（1）实行工商统一税。将原来的商品流通税、货物税、营业税、印花税4种税合并在一起，统一征收工商统一税。

（2）改革工商所得税。将原有的工商业税中的所得税改为一个独立的税种即工商所得税，单独征收。

（3）统一全国农业税制。经过1958年的税制改革，我国只保留了11个税种：工商统一税、工商所得税、盐税、关税、农（牧）业税、屠宰税、城市房地产税、车船使用牌照税、牲畜交易税、集市交易税（保留税种）、契税。

这次税制改革虽然有合理的方面，但由于受单一经济结构和"非税论"的影响，过分强调了税制的简化，使税收的作用受到很大限制。经过这次改革，我国税制已改变了原来实行的多种税、多次征的税制结构。

4. 1973年的工商税制改革

我国于1973年进行了"简化"税制改革。其主要内容有：

（1）合并税种。把工商统一税及其附加、对企业征收的城市房地产税、车船使用牌照

税、屠宰税、盐税合并为工商税。合并以后，对国有企业只征收工商税，对集体企业只征收工商税和工商所得税。

（2）简化税目和税率。税目由原来的108个减为44个，税率由原来的141个减为82个。

经过1973年的改革，我国保留了12个税种，与1958年建立的税制相比，增加了新开征的工商税。从表面上看，比原来增加了一个税种，但实际上保留下来的工商统一税只对外商征收，内资企业已不适用。城市房地产税、车船使用牌照税和屠宰税只对个人和外侨征收，对国内工商企业不再征收；集市交易税暂停征收，保留税种。

可见，经过1973年的税制改革，我国的税制结构已从复税制转向单一税制，税收只是筹集财政资金的一种形式，其他作用已基本消失。

5．1979—1993年期间，税收制度的改革与建设

党的十一届三中全会以后，我国的工作重心转移到经济建设上来，开始全面推行改革开放政策。而原有税制已被简化得不成体系，与新形势相距甚远，亟须进行改革与重建。从1979年开始的税制改革，其主要内容概括起来主要有以下几个方面。

（1）建立健全流转税制度。先后开征了产品税、增值税、营业税和一些地方工商税收，从而取代了原来的工商税。

（2）建立健全所得税制度。先后开征了国有企业所得税、集体企业所得税、城乡个体工商业户所得税、私营企业所得税、个人收入调节税。

（3）建立健全财产税、资源税、盐税、固定资产投资方向调节税、奖金税、印花税、契税、城市维护建设税等。

（4）在涉外税收方面，先后开征了个人所得税、外商投资企业和外国企业所得税等。

经过十几年的改革与重建，我国建成了以流转税、所得税为主体的包括30多个税种的较为完整的税收体系。

6．1994年的税收制度改革与完善

随着经济体制改革的深化，党的十四大明确提出我们的改革目标是建立社会主义市场经济体制，原有的税制体系已经不能适应市场经济发展的要求。与1994推出的分税制财政管理体制相适应，税收制度也进行了全面的改革。按照统一税法、公平税负、简化税制、合理分权、理顺分配关系的指导思想，建立了基本符合社会主义市场经济要求的税收体系。

1994年税制改革的基本内容概括起来主要包括以下几个方面。

（1）流转税制的改革。以推行规范化的增值税为中心，相应设置消费税、营业税，建立新的流转税课税体系。对"三资"企业停止征收原工商统一税，统一实行新的流转税制。

（2）所得税制的改革。合并内资企业所得税，取消原来按经济成分设立的国有企业所得税、集体企业所得税、私营企业所得税，合并为统一的企业所得税；取消国有企业调节税和税后上缴的国家能源交通重点建设基金和国家预算调节基金；统一个人所得税，将原来的个人所得税、个人收入调节税和城乡个体工商业户所得税合并为统一的个人所得税。

（3）调整、撤并和开征其他一些税种。如调整和完善资源税，恢复并扩大征税范围，

将盐税并入资源税，使资源税成为对矿产资源普遍征收的税种。开征土地增值税，取消集市交易税、牲畜交易税、烧油特别税等。屠宰税、宴席税作为保留税种，下放管理权限。

经过1994年的改革，税种设置由原来的32个简化为23个，初步实现了税制的简化和统一。

7. 新一轮税制改革

党的十六届三中全会通过的《中共中央关于完善社会主义市场经济体制若干问题的决定》，做出了"分步实施税收制度改革"的战略部署，明确了我国下一步税制改革的基本原则和主要内容。按照党中央、国务院的部署，我国下一步税制改革的基本思路是：按照"简税制、宽税基、低税率、严征管"的原则，围绕统一税法、公平税负、规范政府分配方式、促进税收与经济协调增长、提高税收征管效能的目标，在保持税收收入稳定较快增长的前提下，适应经济形势和国家宏观调控的需要，积极稳妥地分步对现行税制进行有增有减的结构性改革。

（1）将现行的生产型增值税改为消费型增值税，允许企业抵扣当年新增固定资产中机器设备投资部分所含的进项税金。此项改革的试点工作已于2004年9月1日正式由东北老工业基地启动，包括装备制造、石油化工、冶金、汽车、船舶、高新科技产业、农产品加工业、军品工业等八个行业率先实行了消费型增值税，允许企业抵扣当期新增机器设备所含的进项税金。

（2）完善消费税。对税目进行有增有减的调整，将普通消费品逐步从税目中剔除，将一些高档消费品纳入消费税征税范围，适当扩大税基。

（3）统一企业税收制度。包括统一纳税人的认定标准、税前成本和费用扣除标准、税率、优惠政策等多方面的内容。

（4）改进个人所得税。实行综合与分类相结合的个人所得税制度，税前扣除项目和标准的确定应当更加合理，税率也需要适当调整。

（5）实施城镇建设税费改革。条件具备时对不动产开征统一规范的物业税，相应取消有关收费。

（6）完善地方税制度。结合税费改革对现有税种进行改革，并开征和停征一些税种。在统一税政的前提下，赋予地方适当的税政管理权。

（7）深化农村税费改革，取消农业税；逐步降低农业税的税率，并向粮食主产区和种粮农民倾斜，切实减轻农民负担。积极创造条件，逐步统一城乡税制。2004年初，全国人大《政府工作报告》中写"五年内取消农业税"。到2005年初包括西藏自治区在内，已有25个省份提前取消了农业税，这是中国赋税史上的一件大事。

至此，我国税制已经基本稳定，后续则是对部分税种的修改和完善，包括增值税简并税率，以及2018年个人所得税改革，都体现了我国以人为本的治国理念和减税降费，降低人民税收负担的立法意图。

二、案例思考

① 了解2018年我国个人所得税改革的具体政策，思考个人所得税税制改革的优势以及有哪些能够进一步完善的地方。

② 请搜集资料并思考我国消费税改革的方向。

③ 我国税制改革还需不断完善，请结合目前我国的税制发展方向思考我国的税收制度未来还可能会有哪些变化。

三、活动安排

① 以小组的形式收集 2018 年以来我国个人所得税改革的新政策，并形成文稿，在课堂上进行互评，选出最佳小组。

② 以"大家都是预言家"为主题，引导学生畅谈未来消费税改革的方向，比如探讨消费税的征税范围是否会扩大，消费税的征税环节是否会后移等。

③ 以小组为单位，绘制税收发展全流程图。

四、案例启示

（一）税收的地位和作用

税收不仅可以作为政府收入的重要来源，而且在筹集收入的过程中，通过征税与免税、轻税与重税的区别对待，还可以起到调节生产和消费，影响人们经济行为和经济、社会发展的作用。影响税收地位和作用的因素主要有：一是经济发展水平。一般来说，越是经济发达的国家，税收的地位和作用越显突出和重要。二是所奉行的经济理论和财政政策。因为一国的社会发展和经济建设主要是以该国占统治地位的经济理论为依据开展的，财政实践也是如此。一般来说，在崇尚经济自由化的国家，税收的地位和作用相对较弱；而在奉行国家干预政策的国家，税收的地位和作用就相对更强。

1. 税收地位的发展

了解税收的地位首先要了解税收对经济、社会的影响程度。在封建社会制度下，政府收入的主要来源是公产收入和特权收入，只有当政府收入中公产收入和特权收入不足时，才征收税收，税收在社会生活和国民经济中处于从属地位。但随着资本主义经济的发展，资产阶级民主政治取代封建专制制度，公产收入、特权收入逐渐减少，税收收入在财政收入中所占比重越来越大，逐步成为当今世界各国政府规范财政收入的最主要来源。在我国，改革开放特别是两步利改税之后，国有经济上缴利润占财政收入较大比重的地位迅速被税收取而代之。

2. 税收作用的发展

早期税收的主要作用是筹集政府收入，弥补财政收入的不足。随着税收规模的不断增长，税收的作用日渐多元化。从最初筹集资金满足国家各项支出的需要，发展为宏观调控的重要工具。特别是在资本主义社会进入垄断阶段之后，世界各国的税收在促进资源优化配置、调节收入分配、稳定经济发展等各方面发挥着日益重要的调控作用。毋庸置疑的是，税收政策已然成为当今世界各国政府调控经济资源、引导收入分配的不可替代的重要手段。

（二）税收改革进行时

我国过去几十年不断地进行税制改革，后续我国仍将继续进行税制改革和完善，包括对房产税、消费税等多个税种进行改革，这些都与我们的生活息息相关。

"十四五"时期，建立现代财税金融体制是全面深化改革、构建高水平社会主义市场经济体制的重要内容。税收是国家财政体系的基石、经济发展的杠杆。在加快构建新发展格局的背景下,深化税制改革意义深远,因此我们有必要不断了解税收制度的发展方向,了解税收制度改革的必要性。

(三)人人都是纳税人

学习税法不只是财经人要做的事情,税法更与每个公民都有密切的联系,直接关系到每个公民的切身利益,所以身为大学生一定要学好税法知识,不仅自己学习,还要向身边的人普及税法知识,只有这样,大家才能了解税法,遵守税法,才能更好地维护税法的权威。

首先,作为当代的大学生,作为未来的市场经济的建设者,作为21世纪中国参与国际竞争的高素质人才,如果没有相应的税收法律知识,没有较强的法治观念和较高的法律素质,就不能适应市场经济和社会发展的需要。

其次,培养良好的法治观念和法律素质,有助于大学生树立公民意识,增强公民权利义务和当家作主的责任感,为将来投身到建设事业,并在社会生活中带头学税法、守税法、用税法,减少犯罪起到重要作用。因此现在的大学生不仅要了解税收法律知识,更要增强税收法治观念和法律素质。大学生是祖国的未来,其法律素质的高低对于国家的长治久安、实现依法治国、建设法治国家具有特别重要的意义。大学生法律素质的提高,法治观念的树立,在一定程度上依靠学校法制教育。一个人的法律素质不会自发地形成,必须进行有意识的培养,其培养内容包括两个方面:一是灌输和宣传马克思主义法律观、价值观;二是普及税法等相关的法律常识。对于高校学生来说,应该把重点放在马克思主义法律观、价值观教育方面。当今社会需要具备各种素质的人才,法律素质是现代公民必不可缺少的一种素质,而税法也是我国法律体系的重要组成部分,所以现代法治社会需要每个社会成员努力做到学税法、知税法、守税法,依照税收法律从事生产和生活,一切活动必须纳入法治的轨道。

五、知识链接

我国现行税种共18个,分别是:增值税、消费税、企业所得税、个人所得税、资源税、城市维护建设税、房产税、印花税、城镇土地使用税、土地增值税、车船税、船舶吨税、车辆购置税、烟叶税、耕地占用税、契税、环境保护税、关税。

(1) 增值税。增值税是对销售商品或者提供劳务过程中实现的增值额征收的一种税。目前,世界上已经有一百多个国家使用增值税,它已成为具有世界意义的流转税。增值税之所以能够在世界上众多国家推广,是因为其可以有效地防止商品在流转过程中的重复征税问题,并使其具备保持税收中性、普遍征收、税收负担由最终消费者承担、实行税款抵扣制度、实行比例税率、实行价外税制度等特点。

(2) 消费税。消费税是对在我国境内从事生产、委托加工和进口应税消费品的单位和个人就其销售额或销售数量,在特定环节征收的一种税。

简单地说,消费税就是对特定的消费品和消费行为征收的一种税。

(3) 企业所得税。企业所得税是指对中华人民共和国境内的企业(居民企业及非居民企业)和其他取得收入的组织以其生产经营所得为课税对象所征收的一种所得税。

(4) 个人所得税。个人所得税是以个人(含个体工商户、个人独资企业、合伙企业中的个人投资者、承租承包者个人)取得的各项应税所得为征税对象所征收的一种税。

（5）资源税。资源税是以各种应税自然资源为课税对象，为了调节资源级差收入并体现国有资源有偿使用而征收的一种税，即所有开采者开采的所有应税资源都应缴纳资源税的同时，在资源开采中，优等资源的纳税人还要相应多缴纳一部分资源税。

（6）城市维护建设税。城市维护建设税是对从事工商经营，缴纳增值税、消费税的单位和个人征收的一种税。

（7）房产税。房产税是以房屋为征税对象，按房屋的计税余值或租金收入为计税依据，向产权所有人征收的一种财产税。

（8）印花税。印花税是对在经济活动和经济交往中书立、领受具有法律效力的凭证的行为征收的一种税。其因采用在应税凭证上粘贴印花税票作为完税的标志而得名。印花税法是调整印花税征纳关系的法律规范的总称。

（9）城镇土地使用税。城镇土地使用税是指国家在城市、县城、建制镇、工矿区范围内，对使用土地的单位和个人，以其实际占用的土地面积为计税依据，按照规定的税额计算征收的一种税。开征城镇土地使用税，有利于通过经济手段，加强对土地的管理，变土地的无偿使用为有偿使用，促进合理、节约使用土地，提高土地使用效益；有利于适当调节不同地区、不同地段之间的土地收入，促进企业加强经济核算，理顺国家与土地使用者之间的分配关系。

（10）土地增值税。土地增值税是对在我国境内转让国有土地使用权、地上建筑物及其附着物的单位和个人，以其转让房地产所取得的增值额为课税对象而征收的一种税。

（11）车船税。车船税是指在中华人民共和国境内的车辆、船舶的所有人或者管理人按照中华人民共和国车船税法应缴纳的一种税。

（12）船舶吨税。船舶吨税亦称"吨税"。海关对外国籍船舶航行进出本国港口时，按船舶净吨位征收的税。其原因主要是外国船舶在本国港口行驶，使用了港口设施和助航设备，如灯塔、航标等，故应支付一定的费用。有的国家因此也称吨税为"灯塔税"。外商租用的中国籍船舶、中外合营企业等使用的中国籍船舶和我国租用航行国外兼营沿海贸易的外国籍船舶，都应按照规定缴纳船舶吨税。对应纳吨税船舶经特准行驶于我国未设海关港口的，则由当地税务局代征。

（13）车辆购置税。车辆购置税是对在境内购置规定车辆的单位和个人征收的一种税，它由车辆购置附加费演变而来。

（14）烟叶税。烟叶税是以纳税人收购烟叶的收购金额为计税依据征收的一种税。2006年4月28日，《中华人民共和国烟叶税暂行条例》（中华人民共和国国务院令第464号）公布施行。在中华人民共和国境内收购烟叶的单位为烟叶税的纳税人。纳税人应当依照本条例规定缴纳烟叶税。条例所称烟叶，是指晾晒烟叶、烤烟叶。

（15）耕地占用税。耕地占用税是对占用耕地建房或从事其他非农业建设的单位和个人征收的税。采用定额税率，其标准取决于人均占有耕地的数量和经济发展程度。目的是合理利用土地资源，加强土地管理，保护农用耕地。

（16）契税。契税是指不动产（土地、房屋）产权发生转移变动时，就当事人所订契约按产价的一定比例向新业主（产权承受人）征收的一次性税收。

（17）环境保护税。《中华人民共和国环境保护税法》是为保护和改善环境，减少污染物排放，推进生态文明建设而制定的国家法律。2016年12月25日，由中华人民共和国第十二届全国人民代表大会常务委员会第二十五次会议通过，中华人民共和国主席令第 61 号公布，自 2018 年 1 月 1 日起施行。

（18）关税。关税是引进或出口的商品经过一国关境时，由政府所设置的海关向其引进或出口的商品所征收的税收。

六、参考文献

[1] 郭天序. 全球税制改革的趋势、影响及应对分析 [J]. 税务研究，2021（12）：41-43.

[2] 于健. 后疫情时代税制改革趋势分析及比较借鉴 [J]. 国际税收，2021（12）：51-56.

[3] 邢丽. 从党的百年奋斗历程中汲取推进税制改革的智慧和力量 [J]. 税务研究，2022（1）：7-9.

[4] 王乔. 践行"人民至上"价值追求 坚定不移深化税制改革 [J]. 税务研究，2022（1）：5-6.

[5] 宋丽颖，原泽文. 深化税制改革助推企业"走出去"与"引进来"——"入世"二十年税收制度改革的回顾与展望 [J]. 税务研究，2021（11）：34-38.

[6] 李小奕，左英姿. 税制改革、"脱实向虚"与制造企业出口产品质量 [J]. 税收经济研究，2021，26（5）：57-69.

[7] 赵书博. 改革开放以来我国税制改革的伟大成就、成功经验与未来展望 [J]. 管理世界，2021，37（10）：26-40.

[8] 吕炜，周佳音. 中国税制改革的逻辑——兼论新一轮税制改革方向设计 [J]. 经济社会体制比较，2021（5）：20-28.

[9] 邓力平. 开局之年的税制改革与税收政策 [J]. 税务研究，2021（5）：8-10.

[10] 汪康. 以新发展理念为指引，深入推进税制改革 [J]. 税务研究，2021（5）：5-7.

案例十三 减税降费促发展 添力赋能增信心

思政元素：制度自信、民族自豪感、互帮互助。

教育目标：让学生意识到减税降费促进我国国民经济的发展、刺激了企业的变革和发展，通过增加学生对税收优惠政策的了解，增强学生的制度自信，提升民族自豪感。

教学组织：观点分享、自主探究、小组讨论。

一、案例介绍

（一）减税降费的背景

我国在改革开放后的三十多年里处于经济高速增长的阶段，GDP 年均增长率达到 10% 左右。2012 年之后 GDP 增长开始趋于回落平稳，这是经济增长阶段的根本性转换，我国经济进入转型发展时期，已由高速增长转向高质量发展阶段。在资源环境约束日益见顶的条件下，依靠投资拉动和规模速度扩张的增长模式难以为继。我国国内经济下行压力持续增大，尤其是制造业、实体经济压力大、负担重、发展困难。减税降费作为有效支撑经济转型发展的政策选择，是推进供给侧结构性改革的重要突破口，成为一项中央站在全局高度的统一部署。

2018年12月召开的中央经济工作会议进一步明确提出"实施更大规模的减税降费",在2018年1.3万亿元"减税降费"的基础上,2019年"减税降费"的规模达到2万亿元。我国在2019年实施的更大规模"减税降费"政策,激发了市场主体活力,加快了促进经济触底回暖,有效应对了复杂的国际环境。

近几年来的减税降费,确实降低了制造业和小微企业的税收负担,拉动了消费、投资和就业的增长;从个人方面,通过个人所得税法的改革,降低了纳税人的税收负担,也获取了不少的税收红利。

(二)减税降费的内容

1. 增值税

(1)降低税率。根据财政部 税务总局 海关总署公告2019年第39号:为贯彻落实党中央、国务院决策部署,推进增值税实质性减税,2019年增值税改革有关事项如下。

① 增值税一般纳税人(以下称纳税人)发生增值税应税销售行为或者进口货物,原适用16%税率的,税率调整为13%;原适用10%税率的,税率调整为9%。

② 纳税人购进农产品,原适用10%扣除率的,扣除率调整为9%。纳税人购进用于生产或者委托加工13%税率货物的农产品,按照10%的扣除率计算进项税额。

③ 原适用16%税率且出口退税率为16%的出口货物劳务,出口退税率调整为13%;原适用10%税率且出口退税率为10%的出口货物、跨境应税行为,出口退税率调整为9%。

增值税税率及适用范围如表5-1所示。

表5-1 增值税税率及适用范围

税率类型	税率				适用范围
	2017年7月之前	2017年7月—2018年5月	2018年5月—2019年4月	2019年4月以后	
基本税率	17%	17%	16%	13%	销售或进口货物(适用低税率除外);加工、修理、修配劳务;提供有形动产租赁服务
较低税率	13%	11%	10%	9%	销售或进口税法列举的货物 (1)粮食等农产品、食用植物油、食用盐; (2)自来水、暖气、冷气、热水、煤气、石油液化气、天然气、二甲醚、沼气、居民用煤炭制品; (3)图书、报纸、杂志、音像制品、电子出版物; (4)饲料、化肥、农药、农机、农膜; (5)国务院规定的其他货物
	11%				提供交通运输服务、邮政服务、基础电信服务、建筑服务、不动产租赁服务,销售不动产,转让土地使用权
	6%				提供现代服务(租赁除外)、增值电信服务、金融服务、生活服务、销售无形资产(转让土地使用权9%除外)
零税率	0				出口货物、劳务或者境内单位和个人发生的特定跨境应税行为

（2）扩大抵扣范围。关于扩大抵扣范围这项政策的具体内容，在财政部、税务总局、海关总署公告2019年第39号及国家税务总局公告2019年第14号中有明确的规定。本次扩大抵扣范围政策包括两部分内容：一是不动产两年抵扣政策改为一次性抵扣；二是将旅客运输服务纳入抵扣范围，但是购进的贷款服务、餐饮服务、居民日常服务和娱乐服务等是不允许抵扣进项税额的。

① 根据39号公告的规定，不动产一次性抵扣的政策，主要包括两方面内容：一是，2019年4月1日后购入的不动产，纳税人可在购进当期，一次性予以抵扣；二是，2019年4月1日前购入的不动产，还没有抵扣的进项税额的40%部分，从2019年4月所属期开始，允许全部从销项税额中抵扣。

按照14号公告的规定，已经抵扣进项税额的不动产，发生用途改变或者非正常损失，需要做进项税额转出；未抵扣进项税额的不动产，用途改变后用于允许抵扣进项税额项目的，需要做进项税额转入。

② 为便于实际征管操作，39号公告区分不同的运输方式设置不同的扣税凭证和可抵扣进项的计算方法。和其他进项税抵扣一样，旅客运输最基本的扣税凭证还是增值税专用发票。因此，如果纳税人取得了相应的增值税专用发票，直接凭专票抵扣。在未取得专票的情况下，需要分以下情况来分别处理：

第一种情况，凭电子普票据实抵扣。也就是说，如果纳税人取得增值税电子普通发票，可以直接凭发票上注明的税额进行抵扣。部分航空公司于2019年已经开始推行了电子普票。

第二种情况，航空和铁路凭客票按9%税率抵扣。考虑到航空和铁路客运已全部采取实名制购票，客票样式也都是全国统一的，航空运输是电子客票行程单，铁路运输是铁路车票，而且航空、铁路旅客运输企业集约化程度高、规模大，基本上都是按照一般计税方法计税的，因此，针对航空和铁路这类征管基础好、风险相对低且可抵扣进项税确定的，以客票上注明的价款按照9%税率计算抵扣。

第三种情况，其他客运按3%计算抵扣。除航空、铁路客票以外，包括公路、水路在内的其他旅客运输，客票式样种类繁多、样式不统一，也基本没有集中统一的客票电子信息。在这种现实情况下，为防范风险，先对其他客运统一暂按3%抵扣。

比如，最早的时候，像滴滴打车票、出租车票、火车票等都不能抵扣进项税，等到了2019年4月，出了相关文件，才开始允许抵扣。但是2020年由于免税政策导致滴滴打车票又无法抵扣了，等到2021年免税政策到期，则又可以抵扣了。

（3）加计扣除。根据39号公告，以邮政服务、电信服务、现代服务和生活服务（以下称四项服务）销售额占纳税人全部销售额的比重超过50%（不含本数），则可以适用加计抵减政策，即纳税人按照当期可抵扣进项税额的10%计算出一个抵减额，专用于抵减纳税人一般计税方法计算的应纳税额。

（4）留抵退税制度。近年来，随着深化增值税改革的推进，我国营商环境的日益改善，各界对留抵退税制度化的呼声也越来越大，期望越来越高，因此39号公告中明确了试行留抵退税制度的具体方案。

第一项条件是，自2019年4月税款所属期起，连续6个月有增量留抵税额，并且第6个月的增量留抵税额不低于50万元。

第二项条件将退税主体限定在纳税信用等级为 A 级和 B 级的纳税人,这里的纳税信用等级以纳税人申请办理留抵税额退税时的纳税信用等级来判断。

第三项条件是纳税人在申请退税前 36 个月内不能有骗取留抵退税、出口退税或虚开增值税专用发票行为。

第四项条件是不能因偷税被税务机关处罚两次及以上。

第五项条件是 2019 年 4 月 1 日以后没有享受过即征即退、先征后返或先征后退政策的纳税人,才可以申请留抵退税。这项条件是按照纳税主体而不是按照即征即退项目来限制的。也就是说,只要享受过这些优惠政策的纳税人,其一般项目的留抵也是不允许退税的。

2. 企业所得税——以小微企业为例

根据财税〔2019〕13 号关于实施小微企业普惠性税收减免政策的通知,其实施小微企业普惠性税收减免政策有关事项第二条规定:

对小型微利企业年应纳税所得额不超过 100 万元的部分,减按 25% 计入应纳税所得额,按 20% 的税率缴纳企业所得税;对年应纳税所得额超过 100 万元但不超过 300 万元的部分,减按 50% 计入应纳税所得额,按 20% 的税率缴纳企业所得税。

根据财税〔2022〕13 号公告,对小型微利企业年应纳税所得额超过 100 万元但不超过 300 万元的部分,减按 25% 计入应纳税所得额,按 20% 的税率缴纳企业所得税。执行期限为 2022 年 1 月 1 日至 2024 年 12 月 31 日。

上述小型微利企业是指从事国家非限制和禁止行业,且同时符合年度应纳税所得额不超过 300 万元、从业人数不超过 300 人、资产总额不超过 5 000 万元等三个条件的企业。

本通知执行期限为 2019 年 1 月 1 日至 2021 年 12 月 31 日。《财政部 税务总局关于延续小微企业增值税政策的通知》(财税〔2017〕76 号)、《财政部 税务总局关于进一步扩大小型微利企业所得税优惠政策范围的通知》(财税〔2018〕77 号)同时废止。

根据以上通知,可以解读以下两点信息。

一是此次减税降费政策突出普惠性实质性降税。在企业所得税减税优惠政策中,进一步放宽享受优惠的小型微利企业标准,与工业和信息化部等四部委小微企业标准高值衔接。小型微利企业标准对比表如表 5-2 所示。

表 5-2 小型微利企业标准对比表

项目	年应纳税所得额	从业人数	资产总额
原规定上限	100 万元	工业企业 100 人,其他企业 80 人	工业企业 3 000 万元,其他企业 1 000 万元
现规定上限	300 万元	300 人	5 000 万元

二是引入超额累进计算方法。以前的规定是,对年应纳税所得额不超过 100 万元的小型微利企业,减按 50% 计入应纳税所得额,并按 20% 优惠税率计算缴纳企业所得税。从 2019 年开始对年应纳税所得额不超过 300 万元的小型微利企业,按应纳税所得额分为两段计算:

对年应纳税所得额不超过 100 万元的部分,减按 25% 计入应纳税所得额,并按 20% 优惠税率计算缴纳企业所得税,实际税负为 5%;

对年应纳税所得额超过 100 万元但不超过 300 万元的部分，减按 50% 计入应纳税所得额，并按 20% 优惠税率计算缴纳企业所得税，实际税负为 10%。

3. 个人所得税

2018 年 8 月 31 日，第十三届全国人大常委会第五次会议，表决通过了《关于修改〈中华人民共和国个人所得税法〉的决定》。此次个人所得税改革的三大亮点如下。

（1）工资薪金基本减除费用提高，由 3 500/(月·人) 提高到 5 000/(月·人)。

（2）实行综合与分类所得相结合的新税制：其中，综合所得实行年中预扣预缴，年度汇算清缴。把工资薪金、劳务报酬、稿酬和特许权使用费四项劳动性所得纳入综合征税范围，实行按月按次分项预缴、按年汇总计算、多退少补。

（3）新增 6 项专项附加扣除，子女教育、继续教育、赡养老人、房贷利息、房屋租金、大病医疗等。

其工资薪金的计税方法实行预扣预缴法。扣缴义务人向居民个人支付工资薪金所得时，应按照累计预扣法计算预扣税款。即扣缴义务人预扣预缴税款时，以一个纳税年度内，纳税人在本单位截至当前月份累计工资薪金所得收入额减除累计免税收入、累计减除费用、累计专项扣除、累计专项附加扣除和累计依法确定的其他扣除后的余额为累计预扣预缴应纳税所得额。

累计计算的应纳税所得额，以综合所得年税率表为工资薪金所得预扣预缴率表，计算累计应预扣预缴税额，再减除累计减免税额、累计已预扣预缴税额，余额作为本期应预扣预缴税额。余额为负值时，年度中间不退税；纳税年度终了后余额仍为负值时，通过办理综合所得年度汇算清缴，多退少补。

计算公式为：

本期应预扣预缴税额＝（累计预扣预缴应纳税所得额×税率－速算扣除数）－累计减免税额－累计已预扣预缴税额

累计预扣预缴应纳税所得额＝累计收入－累计免税收入－累计减除费用－累计专项扣除－累计专项附加扣除－累计依法确定的其他扣除

其中，累计基本减除费用，按照 5 000 元/月乘以纳税人当年在本单位的任职受雇工作月份数计算。

表 5-3 是个人所得税与扣率表，该表适用于居民个人工资、薪金所得预扣预缴。

表 5-3 个人所得税与扣率表

级数	累计预扣预缴应纳税所得额	预扣率	速算扣除数
1	不超过 36 000 元的	3%	0
2	超过 36 000 元至 144 000 元的部分	10%	2 520
3	超过 144 000 元至 300 000 元的部分	20%	16 920
4	超过 300 000 元至 420 000 元的部分	25%	31 920
5	超过 420 000 元至 660 000 元的部分	30%	52 920
6	超过 660 000 元至 960 000 元的部分	35%	85 920
7	超过 960 000 元的部分	45%	181 920

当然，除了在以上三个方面进行减税降费，国家还颁布了其他法规，为促进我国国民

经济的发展提供了极大的动力,在增强企业发展信心方面起到了重要的作用。

(三) 减税降费的效果——以 2019 年为例

1. 减税降费宏观效应显著

2019 年实施的更大规模减税降费政策取得了明显成效,全年累计减税降费 2.36 万亿元,占 GDP 比重超过 2%,拉动全年 GDP 增长约 0.8 个百分点,所有行业税负均不同程度下降,有效激发了市场主体活力,增强了经济发展信心。

中国税务学会联合中国社会科学院财经战略研究院发布《2019 年减税降费政策效应评估报告》(以下简称评估报告)指出,对覆盖各个行业、各种类型样本企业的调查结果显示,对减税降费有获得感的企业占比达 97.5%。绝大部分企业从中受益,达到了普遍降低企业税费负担的政策目标,具有显著的普惠性特征。

2. 带动消费、投资、就业有效增加

评估报告指出,66% 的企业增加了营业收入,79.6% 的企业增加了利润,41.8% 的企业将减税降费红利主要用于增加研发投入。特别是深化增值税改革后,月均净增一般纳税人 8.88 万户,相当于改革前的近两倍,有力拉动了消费、投资、就业增长。

2019 年社会消费品零售总额增加 3 308 亿元,增长 0.87 个百分点,占 2019 年社会消费品零售总额增量的 10.8%;固定资产投资增加 3 026 亿元,增长 0.58 个百分点,占 2019 年固定资产投资增量的 10.7%;带动就业增加 376 万人,有 50.2% 的企业将减税降费红利用于增加就业岗位和提高员工工资。其中带动就业岗位增加最多的行业是批发和零售业,达到 106 万人;然后是制造业,为 93 万人;建筑业位列第三,为 54 万人。对交通运输业、仓储和邮政业、租赁和商务服务业、住宿和餐饮业就业的带动均超过 10 万人。

3. 多措并举强化落实,确保政策红利应享尽享

各级税务机关把落实减税降费政策作为政治任务,采取实打实、硬碰硬的措施,全力打通政策落实"最后一公里"。

一是加大宣传培训力度。税务部门采取多种措施宣传减税降费政策,纳税人缴费人在办税服务厅、税务网站、纳税咨询服务平台、纳税人学堂等都能得到政策咨询或培训,确保纳税人缴费人应知尽知。

二是服务效率不断提升。税务部门采取了多种措施方便纳税人缴费人享受减税降费政策,大力简化办税缴费手续,大部分办税缴费事项做到了"最多跑一次"。

三是切实解决实际问题。税务部门特别重视企业在享受政策中遇到的问题,认真为企业解答疑问,并且在办税场所设立咨询服务岗,专门受理解决中小微企业涉税诉求。

据统计,2019 年以来,税费收入实现量稳质优。全国税务部门组织税费收入 18.3 万亿元,其中税收收入(已扣减出口退税)14 万亿元,同比增长 1.8%;累计办理出口退税 15 740 亿元,增长 4.8%,有力支持了外贸出口。

二、案例思考

① 减税降费在一定程度上增加了财政压力,思考国家应该如何缓解减税降费与财政收入的关系。

② 增值税当前的三档税率将来是否会合并为两档,试将我国的增值税税制与其他国家进行对比,预测我国将来的增值税改革趋势。

③ 从企业的角度思考，应该如何享受减税降费政策，试举例说明。

三、活动安排

① 感受税收立法目的：助农、文化保护、文化创作、环境保护、科学研究、扶持弱势产业、国际交往、教育、养老、医疗、居民日常、助残、尊重宗教信仰、扶贫等，请谈谈你的看法。

② 假设一个企业年应纳税所得额为 300 万元，根据〔2019〕13 号中小微企业的税收减免政策，试着计算此次优惠政策前后各自应该缴纳多少企业所得税。

③ 分小组收集 2020 年和 2021 年减税降费的整体数据或某个地区、某个行业减税降费的效果，做 PPT，课堂上进行小组分享，并进行评优。

四、案例启示

（一）建立制度自信对大学生培养的重要性

青年是国家的未来、民族的希望，中共中央、国务院印发的《中长期青年发展规划（2016—2025 年）》强调："引导青年树立共产主义远大理想和中国特色社会主义共同理想，坚定中国特色社会主义道路自信、理论自信、制度自信、文化自信，自觉团结凝聚在党的周围，更好成长为中国特色社会主义事业的合格建设者和可靠接班人。"大力开展制度自信教育，坚定青年群体的制度自信，是党和国家给青年教育工作提出的时代命题。

1. 牢固树立"四个自信"是推进国家治理体系和治理能力现代化的必然要求

首先，青年是整个社会力量中最积极、最有生气的力量。青年先行树立"四个自信"能对引领巩固"四个自信"社会风气起到重要示范和带动作用，为中国特色社会主义制度体系全面落地落实营造良好的社会人文氛围。

其次，作为未来国家治理的中坚力量，当代青年普遍具有一定水平的知识素养和社会参与热情，大力开展制度自信教育有利于青年群体坚定政治信念、提升政治能力，为国家治理体系和治理能力现代化提供充分的人才储备和人力资源支撑，更好地承担建成社会主义现代化强国的时代重任。

最后，当代青年对政治和社会问题关注度较高，且有一定的深入思考，政治表达欲望较强，大力开展制度自信教育有助于青年规范有序地表达政治诉求，有利于制度谋划者听取青年群体的政治诉求，在现有框架下进一步完善和优化制度体系，积极提高制度质效，渐进式地提升国家治理体系和治理能力的现代化水平。

2. 建立制度自信是守护精神健康、助力青年茁壮成长的必然举措

首先，青年的精神健康直接影响其成长、发展的进程和适应社会、融入社会的程度。政治心理是影响青年精神健康的重要因素。青年拥有健康的政治心理，正确认知中国特色社会主义制度，才能够积极看待国家取得的进步，辩证看待存在的不足，对国家和自我发展前景抱乐观态度，在承受压力时能够作出有效的自我调节。

其次，自信心是青年健康成长不可缺少的能力。自信，就是一个人对自己能够达到某种目标的乐观充分的估计。拥有充分自信心的人往往不屈不挠、奋发向上，因而比一般人更易获得各方面的成功。自信心是承受挫折、克服困难的保证，只有拥有自信心的人，个人意志力才够坚定，做事才能坚持到底，有始有终；只有拥有自信心的人才能充分发挥个

人潜能，尽情地施展自己的才华。所以，培养自信心对于学生的健康成长有着非常重要的意义。

因此，大力开展制度自信教育，引导青年正确认知中国特色社会主义制度，对于守护青年政治心理健康、让青年在健康的精神世界中茁壮成长，是十分必要的。

（二）减税降费的意义

1. 减税降费政策促进中国经济高质量发展

为了应对经济下行压力和进行供给侧结构性改革，我国进一步加大减税降费的力度，以更好地凝聚市场信心，推动经济高质量发展。减税降费可以改善落后生产能力，使经济效率显著提高，经济体系也从原来的投资推进、需求推进向创新推进模式转变，推进人均收入提高，为我国经济从"高速发展"过渡到"高质量发展"增加契机。

2. 减税降费政策促进实体经济转型升级

减税降费政策针对实体经济，特别是制造业，对增值税的税率、税目等进行改革，极大地减轻了实体经济的税收负担，恢复了制造业的活力，促进了发展，为制造业的转型升级增添了动力。另外，降低企业所得税率可以促进企业去库存，降低杠杆，减少三角债务，增加企业流动性，提高货币二级市场和资本二级市场流动性，商品市场也可以进一步购买销售，这些都有利于实体经济的转型升级。

3. 减税降费政策推动企业创新

越来越多的减税降费政策不断为企业带来税收红利，使得企业更加看重研发投入，如研发费用可在税前按75%的比例加以扣除，此政策使注重研发、追求创新的企业生产成本显著降低，不断推动技术创新和产业升级，进而在激烈的社会竞争中始终保持顽强的生命力。

4. 减税降费政策降低企业生产成本

实施减税降费政策的目的之一是降低市场经济主体的成本，企业从营业税改征增值税，价内税改为价外税，税额不再计入企业外购的生产物资、接受劳务等的成本中，进而使企业的生产成本降低。企业养老保险费率和失业保险费率，以及社保费率的进一步降低，也降低了企业的人工成本，进而减少了企业的生产成本，由此可见减税降费政策的实施，降低了企业的生产成本，提高了企业的经营效益。

5. 助推小微企业轻装前行

小微企业是我国国民经济和社会发展的重要组成部分，在稳定增长、吸收就业、激励创新等方面发挥着重要作用，为经济增长提供了有力支撑。小微企业具有鲜明的市场活力，也面临着自有资金少、资产规模较小、抗风险能力弱、生产周期短、市场淘汰率高等发展障碍，因此，财税政策的扶持对于小微企业成长具有重要的激励作用。2019年实施的更大规模"减税降费"的重要内容之一就是推出小微企业普惠性减税措施，直击小微企业发展的痛点、难点，对提振市场信心、促进创新创业、助力企业成长壮大产生极大的促进作用。

6. 减税降费增加居民收入和提高消费能力

伴随个人所得税起征点的上调、税率的下调以及个人专项附加扣除项目的增加，居民个人所得税和社保税的上缴金额进一步降低，进而变相增加了广大居民的收入，使广大居民，特别是低收入者享受到税收红利，获得切实的幸福感和获得感。随着减税降费政策的有效执行，进一步激发了市场活力，创造了更多就业机会，促进了居民就业，增加了居民的消费能力，使人民生活水平进一步提升。

（三）完善减税降费政策的建议

1. 处理好减税降费的短期效应与长期效应的关系

减税降费政策作为刺激经济触底回升的关键一招和国家转变宏观调控方式的重要经济手段，要具有前瞻性，尊重税种的经济属性，并兼顾短期与长期。要注重阶段性政策与制度性安排相结合，在系统梳理、优化和规范各项税费优惠政策的基础上，对一些政策效应显著的临时性、过渡性措施，尽可能转化为长期性的制度安排，以更好稳定市场主体预期。

2. 着力推进减税降费与其他宏观政策协同发力

税收仅是企业成本的一部分，帮助企业降本增效，增强活力，还必须综合施策，加大宏观政策逆周期调节力度，进一步改善企业预期，优化营商环境。针对落实"减税降费"政策工作中存在的差距和短板，把问题找实、把根源挖深，及时响应纳税人需求，着力解决纳税人、缴费人反映强烈的突出问题。

3. 建立健全政策梳理、清理机制

建立智库，提前研判，做好政策储备；进一步加强减税降费政策宣传辅导，做到辅导宣传多渠道、全方位、高品质；优化纳税服务，提速办税流程，拓宽减税降费渠道；简化操作流程，清理简化涉税资料等。

4. 高度重视缓解财政收支矛盾问题

受疫情影响，近几年落实减税降费政策面临的财政压力更大，尤其是基层财政困难的问题更加突出。建议国家在采取提高赤字率、发行特别国债、建立特殊转移支付机制等措施的同时，进一步优化政府支出结构，积极采取各种开源节流的措施，确保减税降费政策落实到位，促进经济与财政可持续发展。

五、知识链接

小微企业"六税两费"减免政策

为贯彻落实党中央、国务院关于持续推进减税降费的决策部署，进一步支持小微企业发展，根据《财政部 税务总局关于进一步实施小微企业"六税两费"减免政策的公告》（〔2022〕10号），现就资源税、城市维护建设税、房产税、城镇土地使用税、印花税（不含证券交易印花税）、耕地占用税和教育费附加、地方教育附加（以下简称"六税两费"）减免政策有关征管问题在国家税务总局公告2022年第3号文件《国家税务总局关于进一步实施小微企业"六税两费"减免政策有关征管问题的公告》中明确指出。本公告执行期限为2022年1月1日至2024年12月31日。

1. 关于小型微利企业"六税两费"减免政策的适用

（1）适用"六税两费"减免政策的小型微利企业的判定以企业所得税年度汇算清缴（以下简称汇算清缴）结果为准。登记为增值税一般纳税人的企业，按规定办理汇算清缴后确定是小型微利企业的，除本条第（2）项规定外，可自办理汇算清缴当年的7月1日至次年6月30日申报享受"六税两费"减免优惠；2022年1月1日至6月30日期间，纳税人依据2021年办理2020年度汇算清缴的结果确定是否按照小型微利企业申报享受"六税两费"减免优惠。

（2）登记为增值税一般纳税人的新设立企业，从事国家非限制和禁止行业，且同时符合申报期上月末从业人数不超过300人、资产总额不超过5 000万元两项条件的，按规定办理首次汇算清缴申报前，可按照小型微利企业申报享受"六税两费"减免优惠。

登记为增值税一般纳税人的新设立企业，从事国家非限制和禁止行业，且同时符合设立时从业人数不超过300人、资产总额不超过5 000万元两项条件的，设立当月依照有关规定按次申报有关"六税两费"时，可申报享受"六税两费"减免优惠。

按规定办理首次汇算清缴后确定不属于小型微利企业的一般纳税人，自办理汇算清缴的次月1日至次年6月30日，不得再申报享受"六税两费"减免优惠；按次申报的，自首次办理汇算清缴确定不属于小型微利企业之日起至次年6月30日，不得再申报享受"六税两费"减免优惠。

新设立企业按规定办理首次汇算清缴后，按规定申报当月及之前的"六税两费"的，依据首次汇算清缴结果确定是否可申报享受减免优惠。

新设立企业按规定办理首次汇算清缴申报前，已按规定申报缴纳"六税两费"的，不再根据首次汇算清缴结果进行更正。

（3）登记为增值税一般纳税人的小型微利企业、新设立企业，逾期办理或更正汇算清缴申报的，应当依据逾期办理或更正申报的结果，按照本条第（1）项、第（2）项规定的"六税两费"减免税期间申报享受减免优惠，并应当对"六税两费"申报进行相应更正。

2. 关于增值税小规模纳税人转为一般纳税人时"六税两费"减免政策的适用

增值税小规模纳税人按规定登记为一般纳税人的，自一般纳税人生效之日起不再按照增值税小规模纳税人适用"六税两费"减免政策。增值税年应税销售额超过小规模纳税人标准的应当登记为一般纳税人而未登记，经税务机关通知，逾期仍不办理登记的，自逾期次月起不再按照增值税小规模纳税人申报享受"六税两费"减免优惠。

上述纳税人如果符合本公告第1条规定的小型微利企业和新设立企业的情形，或登记为个体工商户，仍可申报享受"六税两费"减免优惠。

3. 关于申报表的修订

修订《财产和行为税减免税明细申报附表》《〈增值税及附加税费申报表（一般纳税人适用）〉附列资料（五）》《〈增值税及附加税费预缴表〉附列资料》《〈消费税及附加税费申报表〉附表6(消费税附加税费计算表)》，增加增值税小规模纳税人、小型微利企业、个体工商户减免优惠申报有关数据项目，相应修改有关填表说明。

4. 关于"六税两费"减免优惠的办理方式

纳税人自行申报享受减免优惠，不需额外提交资料。

5. 关于纳税人未及时申报享受"六税两费"减免优惠的处理方式

纳税人符合条件但未及时申报享受"六税两费"减免优惠的，可依法申请抵减以后纳税期的应纳税费款或者申请退还。

六、参考文献

[1] 刘洪涛. 浅谈减税降费政策对中小企业的影响 [J]. 财会学习, 2020 (16): 179-181.
[2] 闫坤, 蒋震. 实施战略性减税降费的主要着力点及政策建议 [J]. 税务研究, 2019 (7): 3-7.
[3] 崔云霞. 刍议新形势下减税降费对企业成本战略的影响 [J]. 纳税, 2019 (22): 29.
[4] 张凯强. 国家治理体系视角下减税降费政策再优化 [J]. 商学研究, 2022 (1): 49-53.
[5] 欧李苹, 尹利军. 减税降费背景下的中小企业税收负担问题研究 [J]. 商业经济, 2021 (8): 159-161.
[6] 贾宗泽, 徐焕章, 李卓尔, 等. 疫情期间减税降费政策对小微企业的影响研究 [J]. 现代商业, 2022 (7): 137-139.
[7] 阚道远, 郭蓬元. 当代青少年制度自信教育: 意义·挑战·路径 [J]. 思想政治教育研究, 2021 (3): 72-79.
[8] 张秀梅. 浅谈培养学生自信心的重要性 [J]. 学校教育研究, 2016 (4).
[9] 李海英. 2019 年更大规模"减税降费"政策实施的背景、内容、目的及建议 [J]. 财会学习, 2020 (12): 35-36.

案例十四 以数治税 偷逃税款无处遁形

思政元素: 制度自信、依法纳税、遵纪守法。

教育目标: 让学生意识到偷逃税款给国家和社会带来的危害, 以及国家以数治税的监管机制的建立与发展, 有利于增强学生的法治意识, 提高税法遵从度, 建立制度自信。让学生了解我国依法治税的理念, 提高学生学法、懂法、守法的法律意识。

教学组织: 案例分享、调研汇报、角色扮演。

一、案例介绍

偷逃税款不仅减少国家的税收收入, 损害国家利益, 对其他纳税人而言, 也是违反了税收公平原则, 损害法律的权威性。但作为行业规范制度较少、经济收入极高的影视行业, 其暴露出来的明星偷逃税款案屡见不鲜, 涉案金额巨大, 对国民经济和影视文化产业的发展带来了严重的后果。在此情况下, 国家税务总局也是重拳出击, 不断完善金税系统, 强化税收监管机制的完善。下面以部分明星、主播偷逃税款案为例, 对其案件进行梳理, 让同学们能从中有所思考, 起到较好的警示作用。

(一) A 明星偷逃税款案

2018 年 6 月初, 群众举报 A 明星"阴阳合同"涉税问题后, 国家税务总局高度重视, 即责成江苏等地税务机关依法开展调查核实, 最后被责令按期缴纳税款、滞纳金、罚款 8 亿余元。

从调查核实情况看, A 明星在某电影拍摄过程中实际取得片酬 3 000 万元, 其中

1 000 万元已经申报纳税，其余 2 000 万元以拆分合同方式偷逃个人所得税 618 万元，少缴营业税及附加 112 万元，合计 730 万元。此外，还查出 A 明星及其担任法定代表人的企业少缴税款 2.48 亿元，其中偷逃税款 1.34 亿元。

对于上述违法行为，根据国家税务总局指定管辖，江苏省税务局依据《中华人民共和国税收征管法》第三十二、第五十二条的规定，对 A 明星及其担任法定代表人的企业追缴税款 2.55 亿元，加收滞纳金 0.33 亿元；依据《中华人民共和国税收征管法》第六十三条的规定，对 A 明星采取拆分合同手段隐瞒真实收入偷逃税款处 4 倍罚款计 2.4 亿元，对其利用工作室账户隐匿个人报酬的真实性质偷逃税款处 3 倍罚款计 2.39 亿元；对其担任法定代表人的企业少计收入偷逃税款处 1 倍罚款计 94.6 万元；依据《中华人民共和国税收征管法》第六十九条和《中华人民共和国税收征管法实施细则》第九十三条的规定，对其担任法定代表人的两家企业未代扣代缴个人所得税和非法提供便利协助少缴税款各处 0.5 倍罚款，分别计 0.51 亿元、0.65 亿元。

依据《中华人民共和国刑法》第二百零一条的规定，由于 A 明星属于首次被税务机关按偷税予以行政处罚且此前未因逃避缴纳税款受过刑事处罚，上述定性为偷税的税款、滞纳金、罚款在税务机关下达追缴通知后在规定期限内缴纳的，依法不予追究刑事责任。超过规定期限不缴纳税款和滞纳金、不接受行政处罚的，税务机关将依法移送公安机关处理。

（二）B 明星偷逃税款案

B 明星偷逃税款案是于 2021 年 4 月上海市税务局第一稽查局接到举报称，某明星利用"阴阳合同"涉嫌偷逃税问题，依法对其进行立案检查。该案件涉及全国多个地区、多个公司、多个演艺项目，案情复杂。4 个多月来，针对 B 明星利用"阴阳合同"涉嫌偷逃税问题，以及参加的演艺项目和相关企业及人员涉税问题开展全面深入检查，对十几个省市的几十家企事业单位和上百位证人进行取证，调查和分析了大量的财务和资金数据，查明了案件事实并依法进行了处理。

经查，B 明星在主演某电视剧时，实际取得片酬 1.56 亿元，将其分解为两部分。其中，第一部分 4 800 万元，将个人片酬收入改变为企业收入进行虚假申报、偷逃税款；第二部分 1.08 亿元，制片人与该明星实际控制公司签订虚假合同，以"增资"的形式支付，规避行业监管获取"天价片酬"，隐瞒收入进行虚假申报、偷逃税款。在该项目中，根据其违法事实认定为偷税 4 302.7 万元，其他少缴税款 1 617.78 万元。同时查明，2018 年规范影视行业税收秩序后，其另有其他演艺收入 3 507 万元，同样存在以企业收入名义改变个人收入性质、进行虚假申报的问题，根据其违法事实认定为偷税 224.26 万元，其他少缴税款 1 034.29 万元。以上合计，2019 年至 2020 年未依法申报个人收入 1.91 亿元，偷税 4 526.96 万元，其他少缴税款 2 652.07 万元。

最后，上海市税务局第一稽查局依据《中华人民共和国税收征收管理法》第三十二、第六十三条等规定，以及《中华人民共和国个人所得税法》第二、第十、第十一条和《中华人民共和国增值税暂行条例》第一、第十九条等规定，对 B 明星追缴税款、加收滞纳金并处罚款共计 2.99 亿元。其中，依法追缴税款 7 179.03 万元，加收滞纳金 888.98 万元；对改变收入性质偷税部分处以 4 倍罚款，计 3 069.57 万元；对收取所谓"增资款"完全隐瞒收入偷税部分处以 5 倍"顶格"罚款，计 1.88 亿元。

依据《中华人民共和国行政处罚法》第四十四条相关规定，上海市税务局第一稽查局依法向 B 明星送达了《税务行政处罚事项告知书》，对此该明星未提出听证申请。之后，依法向其正式下达《税务处理决定书》和《税务行政处罚决定书》，限其在规定期限内缴清税款、滞纳金及罚款。B 明星在规定期限内缴清全部税款和滞纳金。

（三）C 明星偷逃税款案

上海市税务部门在 2021 年以来开展的文娱领域税收综合治理中，通过税收大数据分析发现，C 明星存在涉嫌偷逃税问题，且经税务机关提醒督促仍整改不彻底，遂依法依规对其进行立案并开展了全面深入的税务检查。

经查明，C 明星在 2019 年至 2020 年期间，通过虚构业务转换收入性质进行虚假申报，偷逃个人所得税 4 765.82 万元，其他少缴个人所得税 1 399.32 万元。

在税务检查过程中，该明星能够积极配合检查并主动补缴税款 4 455.03 万元，同时主动报告税务机关尚未掌握的涉税违法行为。综合考虑上述情况，上海市税务局第四稽查局依据《中华人民共和国个人所得税法》《中华人民共和国税收征收管理法》《中华人民共和国行政处罚法》等相关法律法规规定，按照《上海市税务行政处罚裁量基准》，对其追缴税款、加收滞纳金并处罚款，共计 1.06 亿元。其中，对其虚构业务转换收入性质虚假申报偷税但主动自查补缴的 4 455.03 万元，处 0.5 倍罚款计 2 227.52 万元；对其虚构业务转换收入性质虚假申报偷税但未主动自查补缴的 310.79 万元，处 4 倍罚款计 1 243.16 万元。2022 年 3 月，上海市税务局第四稽查局已依法向 C 明星送达税务行政处理处罚决定书。

上海市税务局第四稽查局有关负责人表示，税务部门将持续加强对文娱领域从业人员的税收监管，并对协助偷逃税款的相关经纪公司及经纪人、中介机构等进行联动检查，依法严肃查处涉税违法行为，不断提升文娱领域从业人员及企业的税法遵从度，进一步营造法治公平的税收环境。

（四）D 主播偷逃税款案

经税收大数据分析评估发现，著名主播 D 某存在涉嫌重大偷逃税问题，2019 年至 2020 年期间，D 某通过隐匿其从直播平台取得的佣金收入虚假申报偷逃税款；通过设立企业管理咨询中心、合伙企业等多家个人独资企业、合伙企业虚构业务，将其个人从事直播带货取得的佣金、坑位费等劳务报酬所得转换为企业经营所得进行虚假申报偷逃税款；从事其他生产经营活动取得收入，未依法申报纳税。

税务局稽查局依据《中华人民共和国个人所得税法》《中华人民共和国税收征收管理法》第六十三条第一款规定，对纳税人偷税的，由税务机关追缴其不缴或者少缴的税款、滞纳金，并处不缴或者少缴的税款百分之五十以上五倍以下的罚款。稽查局坚持依法依规、宽严相济、过罚相当的原则，充分考虑了违法行为的事实、性质、情节和社会危害程度等因素对 D 某进行处罚。依法确认其偷逃税款 6.43 亿元，其他少缴税款 0.6 亿元。

一方面，对其主动纠错的偷逃税等违法行为依法从轻处理。D 某对其隐匿个人收入偷税行为进行自查并到税务机关提交补税申请，能够配合调查主动补缴税款 5 亿元，占查实偷逃税款的 78%，并主动报告税务机关尚未掌握的涉税违法行为，具有主动减轻违法行为危害后果等情节。稽查局依据《中华人民共和国行政处罚法》第三十二条规定，按照

《浙江省税务行政处罚裁量基准》，给予从轻处罚，对 D 某隐匿收入偷税但主动补缴和报告的少缴税款处 0.6 倍罚款。

另一方面，对其未能纠错的违法行为视危害程度依法严肃处理。根据《中华人民共和国税收征收管理法》规定，按照《浙江省税务行政处罚裁量基准》，D 某隐匿收入偷税且未主动补缴部分，性质恶劣，严重危害国家税收安全，扰乱税收征管秩序，对其予以从重处罚，处 4 倍罚款；D 某虚构业务转换收入性质虚假申报偷税部分，较隐匿收入不申报行为，违法情节和危害程度相对较轻，处 1 倍罚款。

二、案例思考

① 根据以上案例思考明星、主播们偷逃税款的动机是什么，在偷逃税款中，实施了哪些违法的手段。

② 请阅读相关文献，分析偷逃税款给国家、社会和行业等带来了哪些危害。

③ 在税务检查中，税务机关是如何利用税收大数据和金税系统开展稽查的，你了解税务稽查的具体手段都有哪些。

三、活动安排

① 以小组的形式收集《中华人民共和国税收征收管理法》《中华人民共和国行政处罚法》等相关法律法规规定并形成文稿，最后由每小组同学在课堂上进行汇报，选出最佳小组。

② 以"大家都是小侦探"为主题，引导学生收集明星和主播等的收入来源有哪些，可以具体调研出场费、片酬等报酬定价。

③ 以小组为单位，了解影视业和网络直播等新媒体的经营模式有哪些，试着举例并画出其业务流程图给全班同学分享。

④ 通过角色扮演，进行法庭模拟。对以上的其中一个案例进行有理有据、声情并茂的法律处罚论证。

四、案例启示

（一）依法纳税，履行社会责任

首先，税收是国家财政收入的主要来源，依法纳税是每个公民应尽的法律义务。明星艺人更应该如实纳税，给粉丝作出榜样，带头履行社会责任。无论是谁，如果有偷逃税款的行为，都将受到财产、征信等方面的惩戒，甚至要承担刑事责任。而靠公众关注度和流量生存的明星艺人，偷逃税的后果更为严重，除直接的财产罚款外，也会标上"劣迹艺人"的标签使其名誉扫地，甚至遭到"封杀"。明星艺人的名气越大，偷逃税的负面影响就越大，很多明星在偷逃税案后只能沉寂，其所参演的部分电视剧、电影和相关节目等也会被国家广电总局勒令停播，其代言的广告也会遭到解约等。显然，比起经济上的直接"损失"，明星艺人偷逃税的后续市场损失更大。

其次，依法诚信纳税是企业赢得商机的有效途径。在市场经济条件下，一个企业的信用不仅包括其生产产品的质量和高效、精准的服务，还包括在生产经营活动及纳税中的诚信度。在很多国家，丧失纳税诚信是最坏的一种社会信用记录。因此，依法诚信纳税是企业的无形资产，传播企业良好的商业信誉，才能赢得更多的商机。

再次，依法诚信纳税是降低征税成本的客观需要。如果纳税人偷逃税款，税务部门就需要花大量的人力、物力和财力加强税务稽查的力度，无形中提高了税收征管成本。相反，如果纳税人都能依法诚信纳税，税务部门就可以减少一些不必要的支出和简化相关的征管流程，降低征收成本，提高征管效率。

最后，依法诚信纳税是公民道德建设的重要内容，也是当代大学生必须进行的普法教育。依法纳税是"爱国守法、明礼诚信"在经济生活中的生动体现。深入开展依法纳税的宣传，不仅有利于提高公民的道德建设水平，还有利于税务部门依法治税，提高税务服务质量，提高税收执法水平，营造良好的税收环境。在大学生中进行税法进校园活动，积极开展普法教育，是提高大学生遵纪守法、明礼诚信的有效手段。

总之，依法纳税意义重大，需要纳税人、税务机关和大学生等的齐心协力。随着税收法制的不断完善和税收宣传的不断深入，依法诚信纳税必将成为全社会的共识。

（二）健全以数治税、提升治税能力

明星艺人偷逃税并不是个别现象，偷逃税的手段很多，这就需要税务机关把每一起偷逃税案尤其是案情复杂、影响力较大的明星艺人偷逃税案作为典型案例重点研究，从中摸清他们的手段，给偷逃税精准画像，锤炼识别偷逃税行为的"火眼金睛"，从而进一步健全治税机制、提升治税能力，全面、精准打击偷逃税行为，倒逼公民和企业增强纳税的自律意识、诚信意识和法律意识。

首先，全面推进税收征管数字化升级和智能化改造，建成智慧税务。以数治税是一项重要改革任务，也是税务工作"精细服务"的特色亮点。比如，为提高减税降费精准度，确保企业各项优惠政策应享尽享，宿迁市税务部门依托系统平台，主动甄别政策享受企业名单，借助"丁税宝"精准推送优惠政策，实行"一企一策"精准帮扶，人工智能"税小蜜"24小时在线答疑，全力保障优惠政策的定向输送和针对性辅导，确保税费优惠政策直达快享。

其次，深化数据运用，实施精准监管。持续深化大数据分析应用，强化信息化平台集成，将"信用+风险"融入税收监管，利用信息化新战法，强化深度分析在风险应对中的重要作用，全面推行提示提醒策略应用，形成纳税人易理解的自查指引，以发函的形式通知纳税人，提高纳税人自查自纠率，减少直接入户检查次数，避免影响企业正常生产经营。

最后，强化部门协作，拓展精诚共治。税务部门应与市监、司法、人行等单位常态化开展联合惩戒工作，将随机抽查中发现的符合重大税收违法案件标准的稽查对象列入重大税收违法"黑名单"，推送实施多部门联合惩戒，让失信者一处违法、处处受限。

五、知识链接

（一）个人所得税的征税范围

1. 工资、薪金所得

工资、薪金所得，是指个人因任职或受雇而取得的工资、薪金、奖金、年终加薪、劳动分红、津贴、补贴以及与任职或受雇有关的其他所得。只要是与任职、受雇有关，不管

其单位的资金开支渠道或以现金、实物、有价证券等形式支付的，都是工资、薪金所得项目的课税对象。

2. 劳务报酬所得

劳务报酬所得，是指个人从事设计、装潢、安装、制图、化验、测试、医疗、法律、会计、咨询、讲学、新闻、广播、翻译、审稿、书画、雕刻、影视、录音、录像、演出、表演、广告、展览、技术服务、介绍服务、经纪服务、代办服务以及其他劳务取得的所得。

3. 稿酬所得

稿酬所得，是指个人因其作品以图书、报纸形式出版、发表而取得的所得。这里所说的"作品"，是指包括中外文字、图片、乐谱等能以图书、报刊方式出版、发表的作品；"个人作品"，包括本人的著作、翻译的作品等。

4. 特许权使用费所得

特许权使用费所得，是指个人提供专利权、著作权、商标权、非专利技术以及其他特许权的使用权取得的所得。提供著作权的使用权取得的所得，不包括稿酬所得。作者将自己文字作品手稿原件或复印件公开拍卖（竞价）取得的所得，应按特许权使用费所得项目计税。

5. 个体工商户的生产、经营所得

经工商行政管理部门批准开业并领取营业执照的城乡个体工商户，从事工业、手工业、建筑业、交通运输业、商业、饮食业、服务业、修理业及其他行业的生产、经营取得的所得。

6. 对企事业单位的承包经营、承租经营所得

对企事业单位的承包经营、承租经营所得，是指个人承包经营、承租经营以及转包、转租取得的所得，包括个人按月或者按次取得的工资、薪金性质的所得。

7. 利息、股息、红利所得

利息、股息、红利所得，是指个人拥有债权、股权而取得的利息、股息、红利所得。利息是指个人的存款利息（国家宣布2008年10月8日次日开始取消利息税）、贷款利息和购买各种债券的利息。股息，也称股利，是指股票持有人根据股份制公司章程规定，凭股票定期从股份公司取得的投资利益。红利，也称公司（企业）分红，是指股份公司或企业根据应分配的利润按股份分配超过股息部分的利润。股份制企业以股票形式向股东个人支付股息、红利即派发红股，应以派发的股票面额为收入额计税。

8. 财产租赁所得

财产租赁所得，是指个人出租建筑物、土地使用权、机器设备车船以及其他财产取得的所得。财产包括动产和不动产。

9. 财产转让所得

财产转让所得，是指个人转让有价证券、股权、建筑物、土地使用权、机器设备、车船以及其他自有财产给他人或单位而取得的所得，包括转让不动产和动产而取得的所得。对个人股票买卖取得的所得暂不征税。

10. 偶然所得

偶然所得是指个人得奖、中奖、中彩以及其他偶然性质的所得。

(二)相关概念介绍

1. 阴阳合同

阴阳合同是指合同当事人就同一事项订立两份以上的内容不相同的合同,一份对内,一份对外,其中对外的一份并不是双方真实意思表示,而是以逃避国家税收等为目的;对内的一份则是双方真实意思表示。

2. 偷逃税等相关概念

偷税是指纳税人故意违反税收法规,采用欺骗、隐瞒等方式逃避纳税的违法行为。如为了少缴纳或不缴纳应纳税款;有意少报、瞒报应税项目和销售收入及经营利润;有意虚增成本、乱摊费用,缩小应税所得额;转移财产、收入和利润;伪造、涂改、销毁账册票据或记账凭证等。

逃税是指纳税人违反税法规定不缴或少缴税款的非法行为。主要表现有:伪造、涂改、销毁账册、票据或记账凭证,虚报、多报费用和成本,少报或不报应纳税所得额或收入额,隐匿财产或采用不正当手段骗回已纳税款等。

抗税是指纳税人、扣缴义务人以暴力、威胁方法拒不缴纳税款的行为。对抗税行为,除由税务机关追缴其拒缴的税款、滞纳金外,依法追究刑事责任;情节轻微,未构成犯罪的,由税务机关追缴其拒缴的税款、滞纳金,并处拒缴税款 1 倍以上 5 倍以下的罚款。

骗税是指纳税人用假报出口等虚构事实或隐瞒真相的方法,经过公开的合法的程序,利用国家税收优惠政策,骗取减免税或者出口退税的行为。根据《中华人民共和国税收征管法》第六十六条规定,有骗取出口退税行为的,由税务机关追缴其骗取的退税款,并处骗取税款 1 倍以上 5 倍以下的罚款;对骗取国家出口退税款的,税务机关可以在规定期间内停止为其办理出口退税。构成犯罪的,依法追究刑事责任。

3. 税收大数据

税收大数据是指在税收征管过程中形成的一类大数据集,国家税务总局的"金税系统"目前使用的是"金税三期"系统,采用大数据评估功能,实现了国地税数据的合并,同时通过对不同岗责体系和征管流程的梳理和配置,实现了对于税务系统业务流程的全监控。

(三)金税工程

1. 金税工程简介

金税工程是吸收国际先进经验,运用高科技手段结合我国增值税管理实际设计的高科技管理系统。该系统由一个网络、四个子系统构成。一个网络是指国家税务总局与省、地、县国家税务总局四级计算机网络;四个子系统是指增值税防伪税控开票子系统、防伪税控认证子系统、增值税稽核子系统和发票协查子系统。金税工程实际上就是利用覆盖全国税务机关的计算机网络对增值税专用发票和企业增值税纳税状况进行严密监控的一个体系。

2. 金税工程建设

(1)金税一期。为了保证新税制的正常运行和对利用增值税专用发票进行偷、逃、骗税的违法犯罪分子起到震慑作用,根据国务院领导同志的指示,在金税工程的三个系统中,首先上马的是增值税计算机交叉稽核系统。从 1994 年 3 月底开始,金税工程办公室组织实施了以建设 50 个城市为试点的增值税计算机交叉稽核系统，即金税一期工程。

1995 年 5 月，进一步明确了金税工程包括的内容，即增值税计算机稽核系统、防伪税控系统和税控收款机系统，同时抓好这三个系统的紧密衔接。

1998 年 6 月 8 日，金税工程项目建议书经国务院批准，国家计委同意立项。

（2）金税二期。2000 年 8 月 31 日，国家税务总局向国务院汇报金税工程二期的建设方案并得到批准。2001 年 7 月 1 日，增值税防伪税控发票开票、认证、交叉稽核、协查四个子系统，在全国全面开通，两个月来，总体运行情况良好，对加强增值税专用发票管理，打击偷税、骗税犯罪行为，增加税收收入等方面起到积极有效的作用。

（3）金税三期。

① 金税三期简介。金税三期系统是国家税务总局借鉴国际先进理念和经验，结合我国税收管理实际，自 2005 年开始历时 10 年打造的旨在统一国、地税核心征管应用系统，构建覆盖所有税种、税收工作的主要工作环节、各级国、地税机关，并与有关部门联网的全国税收管理信息化系统。相比现有税收征管系统，金税三期系统具备功能更强大、运行更稳定、办税更顺畅等诸多优势和特点。

② 金税三期的工作目标。金税三期工程确定了"一个平台、两级处理、三个覆盖、四类系统"的工作目标，建成一个年事务处理量超过 100 亿笔、覆盖税务机关内部用户超过 80 万、管理过亿纳税人的现代化税收管理信息化系统。

一个平台：指包含网络硬件和基础软件的统一的技术基础平台；

两级处理：指依托统一的技术基础平台，逐步实现数据信息在总局和省局集中处理；

三个覆盖：指应用内容逐步覆盖所有税种，覆盖税收工作的所有工作环节，覆盖国、地税局并与相关部门如工商、海关联网；

四个系统：指通过业务重组、优化和规范，逐步形成一个以征管业务系统为主，包括行政管理、外部信息和决策支持在内的四大应用系统软件。

③ 金税三期工程的影响。一是优化纳税服务，通过信息网络为纳税人提供优质、便捷、全方位的税收服务；逐步实现纳税人可以足不出户轻松办税，从而大大减轻纳税人办税负担。

二是统一国、地税核心征管应用系统版本，实现业务操作和执法标准统一规范，促进税务部门管理职能变革；实现全国数据大集中，利用及时全面准确的数据信息，提高决策的科学化水平和税收征管水平，有效降低税收成本。

三是有力地推动国家电子政务建设，促进政府部门间信息共享和协作，为提高国家宏观经济管理能力和决策水平提供全方位支持，从而对国家的经济建设和社会发展产生积极而重要的作用。

（4）金税四期。

① 金税四期的启动。为了打造智慧税务，实现税收治理现代化的规划要求，2020 年 11 月国家税务总局集中采购中心发布了 2020 年 12 月政府采购《金税四期决策指挥端之指挥台及配套功能建设项目》这项公告，意味着金税四期的正式启动。

② 金税四期的影响。一是实现大数据化，企业信息更加透明化。金税四期从名称上可以看出，属于金税三期的升级版。金税四期上线之后，企业更多的数据将被税局掌握，

监控也呈现全方位、立体化，国家要实现从"以票管税"向"以数治税"分类精准监管转变。

新的税收征收管理系统将充分运用大数据、人工智能等新一代信息技术，从而实现智慧税务和智慧监管。各个部门的数据共享，并以大数据为支撑，实现每个市场主体全业务全流程全国范围内的"数据画像"，未来每一家企业在税务部门面前都是透明的。

二是信息共享、信息核查。金税四期，不仅仅是税务方面，还会纳入"非税"业务，实现对业务更全面的监控。同时搭建了各部委、人民银行以及银行等参与机构之间信息共享和核查的通道，实现企业相关人员手机号码、企业纳税状态、企业登记注册信息核查三大功能。

2019年6月26日，中国人民银行、工业和信息化部、国家税务总局、国家市场监督管理总局四部门联合召开企业信息联网核查系统启动会。中国工商银行、交通银行、中信银行、中国民生银行、招商银行、广发银行、平安银行、上海浦东发展银行等8大银行作为首批用户接入企业信息联网核查系统。最大的亮点就是企业信息联网核查系统搭建了各部委、人民银行以及银行等参与机构之间信息共享、核查的通道，实现企业相关人员手机号码、企业纳税状态、企业登记注册信息核查的三大功能。

三是对资金的监控将会更为严格，还会计入征信。金税四期上线之后，对资金的监控将会更为严格，特别是个人卡交易，同时计入征信，基本告别信用卡和房贷车贷。

随着金税四期的上线，下一步对于高净值人群来说，伴随着自然人纳税识别号的建立和新个税中首次引入反避税条款，个人的资产收支更加透明化。

四是税收征管系统将更强大。随着金税四期的快速推进，预计将会构建更强大的现代化税收征管系统，实现全国范围内税务管理征收业务的通办，实现"税费"全数据、全业务、全流程、全数据"云化"打通，进而为智能办税、智慧监管提供条件和基础。

随着金税四期的快速推进，以及随着税务大数据的不断深入和渗透，信息共享打破信息孤岛，监管只会越来越严，社保的规范化是必然的趋势，大大推动企业主动合理规范社保缴纳问题。

（四）《中华人民共和国刑法》之逃税罪

《中华人民共和国刑法》第二百零一条 纳税人采取欺骗、隐瞒手段进行虚假纳税申报或者不申报，逃避缴纳税款数额较大并且占应纳税额百分之十以上的，处三年以下有期徒刑或者拘役，并处罚金；数额巨大并且占应纳税额百分之三十以上的，处三年以上七年以下有期徒刑，并处罚金。

扣缴义务人采取前款所列手段，不缴或者少缴已扣、已收税款，数额较大的，依照前款的规定处罚。

对多次实施前两款行为，未经处理的，按照累计数额计算。

有第一款行为，经税务机关依法下达追缴通知后，补缴应纳税款，缴纳滞纳金，已受行政处罚的，不予追究刑事责任；但是，五年内因逃避缴纳税款受过刑事处罚或者被税务机关给予二次以上行政处罚的除外。

六、参考文献

[1] 胡靓. 影视行业从业人员偷逃税问题研究——以F女星为例[D]. 南昌：南昌大学，2020.

[2] 胡立文. 深化以数治税应用 强化税收风险防控 [J]. 税务研究，2021（6）：12-17.
[3] 李平. 运用大数据推动税收监管创新的思考 [J]. 国际税收，2020（12）：54-58.
[4] 李玉玲. 大数据背景下税收风险管控研究 [J]. 产业科技创新，2020（2）：122-126.
[5] 刘蓓颖. 分析大数据时代下的税收风险管理 [J]. 企业科技与发展，2020（1）：150-151.
[6] 孙金泉. 大数据时代下推进税收征管改革的研究 [J]. 发展研究，2021（1）：66-73.
[7] 宋星仪，宋永生. 大数据环境下税收风险管理的路径选择 [J]. 税务研究，2020（3）：99-103.

第六章
审计类课程思政案例

案例十五　知荣明耻　执审为民

思政元素：社会责任感、实事求是、职业精神、工匠精神。
教育目标：引导学生认识审计，树立正确的职业观和人生观；从科学发展的角度了解审计工作及应遵循的职业道德；学习一丝不苟、精益求精的"工匠精神"，面临竞争和困难时要有迎难而上、克服困难的决心和勇气。
教学组织：视频观看、小组分享、自我探究。

一、案例介绍

（一）康美药业与正中珠江会计师事务所简介

1. 康美药业简介

马兴田在 1997 年 6 月 18 日期间出资创立了康美药业集团股份有限公司（以下简称康美药业），于 2001 年在上交所上市，股票简称为 ST 康美，股票代码为 600518。总部位于广东省普宁市，注册资本 5 280 万元。

在国家振兴中医药事业战略指引下，康美药业率先布局中医药全产业链，以中药饮片为核心，以智慧药房为抓手，全面打造"大健康＋大平台＋大数据＋大服务"体系，成为中医药全产业链精准服务型"智慧＋"大健康产业上市企业。公司在全国建立了 17 个中药饮片和医药现代化生产基地，与超过 2000 家医疗机构、20 万家药店建立了长期的合作关系，年门诊总量达到 2.5 亿人次以上，投资管理康美梅河口中心医院、康美开原市中心医院等多家公立医院，在 100 多家公立医院开展医药物流延伸配送服务。康美药业在业务创新上取得突破，业务覆盖智慧药房、OTC 零售、医药电商、移动医疗等，是国家重点高新技术企业，曾是医药板块的"白马股"，市场价值超过千亿元，成为第一家突破千亿元市值的全国性医药企业。

2. 正中珠江会计师事务所简介

正中珠江会计师事务所（以下简称正中珠江）历史悠久，1981 年，正中珠江前身之一的广州会计师事务所是华南地区的首家会计师事务所。2000 年正式创立"正中珠江"品牌，在业界地位卓然不群。正中珠江以中国独立成员所身份正式加入国际会计网络浩信国际（HLB International），可为全球客户提供高质量的会计、审计、税务、咨询等专业服务。

正中珠江总部设立在广州市，在证券期货领域深耕多年，是广东省实力雄厚的知名专业服务机构，行业排名连续多年名列华南地区前茅。正中珠江以未上市公司、金融公司、国有企业等提供审计业务为主，下设 4 家分所，拥有员工 700 多人，注册会计师 200 多人，税务师约 100 人，截至案件发生时所服务的上市公司达到 87 家，康美药业便是其中之一。

自康美药业上市之前，正中珠江从 1997 年到 2000 年为其连续审计了四年的财务报表。继而自 2001 年 3 月 19 日康美药业上市之后直至 2018 年之前，一直出具无保留意见的审计报告，但是 2018 年出具保留意见审计报告。康美药业作为正中珠江的常年稳定客户，双方合作十余年，根据此前审计报告披露显示，2015 年、2016 年、2017 年签字会计师为杨文蔚、张静璃，在 2018 年审计年报中，签字的两名会计师已经更换一人，刘清加入。

（二）康美药业之财务舞弊

康美药业作为医药行业的翘楚，市值曾高达 1 390 亿元，众多股民争相追捧。然而，在 2018 年 10 月，康美药业异常增长的毛利率、存贷双高等各种问题受到了社会强烈质疑，导致康美药业的股票受到极大影响，股价大幅下跌。2018 年 12 月，证监会因康美药业涉嫌信息披露违规对其立案，并进行调查。2019 年 4 月，康美药业发布了《关于前期会计差错更正的公告》。由公告看出，截至 2018 年康美药业多方面都存在账实不符的情况，并说这只是"会计差错"，并不是财务舞弊。这个说法显然没有说服力，经调查，康美药业存在管理层有意财务舞弊行为。

1. 康美药业舞弊的手段

（1）使用虚假单据虚增存款。从 2016 年 1 月 1 日到 2018 年 6 月 30 日，康美药业有虚假记账、不记账行为，并变造、伪造银行对账单，再对营业收入进行造假，来相互配合；伪造销售回款，以此来虚增货币资金，总计金额为 886.8 亿元，在公司被披露的总资产中所占的比例非常高。这一高额货币资金虚增事实打破了大众最初对财务舞弊的认识。

（2）伪造业务凭证。调查显示，康美药业发布的 2016 年至 2018 年的年度报告都存在虚假记载，通过对业务凭证的伪造，使得虚增了营业、利息收入还有营业利润的总额共 291.17 亿元，虚增营业利润 39.36 亿元、多计利息收入共 6.75 亿元。造假的数额如此巨大，也不得不令人感叹。

（3）虚增资产。康美药业在其 2018 年年度报告中声明了之前并未纳入报表的多个工程项目，经过调查，确认这些工程项目并不符合会计的固定条件，固定资产、在建工程分别调增 11.89 亿元、调增 4.01 亿元，投资房地产投资虚增 20.15 亿元。

（4）部分资金转入未予以披露。

从证监会的调查来看，康美药业从 2016 年至 2018 年间均向控股股东和关联方提供非经营性资金共 116.2 亿元用来购买股票、偿还控股股东或支付收购溢价款等，这些行为都是未经决策批准的。

2. 康美药业舞弊的动因

基于舞弊三因素理论，从压力、机会、借口三个维度分析康美药业财务舞弊行为发生的动因。

（1）压力。首先，来自于市场的压力。近年来，在国家政策的支持下，中医药产业的发展环境良好，一直处于积极发展中，但中药饮片业务也面临越来越严格的审查，存在不符合审计标准的公司就会面临被市场淘汰的风险。虽然康美药业的中药饮片业务在该行业中的各项指标都遥遥领先于其他公司，但客户资源少，并且议价能力很强，所以市场份额占比较少，只有3%。该公司不仅处于同行业竞争，还要努力增加自己业务的销售量，承受着巨大的市场竞争压力。并且，越来越多的中医药生产商正在注入资金并开始向上游扩展行业，导致康美药业在中药贸易市场的销售渠道变窄，再加上公司的保健品和食品业务还一直受到国际品牌竞争的影响，公司的医疗服务领域处于成长阶段，也要面临来自公立医院和其他医疗服务机构的竞争。在竞争日益激烈的情况下，公司产品利润率的增长率逐年下降。当由于业绩不佳而面临财务困难时，高级管理层对财务舞弊就会有需求甚至更高。

其次，专业投资机构的期望太过于乐观。近年来，华泰证券和辉立证券等专业的投资机构对康美药业的报告研究后都给予了很高的市场评价。随着我国整个中医药产业链的不断发展，各大评级机构都觉得康美药业的业绩将会一直可持续地高增长，但是这样的预期也给该公司带来了巨大压力。

最后，康美药业使用自有资金来满足债务偿还要求的能力很弱。公司上市后，募集股本融资大约160亿元，债券融资526.5亿元，借款融资123.95亿元。截至2019年4月，康美药业前十大股东几乎将自身手里的所有股份全部质押，共计约20亿股。除此之外，这些年来公司的经营活动现金流量净额都低于扣除非净收入的利润，现金流量比率太低，公司经营活动所产生的现金流量无法满足其债务偿还需求，因此必须扩展外部融资来满足其债务偿还以及生产运营的需求。2016年私募股票发行资金81亿元，2018年分期债券净募集资金34.82亿元，这让管理层受到很大压力。

（2）机会。康美药业拥有大量的非经营资金交易，公司于2018年发起的许多重要关联方交易均未包含在其正常业务范围内，并且关联方之间的非营运资金交易额高达95.8亿元，但2017年仅为6.12亿元，与关联方的大规模营运资金交易使得公司编制了虚假的财务报告。康美药业的中药饮片业务在该行业中相比其他公司要领先很多，是其最具有竞争力的业务类别。所以许多国家科技支持项目也在该公司进行，这个特殊的行业地位为公司进行不公平的虚假交易提供了机会。

康美药业日益复杂的组织结构也为编造虚假报告提供了机会。近年，医药行业经历了重大结构调整，许多公司进行并购，这一手段是行业结构调整常用的。收购了一些优秀的中医药公司，涉及区域愈发广泛，也使得公司面临着跨地区运营挑战。公司内部的监督制度存在不足，2016年和2017年，公司内部治理和控制都存在严重问题，使公司内部的交易管理、资金管理和财务核算出现严重问题，但公司觉得自身的内部控制是有效的，不存在严重问题，这也从侧面说明公司的治理和内部控制存在疏漏。在2018年的内部制度评估中，该公司承认内部控制是存在问题的，不仅是制度方面，资金管理等方面也存在重大缺陷。

（3）借口。康美药业的董事长马兴田还有行贿的历史记录，15年的时间里，曾多次向广东省市政府部门、证监会还有食药监局的领导进行贿赂。与证券中心也来往密切，所赂之事不但和公司发展有关，更是寻求帮助让自己参选人大代表，行贿金额合计高达近 1 300 万元。据中国判决文书网相关内容显示，从 2010 年至 2011 年，马兴田向四川阆中市书记行贿 20 万港元，这直接表明该公司的诚信存在十分严重的问题。

（三）正中珠江的职责履行情况

作为中介服务机构，正中珠江难辞其咎。在审计过程中，康美药业存在多处不合理之处，但正中珠江注册会计师未做出应有的审计判断，未勤勉尽责，未执行进一步的审计程序，精益求精，探索真相，最终导致审计失败。

1. 风险意识不够，职业审慎不高

康美药业的账面上有 340 多亿元货币资金，金额远高于医药制造行业的其他企业，且货币资金与其总资产之比高达近 50%。而其账面上的短期借款却有 110 多亿人民币。公司有足够的资金支持，为什么还存在高额的短期借款？此外，正中珠江发现了康美药业 2018 年年度财务报表中有形资产虚增的问题，发表了保留意见。但对于存货，注册会计师仅将其认定为关键审计事项，审计后认为其列报是无误的。然而，报表中存货的 78% 都是库存商品，并且相比上年期末数，本年期末数大额增加，这显然是不正常的。还有，在康美药业财务报表中，其应收账款占营业收入比例畸高，从 2018 年三个季度来看，赊销比均超过 100%，注册会计师却没有对此产生怀疑。审计正常执业过程中，以上这些情况都应引起审计人员警惕，并予以重点关注，但是正中珠江在执业过程中并未重视，缺乏应有的职业审慎性。

2. 审计程序执行不到位，未获得可靠审计证据

正中珠江对风险如此高的货币资金项目只进行常规函证程序，银行回函的真实性未加以确认，导致函证程序失效。针对于存货，审计师只是制订了普通的监盘计划，而没有将存货作为特殊风险项目来审计，审计人员对存货只是抽样进行监盘，没有怀疑对方提供的存货盘点表的真实和完整，也没有公布抽样监盘的比例。此外，没有对存货在盘点日和资产负债表日之间的变动进行恰当的审计。另外，捷科 SCM3.0 新架构供应链系统为康美药业的业务管理信息系统，金蝶 EAS 系统是康美药业进行账务处理的信息系统。正中珠江相关审计人员明知康美药业捷科系统的存在，未关注捷科系统与金蝶 EAS 系统是否存在差异，未分析差异形成的原因及造成的影响，未实施必要的审计程序。

（四）案件调查过程及结局

1. 证监会的调查与处罚

2018 年 12 月，证监会因康美药业涉嫌信息披露违规对其立案，并进行调查。2019 年 5 月 9 日，证监会向正中珠江开具调查通知书，正式宣布对其进行调查（粤证调查通字，190076 号），正中珠江被立案调查的原因是因其在康美药业的审计业务中涉嫌违反证券相关法律法规。

通过证监会的调查，康美药业在 2016—2018 年度财务报表确实存在虚报数据的情况。这导致康美药业股价一路下跌，中小股东投资损失惨重。2020 年 5 月 13 日，证监会对康美药业大股东及高管马兴田、许冬瑾夫妇警告，处以 90 万元罚款；对主要责任人邱锡伟

给予警告,并处以 30 万元的罚款;对相关责任人庄义清、文少生及马汉耀、林大浩等给予警告并处以 25 万元、15 万元的罚款;不仅如此,还对 6 名主要负责人采取终身证券市场禁入措施,公司总经理和高级管理人员也被勒令 10 年内禁入市场。康美药业于 2019 年 5 月 20 日起主动"戴帽",变更为"ST 康美"并停牌一天,限制股价的日涨跌幅为 5%,以此向广大投资者发出警示。

2021 年 2 月 18 日,证监会对正中珠江审计康美药业这一案件的调查终于落下帷幕。经过长达 21 个月的调查,证监会对正中珠江审计康美药业过程中的未勤勉尽责的情况和违法的事实进行了公布。《中国证监会行政处罚决定书(广东正中珠江会计师事务所、杨文蔚、张静璃、刘清、苏创升)》显示:正中珠江出具的康美药业 2016 年至 2018 年年度审计报告存在虚假记载,2016 年和 2017 年年报审计期间,正中珠江未对康美药业的业务管理系统实施相应审计程序,未获取充分适当的审计证据,正中珠江对康美药业 2016 年至 2018 年财务报表的审计存在缺陷。依据 2005 年《中华人民共和国证券法》第二百二十三条,责令正中珠江进行改正,并且将其在审计业务收入的 1 425 万元没收,除此之外,还要罚款 4 275 万元。对审计该项目的项目组负责人苏创升及项目组成员杨文蔚和张静璃,每人处以 10 万元的罚款,并进行警告;对审计项目组中非核心的人员刘清给予了警告和罚款 3 万元的处罚。

2. 司法机关的判决

证监会将康美药业及相关人员涉嫌犯罪行为移交司法机关后,2021 年 11 月 12 日下午,由广州中级人民法院宣布了对康美药业证券特别代表人诉讼案的一审判决:由中证中小投资者服务中心代表的投资者原告方胜诉,相关被告承担投资者损失。判决书显示,52 037 名投资者获赔 24.59 亿元。除康美药业及其实际控制人和董监高等相关责任人被依法追究责任外,审计机构正中珠江及其合伙人杨文蔚也被法院判决对康美药业债务承担 100% 连带清偿责任,杨文蔚个人承担近 25 亿元债务的 100% 连带赔偿责任。此次判决要求会计师事务所的合伙人杨文蔚承担 100% 的连带赔偿责任还是首次。

二、案例思考

① 请思考何为"工匠精神",寻找生活中的实例说明。

② 请思考审计应该具备哪些职业素养。

③ 请结合自身专业设想你未来可能从事的工作,思考你计划以怎样的态度对待它。

三、活动安排

① 组建小组,讨论并分享从正中珠江审计工作失败中所汲取的经验教训,引导学生树立正确的职业道德观。

② 组织学生观看《大国工匠》视频,了解 10 个工匠"10 双劳动的手"所缔造的神话,并撰写观后感。

③ 开展"工匠精神"为主题的征文活动。

四、案例启示

从 2018 年至 2021 年 11 月 17 日，喧嚣的康美药业财务舞弊案终于尘埃落定。康美药业案幕后实际操纵上市公司的控制人付出沉重代价，实现了"惩首恶"的目标；正中珠江未实施基本的审计程序，严重违反了《中国注册会计师审计准则》《中国注册会计师执业道德守则》等规定，导致康美药业严重财务舞弊未被审计发现，承担 100％的连带赔偿责任，合伙人及签字注册会计师杨文蔚在正中珠江承责范围内承担连带赔偿责任。公正的审判处罚，有利于强化惩恶扬善、扶优限劣的鲜明导向，不断增强市场各方的敬畏之心，共同营造良好市场生态。

作为"经济警察"，审计师的工作应该时时刻刻做到："实、高、新、严、细"。"实"即实事求是，立足实际，注重实践，不包庇做假；"高"即坚持将审计工作以高标准、高质量要求；"新"即要求审计要坚持与时俱进、改革创新、梳理专业思路、运用专业方法；"严"即要求审计坚持做到思想从严、责任落实从严、工作执行从严；"细"即要求开展审计工作做到抓住细处使劲，在落细落小上着力。审计师对待自己的职业应该充满敬畏，做到精益求精，工匠精神便是一种精益求精的工作追求。

工，巧饰也；匠，木工也。工匠指在技艺上有专长或有成就的人。工匠精神就是技有专长的匠人具备的认真负责、精工细作、精益求精的态度和作风，内涵极为丰厚。

工匠精神作为一种可贵的职业素养，集中反映了人们对更优产品、更高品质、更好生活的追求，要提倡工匠精神，鼓励精益求精、崇尚质量、追求卓越。劳模精神（劳动精神、工匠精神），成为第一批纳入中国共产党人精神谱系的伟大精神。在构建新发展格局、推动高质量发展的背景下，弘扬工匠精神，对于培育职业道德、塑造民族精神、提升中国质量至关重要。

大学生是未来高尖端行业的中流砥柱，为了祖国的未来发展，大学生需要也亟需多去钻研，多去学习，多去培养，在提升专业技能的同时提升自己的职业素养和职业操守，不断向优秀的人学习与请教，争创机会，积极参与到实践中，在实践中检验真理，培养与践行工匠精神。

五、知识链接

（一）何为审计

审计是由专职机构或人员接受委托或授权，对被审计单位在一定时期的经济活动及事项，按照法规和一定的标准系统地进行审核检查、收集和整理证据，以判明有关资料与既定标准的符合程度，并出具审计报告的具有独立性的经济监督、评价、鉴证活动，其目的在于确定、解除被审计单位的受托经济责任，加强对被审计单位的管理、控制。

（二）我国的审计监督组织体系

我国审计监督组织体系中包括了国家审计、内部审计和社会审计。

国家审计又称政府审计，是指由政府审计机关执行的审计。政府审计机关主要是依法对国务院各部门和地方各级人民政府及其各部门、国有金融机构、国有企业事业单位以及其他有国有资产的单位的财政、财务收支进行的审计监督。

内部审计是指由本部门或本单位内部设立的审计机构或专门人员实施的审计。单位内部审计是企事业单位内部设置的审计机构或专职的审计人员，对本单位的财务收支及经济活动进行的审计。

社会审计也称注册会计师审计，是指由经有关部门审核批准成立的会计师事务所实施的审计。它是一种委托审计，审计的内容和目的取决于委托人的要求。

三者之间的关系：

（1）三者的共同目标均为加强财政财务管理，维护国家财政经济秩序，促进廉政建设，提高经济效益，保障国民经济健康发展。

（2）三者各自侧重不同。国家审计的目标侧重于维护国家经济秩序，促进廉政建设，改进政府行政管理；内部审计的目标侧重于加强内部管理，提高经济效益；社会审计的目标侧重于提高财务信息的可靠性，维护市场经济秩序，服务于市场经济。

（3）国家审计机关、社会审计组织和内部审计机构的关系：国家审计机关对各部门、国有金融机构和企业事业组织的内部审计机构进行业务指导和监督；对依法独立实施社会审计机构进行指导、监督、管理。

（三）审计职业道德规范

审计职业道德是指审计人员在长期审计工作过程中逐步形成的应当普遍遵守的行为规范。它是为指导审计人员在从事审计工作中保持独立的地位、公正的态度和约束自己行为而制定的；也是为树立良好的职业形象、赢得社会尊重和信赖而制定的。审计人员的职业道德规范包括意识形态内容和客观实际活动内容。意识形态方面的标准不是强制性标准，客观实际活动方面的准则是强制性的，审计人员必须严格遵守，否则就要受到处罚。

（1）《审计机关审计人员职业道德准则》是对审计机关审计人员的职业品德、职业纪律、职业胜任能力和职业责任方面的规范。

职业品德方面，审计人员应依照法律规定的职责、权限和程序进行审计，并遵循国家审计准则；审计人员办理审计事项时应客观公正、实事求是、保守秘密、廉洁奉公、恪尽职守；审计人员在执行职务时，应当保持应有的独立性，不受其他行政机关、社会团体和个人的干涉；审计人员办理审计事项，与被审计单位或者审计事项有直接利害关系的，应当按照有关规定回避。

职业纪律方面，审计人员在执行职务时，应当忠诚老实，不得隐瞒或者曲解事实；审计人员在执行职务特别是做出审计评价、提出处理处罚意见时，应当做到依法办事，实事求是，客观公正，不得偏袒任何一方；审计人员应当合理运用审计知识、技能和经验，保持职业谨慎，不得对没有证据支持的、未经核清事实的、法律依据不当的和超越审计职责范围的事项发表审计意见。

职业胜任能力方面，审计人员应当具有符合规定的学历，通过岗位任职资格考试，具备与从事的审计工作相适应的专业知识、职业技能和工作经验，并保持和提高职业胜任能力，不得从事不能胜任的业务；审计人员应当遵守审计机关的继续教育和培训制度，参加审计机关举办或者认可的继续教育、岗位培训活动，学习会计、审计、法律、经济等方面的新知识，掌握与从事工作相适应的计算机、外语等技能；审计人员参加继续教育、岗位培训，应当达到审计机关规定的时间和质量要求。

职业责任方面，审计人员对其执行职务时知悉的国家秘密和被审计单位的商业秘密，负有保密的义务。在执行职务中取得的资料和审计工作记录，未经批准不得对外提供和披露，不得用于与审计工作无关的目的；审计人员应当遵守国家的法律、法规和规章以及审计工作纪律和廉政纪律；审计人员应当认真履行职责，维护国家审计的权威，不得有损害审计机关形象的行为。审计人员应当维护国家利益和被审计单位的合法权益；审计人员违反职业道德，由所在审计机关根据有关规定给予批评教育、行政处分或者纪律处分。

（2）《内部审计准则第1201号—内部审计人员职业道德规范》主要规定的内容有以下三方面。

① 一般原则：遵守中国内部审计准则和中国内部审计协会的其他规定；不损害国家、组织、内部审计职业荣誉；独立、客观、正直和勤勉；廉洁。

② 专业胜任能力：职业谨慎、沟通能力、专业能力、后续教育。

③ 其他要求：忠诚原则、保密、客观披露。

（3）《中国注册会计师职业道德守则第1号—职业道德基本原则》。

注册会计师职业道德基本原则：诚信、独立、客观、公正、专业胜任能力与应有的关注、保密、良好的职业行为。

诚信是指诚实、守信。诚信要求审计师在审计过程中保持正直和诚实，秉公处事、实事求是。

独立性要求注册会计师执行审计和审阅业务以及其他鉴证业务时，应当从实质上和形式上保持独立性，不得因任何利害关系影响其客观性。

客观和公正要求注册会计师公正处事、实事求是，不得由于偏见、利益冲突或他人的不当影响而损害自己的职业判断。

专业胜任能力与应有的关注是指注册会计师应该通过教育、培训和执业实践获取和保持专业胜任能力；应当保持应有的关注，遵守执业准则和职业道德规范的要求，勤勉尽责，认真、全面、及时地完成工作。

保密性要求注册会计师应当对职业活动中所获知的涉密信息予以保密。

良好的职业行为是指注册会计师遵守相关法律和法规，避免发生任何损害职业声誉的行为。

六、参考文献

[1] 梁冀. 康美案冲击波：看门人"一案破产"真的来了 [N]. 经济观察报，2021-12-06 （013）.

[2] 杨玉. 康美药业审计失败案例研究 [D]. 长春：吉林财经大学，2021.

[3] 张丽君，冯丽丽，胡海川. 财务舞弊动因及经济后果研究——以康美药业为例 [J]. 商业会计，2021（22）：73-80.

[4] 董跃. 正中珠江会计师事务所对康美药业审计失败的案例分析 [D]. 南昌：江西财经大学，2021.

[5] 孙庭阳. 坐视康美造假200亿、宜华生活造假80亿，会计师事务所没做好"看门人"，该如何处罚？[J]. 中国经济周刊，2021（15）：86-87.

[6] 范少星. 从职业道德角度分析正中珠江会计师事务所对于康美药业的审计执行过程和审计报告 [J]. 广西质量监督导报，2020（4）：132，131.

[7] 周标雯. 康美案严惩"首恶"或值得五洋债案再审参考 [N]. 每日经济新闻，2021-12-15（007）.

[8] 中国注册会计师协会. 审计 [M]. 北京：中国财政经济出版社，2022.

案例十六　审计报告的改革

思政元素：科学发展、国际视野、规范意识。
教育目标：通过介绍我国审计报告的改革，让学生学会科学、辩证地洞察事物发展的规律；培养学生创新的思维，开阔学生的国际视野，并引导学生树立规范意识。
教学组织：视频观看、小组讨论、自我探究。

一、案例介绍

（一）改革导火线

20世纪40年代，为了改变审计报告无标准化的格式和内容，无固定的标准用语，不统一审计意见的表达方式和传送方式，措辞方面不甚严谨等一系列问题，从而更好地满足审计报告使用者对审计报告信息的需求，审计报告进行了一次规范化的改革。

这次改革主要是将审计意见作为审计报告的核心部分单独作为一段，放置于审计范围段、管理层的责任段和注册会计师的责任段的后面。在审计报告的意见段中，对其所审计的财务报表的合法性、公允性发表审计意见。其中审计意见包括无保留意见、保留意见、否定意见以及无法表示意见四类，或者分为标准审计意见和非标准审计意见两类。在这种模式下，审计报告的优点在于内容简洁明了、意见直接明确、具有较强的可比性。因此，在过去的很长一段时间内，这种审计报告模式得到了广泛的认可。改革前的标准审计报告参考格式如图6-1所示。

2008年一场席卷全球的金融危机爆发，使得各国经济都受到严重的影响。作为独立的第三方，注册会计师审计的工作受到了不少的争议，其一，审计师掌握了大量的被审计单位的信息，但在其出具的审计报告中呈现给信息使用者的却鲜少，管理层责任段等基本上是套话，信息使用者从中无法获得含金量高的信息量，这就很可能导致在金融危机爆发前无法通过审计报告对企业的经营状况进行预警提示。其二，注册会计师耗费大量人力、物力、财力等完成审计工作，出具的审计报告，在审计报告使用者阅读时，除了解所发布审计报告的审计意见类型外，几乎无法获取更多的相关性信息，也无从了解审计师的重点关注领域及审计程序的安排，这就很可能导致社会公众质疑注册会计师在执业过程中是否真正履行了社会所赋予的监督和鉴证职责。这些争议，使得相关机构开始思考审计报告变革的必要性。

（二）改革的进行

其实，早在2006年时国际审计与鉴证准则理事会（IAASB）就已着手调研报告使用者对标准审计报告的看法。2008年金融危机爆发的反思，加快了改革的进程。2011年5月IAASB发布了咨询报告《增强审计报告的价值：探索变革的途径》，进一步征询公众对改进审计报告的意见。同时，美国公众公司会计监管委员会（PCAOB）、欧盟委员会（EC）等机构提出：出于改进公司报告的需要，有必要对审计报告进行改进。

审计报告

ABC 股份有限公司全体股东：

我们审计了后附的 ABC 股份有限公司（以下简称 ABC 公司）财务报表，包括 20×1 年 12 月 31 日的资产负债表、20×1 年度的利润表、股东权益变动表和现金流量表以及财务报表附注。

一、管理层对财务报表的责任

按照企业会计准则和《××会计制度》的规定编制财务报表是 ABC 公司管理层的责任。这种责任包括：(1) 设计、实施和维护与财务报表编制相关的内部控制，以使财务报表不存在由于舞弊或错误而导致的重大错报；(2) 选择和运用恰当的会计政策；(3) 作出合理的会计估计。

二、注册会计师的责任

我们的责任是在实施审计工作的基础上对财务报表发表审计意见。我们按照中国注册会计师审计准则的规定执行了审计工作。中国注册会计师审计准则要求我们遵守职业道德规范，计划和实施审计工作以对财务报表是否不存在重大错报获取合理保证。

审计工作涉及实施审计程序，以获取有关财务报表金额和披露的审计证据。选择的审计程序取决于注册会计师的判断，包括对由于舞弊或错误导致的财务报表重大错报风险的评估。在进行风险评估时，我们考虑与财务报表编制相关的内部控制，以设计恰当的审计程序，但目的并非对内部控制的有效性发表意见。审计工作还包括评价管理层选用会计政策的恰当性和作出会计估计的合理性，以及评价财务报表的总体列报。

我们相信，我们获取的审计证据是充分、适当的，为发表审计意见提供了基础。

三、审计意见

我们认为，ABC 公司财务报表已经按照企业会计准则和《××会计制度》的规定编制，在所有重大方面公允反映了 ABC 公司 20×1 年 12 月 31 日的财务状况以及 20×1 年度的经营成果和现金流量。

××会计师事务所　　　　　中国注册会计师：×××
（盖章）　　　　　　　　　　（签名并盖章）

　　　　　　　　　　　　　中国注册会计师：×××
　　　　　　　　　　　　　　（签名并盖章）

中国××市　　　　　　　　　二〇〇二年×月×日

图 6-1　改革前的标准审计报告参考格式❶

2015 年 1 月，国际审计与鉴证准则理事会发布了一系列新制定和修订的审计报告准则，其目的是大力加强审计报告对投资者和其他财务报告使用者的效用，为其决策提供更多有用信息。IAASB 还认为，改进审计报告将增进审计师与投资者之间的沟通，以及审计师与治理层之间的沟通。新制定和修订的审计报告准则将对会计期间截止日为 2016 年 12 月 15 日及之后的财务报表审计生效。

本次改革中，制定（修订）了以下国际审计准则（ISAs）。

（1）修订 ISA700——对财务报表形成审计意见和出具审计报告。

（2）制定 ISA701——在独立审计师报告中披露关键审计事项，对关键审计事项的判断和沟通进行规范。

（3）修订 ISA705——在独立审计师报告中发表非无保留意见。

（4）修订 ISA706——在独立审计师报告中增加强调事项段和其他事项段。

（5）修订 ISA260——与治理层的沟通。

（6）修订 ISA570——持续经营。

（7）修订 ISA720——注册会计师对含有已审计财务报表的文件中的其他信息的责任。

（8）因上述修订而对其他数项审计准则做出的符合性修订。

在所作的多项改进中，最大的变化是要求审计师在为上市公司财务报表出具的审计报

---

❶ 资料来源：《中国注册会计师审计准则第 1501 号——审计报告》指南（征求意见稿）2006.8。

告中就关键审计事项进行沟通。

世界各国、各个准则制定机构相继对审计报告进行了改革，我国也启动了对审计报告的改革。2015 年 8 月 31 日，香港会计师公会发布了与国际审计准则（ISA）相对应的新制定和修订的审计报告准则，且生效日期相同。2016 年 1 月 8 日，中国注册会计师协会发布了多项新制定和修订的审计准则征求意见稿，并按照准则国际趋同的要求，着手制定（修订）我国相关审计准则。

（三）中国的审计报告 2.0

2016 年 12 月 23 日，中国财政部批准并发布了 12 项新审计报告准则。12 项准则包含三类：一类是 1 项新制定的审计准则——《中国注册会计师审计准则第 1504 号—在审计报告中沟通关键审计事项》，这项准则是新审计报告准则体系的核心；第二类是对内容进行了实质性修订的 6 项审计准则，包括《中国注册会计师审计准则第 1501 号—对财务报告形成审计意见和出具审计报告》《中国注册会计师审计准则第 1502 号—在审计报告中发表非无保留意见》《中国注册会计师审计准则第 1503 号—在审计报告中增加强调事项和其他事项段》《中国注册会计师审计准则第 1151 号—与治理层的沟通》《中国注册会计师审计准则第 1324 号—持续经营》《中国注册会计师审计准则第 1521 号—注册会计师对其他信息的责任》；第三类是仅对文字进行调整的 5 项审计准则，包含《中国注册会计师审计准则第 1111 号—就审计业务约定条款达成一致意见》《中国注册会计师审计准则第 1131 号—审计工作底稿》《中国注册会计师审计准则第 1301 号—审计证据》《中国注册会计师审计准则第 1332 号—期后事项》《中国注册会计师审计准则第 1341 号—书面声明》。

作为新审计报告准则的核心内容，《中国注册会计师审计准则第 1504 号—在审计报告中沟通关键审计事项》规定，除出具无法表示意见的审计报告之外，注册会计师需要在审计报告中披露关键审计事项。

关键审计事项，是指注册会计师根据职业判断认为对本期财务报表审计最为重要的事项。关键审计事项从注册会计师与治理层沟通过的事项中选取，此外还要包括认定其是审计中最为重要的事项之一的原因以及该事项在审计中的应对情况，包括应对措施、诚信概览和结果，注册会计师对事项的看法等。通过关键审计事项，审计报告使用者可以了解企业的潜在风险、审计师的具体工作内容以及审计应对措施等在以前的审计报告中获取不到的信息。

为确保新审计报告准则能够平稳顺利实施，采取分批、分步骤实施的方案。自 2017 年 1 月 1 日起，首先在 A+H 股公司以及纯 H 股公司按照中国注册会计师审计准则执行的审计业务实施；自 2018 年 1 月 1 日起扩大到所有被审计单位，其中，主板、中小板、创业板上市公司，IPO 公司，新三板公司中的创新层挂牌公司，以及面向公众投资者公开发行债券的公司执行新审计报告准则的所有规定，对其他企业的审计暂不执行仅对上市实体审计业务的规定。同时，允许和鼓励提前执行新审计报告准则。至此，我国注册会计师出具审计报告时简单套用标准化模板的审计报告模式成为历史，实现了与国际的趋同。选取 M 股份有限公司 2020 年度部分审计报告为例介绍。

审计报告

M 股份有限公司全体股东：

一、审计意见

我们审计了 M 股份有限公司（以下简称"M 公司"）的财务报表，包括 2020 年 12 月 31 日的合并及公司资产负债表，2020 年度的合并及公司利润表、股东权益变动表和现金流量表以及相关财务报表附注。我们认为，M 公司的财务报表在所有重大方面按照企业会计准则的规定编制，公允反映了 M 公司 2020 年 12 月 31 日的合并及公司财务状况、2020 年度的合并及公司经营成果和现金流量。

二、形成审计意见的基础

我们按照中国注册会计师审计准则的规定执行了审计工作。审计报告的"注册会计师对财务报表审计的责任"部分进一步阐述了我们在这些准则下的责任。按照中国注册会计师职业道德守则，我们独立于 M 公司，并履行了职业道德方面的其他责任。我们相信，我们获取的审计证据是充分、适当的，为发表审计意见提供了基础。

三、关键审计事项

关键审计事项是我们根据职业判断，认为对本期财务报表审计最为重要的事项。这些事项的应对以对财务报表整体进行审计并形成审计意见为背景，我们不对这些事项单独发表意见。我们对下述每一事项在审计中是如何应对的描述也以此为背景。我们已经履行了本报告"注册会计师对财务报表审计的责任"部分阐述的责任，包括与这些关键审计事项相关的责任。相应地，我们的审计工作包括执行为应对评估的财务报表重大错报风险而设计的审计程序。我们执行审计程序的结果，包括应对下述关键审计事项所执行的程序，为财务报表整体发表审计意见提供了基础。

关键审计事项	该事项在审计中是如何应对的
1. 销售收入的确认	
M 公司 2020 年房产销售收入为人民币 550 637 167.38 元，占 2020 年营业收入总额的 90.18%。M 公司销售收入在买方接到书面交房通知书后，在约定的期限内交付房产时，或者买方接到书面交房通知书后，在约定的交房期限内无正当理由拒绝接收的，于书面交房通知约定的交付期限结束时，确认收入的实现。由于房地产开发项目的收入对 M 公司的重要性，我们将房地产销售收入确认识别为关键审计事项。	我们在审计过程中对房地产销售收入确认执行了以下程序： (1)评价与房地产销售收入确认相关的关键内部控制设计和运行有效性。 (2)检查 M 公司的房产标准买卖合同条款，以评价公司有关房地产销售收入确认的政策是否符合相关会计准则的要求。 (3)就本年结转房地产销售收入的项目，选取样本，将其单平方平均售价与从公开信息获取的单平方售价比较是否存在重大差异。 (4)就本年结转房地产销售收入的项目，选取样本，检查买卖合同、收款凭据以及入户通知书等支持性文件，核实相关收入是否已按照公司的收入确认政策执行。 (5)就资产负债表日前后确认房地产销售收入的项目，选取样本，检查可以证明房产已达到交付条件的竣工验收报告、业主签字确认的物业签收单、寄出入户通知书的快递单，核实相关房地产开发项目销售收入是否在恰当的期间确认。

续表

关键审计事项	该事项在审计中是如何应对的
2. 存货的可变现净值的评估	
截至 2020 年 12 月 31 日，M 公司存货中拟开发土地、开发产品和开发成本的账面余额合计人民币 802 168 045.78 元，占资产总额的比例为 68.08%。存货按照成本与可变现净值孰低计量。确定存货的可变现净值涉及包括对估计售价、估计的销售费用和相关税费，以及在建开发物业至完工时估计将要发生的成本作出的重大会计估计。鉴于存货的账面金额重大，以及估计存货项目达到完工状态时将要发生的建造成本和未来净售价涉及重大会计估计，特别是考虑到当前经济环境下推出的各种应对房地产市场调控措施以及部分存货项目存在建造或销售放缓情况的可能影响，我们将存货的可变现净值的评估识别为关键审计事项。	我们在审计过程中对存货的可变现净值的评估执行了以下程序： (1)选取样本对开发项目进行实地察看，询问项目开发进度。 (2)将预计售价与市场近期交易价格进行比较，参照同一项目的预售单价或具有类似规模、用途及地点的可比较物业的现行市场价格。 (3)将估计的销售费用及相关税费与已售项目实际发生的销售费用及相关税费进行比较。 (4)将在建开发物业至完工时估计将要发生的成本与管理层所批准的预算进行比较，并对大额已签署的施工合同进行抽查或与 M 公司同类竣工物业的实际成本进行比较。

四、其他信息

××××。

五、管理层和治理层对财务报表的责任

××××。

六、注册会计师对财务报表审计的责任

××××。

××会计师事务所（特殊普通合伙）

中国注册会计师：张××

（项目合伙人）中国注册会计师：李××

中国 北京 2021 年 3 月 15 日

通过对比改革前后标准审计报告内容与规范，不难看出，关键事项说明在审计报告中起到一个强调突出的作用，结合企业的特征，将企业中最容易出现问题或者最容易操控的部分单独地列示出来，做出重点的说明，并且对相应的关键事项的审计方法加以说明，也使得信息使用者对审计的履职有所了解。

（四）审计报告改革带来的变化

为推进我国经济的全球化发展，促进我国审计行业的发展，审计报告准则与国际趋同，必将带来积极的变化。

首先，随着披露关键审计事项要求的执行，审计报告的信息含量增大，增加了信息的透明度，更有利于信息使用者做出合理的决策。其次，随着新审计报告准则的实施，注册会计师对审计报告的责任感将增强。改革前审计报告中最核心的内容是审计意见，审计意见是注册会计师工作的核心成果，也是审计报告使用者最关心的。而在审计报告改革之后，除审计意见之外，注册会计师披露的关键审计事项意味着其需要承担披露这些事项的责任，同时也要承担披露其审计应对步骤的责任，即是否采取了合理、充分的审计应对措施，这些都会加强注册会计师对审计报告的责任感。最后，为尽快掌握并履行新审计报告准则，相关政策单位及会计师事务所需要开展相应的培训，从而提升审计人员的专业技能。

当然，新审计报告准则的发布与实施也同时会带来一些挑战。从会计师事务所角度来看，新审计报告相关准则要求注册会计师增加针对关键审计事项的工作底稿，并在对财务报表形成审计意见后，就在审计报告中披露的关键审计事项与审计报告使用者进行沟通。因此，注册会计师不仅要向审计报告使用者报告审计结果，还要报告审计报告加工过程中的关键环节，这无疑会加大注册会计师的工作量。从审计信息使用者角度看，注册会计师在审计报告中披露的关键审计事项用专业化、精准化的语言进行描述与形容，对于非会计与审计专业的审计报告使用者来说，可能对审计报告中出现的专业知识难以理解。虽然审计报告中披露了更多的信息，但可能会使得投资者等报告使用者无法理解这一些增量信息，从而无法对其投资决策起到有效的作用。

二、案例思考

① 请思考我国审计报告准则进行改革的背景。

② 请结合科学发展观的内涵及"创新、协调、绿色、开放、共享"的新发展理念，思考其在我国审计报告改革进程中如何体现。

③ 请思考我国审计国际化趋同的必然性及可能存在的挑战。

三、活动安排

① 观看审计的产生与发展相关视频，引导学生树立科学发展观和职业规范意识。

② 组建小组，以"大学生国际视野培养的必要性"为话题进行讨论和观点分享，引导学生思考具有国际视野的重要性。

③ 以"拓展我的国际视野"为题，手工绘制实现路径图。

四、案例启示

国际视野是指用世界性、全球化、开放性、包容性、本土化和民族化的眼光和见识看待事物的现象和本质，把握事物的发展规律，从而促进事物发展。我国审计报告正是坚持与时俱进的理念，积极大胆做出改变，顺应国际审计报告的发展趋势，不断提升审计报告水平。

当今世界，国际合作日趋紧密，国家的发展尤其需要更多具有国际视野的高素质人才。当代大学生是祖国的未来和民族的希望，大学生是否具有国际视野对于国家的发展尤为重要。培养大学生的国际视野也有益于世界文明的进步。不同肤色、不同种族有着不同的文化、习俗和教育背景。大千世界，千差万别，当代大学生在尊重个性化的同时，也要有包容文化多样性的气度和胸怀，方能放眼全球，开阔国际眼界。

培养大学生的国际眼界，使其具有正确的国际视角，让大学生更广泛地涉猎世界历史，了解世界文化的多样性，并创造条件让更多的大学生走出国门，与国际青年加深沟通和了解，使其在交流互动中增进彼此之间的理解；在放眼全球的同时，批判性地吸收当今世界先进文化；在努力提升综合素质的同时，培养胸怀天下的气度，以宽容、理性、包容的心态面向未来。

五、知识链接

（一）审计报告的含义

审计报告是指注册会计师遵循审计准则的规定，通过执行必要的审计程序，获得充足的审计证据后，对被审计单位财务报表发表审计意见的书面文件。审计报告是注册会计师完成审计工作后向委托人提交的最终产品，具有法定证明效力。

（二）审计报告的意义

注册会计师在实施必要的审计程序后，以经过核实的审计证据为依据，形成审计意见并出具审计报告，该审计报告对于各方关系人来说都具有十分重要的意义。

1. 审计报告是审计工作情况的全面总结汇报，说明审计工作的结果

注册会计师审计目标的实现途径是实施审计程序，而审计目标的实现结果是通过审计报告来反映的。审计报告反映委托方的最终要求，也反映审计方完成任务的工作质量，同时也是对被审事项的评价和结论的集中体现。

2. 审计报告是一份具有法律效力的证明性文件

注册会计师的审计行为是依法进行的，审计结果按照法律的规定既要对委托人负责，还要对其他相关的关系人负责。审计报告本身要对被审会计报表的合法性、公允性和会计处理方法一致性表示意见，各方面关系人以这种具有鉴证作用的意见为基础，使用会计报表进行决策。因此，审计报告中的审计意见必须具有信服力、公正性和严肃性，具备法律效力，否则，委托人和各方面的关系人就无须使用审计报告。审计报告的法定效力体现在各方面关系人使用审计报告的过程中。

3. 审计报告是一种公开的信息报告

作为信息报告的一种，审计报告不仅可以被审计委托人和被审计单位管理当局按规定范围使用，而且相关的债权人、银行等金融机构、财政部门、工商部门、税务部门和社会公众等都可以使用审计报告，并从中获得对有关项目公允反映程度的公正信息。

（三）审计报告的作用

注册会计师签发的审计报告，主要具有鉴证、保护和证明的作用。

1. 鉴证作用

注册会计师是以超然独立第三者的身份对被审计单位会计报表所反映的财务状况、经

营成果和资金变动情况是否合法、公允和一致发表自己的意见,这种客观意见得到政府及其各部门和社会各界的普遍认可,客观上起到了鉴证作用。

2. 保护作用

注册会计师出具不同意见类型的审计报告,以提高或者降低会计报表使用者对会计报表的信赖程度,能够有效地保护被审计单位的财产、债权人和股东的权益以及企业利害关系人的利益。

3. 证明作用

注册会计师通过签发审计报告,可以证明(或表明)审计工作的完成质量和注册会计师的审计责任,可以证明注册会计师在审计过程中是否实施必要的审计程序,是否以审计证据为依据发表审计意见,发表的意见是否客观和真实,同时通过审计报告还可以证明注册会计师审计责任履行情况。

(四)审计报告的分类

审计报告根据不同的分类标准,有不同的分类。按照审计报告的性质可以分为标准审计报告和非标准审计报告;按照审计报告使用目的可以分为公布目的审计报告和非公布目的审计报告;按照审计报告的详略程度可以分为简式审计报告和详式审计报告;按审计报告的格式可分为文字说明式审计报告与表格式审计报告。此处,对第一种分类展开介绍。

标准审计报告是指包括标准措辞的无保留意见的审计报告,不附有任何强调事项段、其他事项段或修正用语。非标准审计报告是指带有强调事项段、其他事项段的无保留意见的审计报告、保留意见的审计报告、否定意见的审计报告、无法表示意见的审计报告。

(五)审计报告的要素

审计报告一般包含的要素有:标题、收件人、审计意见、形成审计意见的基础、管理层对财务报表的责任、注册会计师对财务报表审计的责任、履行其他报告责任、注册会计师的签名盖章、会计师事务所的名称、会计师事务所的地址、会计师事务所的盖章、报告日期。需要在报告中列示的与持续经营相关的重大不确定性、关键事项等在管理层对财务报表审计的责任前列示。

六、参考文献

[1] 王慧. 注册会计师审计报告模式改革及国际比较 [J]. 财会月刊,2017(13):125-128.

[2] 李籽佳. 关于我国审计报告改革的初步研究 [J]. 时代金融,2020(9):99-100.

[3] 国际审计与鉴证准则理事会就审计报告改革方案公开征询意见 [J]. 中国注册会计师,2012(7):129.

[4] 国际审计与鉴证准则理事会完成审计报告改革 [J]. 中国注册会计师,2015(3):27-28.

[5] 王红光,夏松池,张春友,等. 审计报告的新变化 [N]. 湖北日报,2010-09-08(002).

[6] 杨开元,霍晓艳,刘斌. 新审计报告准则提高了会计信息可比性吗?——基于关键审计事项的讨论 [J]. 中国注册会计师,2020(11):45-52,3.

[7] Nicky Burridge, Gianfranco Bonadies. 新准则推动质量管理水平 [J]. 新理财,2021(6):75-78.

[8] 张耀灿. 大学生思想政治教育国际化视野研究的开创性力作——《国际化视野下大学生思想政治教育创新发展研究》评介 [J]. 学校党建与思想政治教育,2015(5):96.

案例十七　守正创新：数字化审计到来

思政元素：科学发展观、危机意识、责任意识、创新精神。
教育目标：在了解企业审计数字化转型的基础上，引导学生以科学发展观看问题、看世界、看未来，培养学生善于因时制宜、知难而进、开拓创新的精神，树立危机意识与责任感。
教学组织：辩论、自我探究。

一、案例介绍

随着大数据、云计算、智能化技术的快速普及应用，有效利用信息化技术和手段实施内部审计已经成为现代内部审计技术发展的主流方向。信息化技术的运用很大程度上提高了内部审计的能力、质量和效率，在实现审计监督的广度和深度方面都起到了非常积极的推动作用。在2020年度的甫瀚系列丛书《全球内部审计》第16卷中，作为中国领先企业代表——顺丰的首席审计官刘国华分享公司开展数字化审计方面的成功经验。

（一）公司简介

1993年3月，王卫在广东顺德成立了顺丰速运（集团）有限公司（简称顺丰速运），2016年12月12日，顺丰速运取得证监会批文获准登陆A股市场，2017年2月24日，正式更名为顺丰控股（简称顺丰），股票代码002352。顺丰系国内领先的快递物流综合服务商，立志于为客户提供一体化的综合物流解决方案。顺丰不仅提供配送端的高质量物流服务，还延伸至价值链前端的产、供、销、配等环节，从客户需求出发，利用大数据分析和云计算技术，为客户提供仓储管理、销售预测、大数据分析、结算管理等一体化的综合物流服务。同时顺丰还是一家具有网络规模优势的智能物流运营商。顺丰拥有通达国内外的庞大物流网络，是一家具有"天网＋地网＋信息网"三网合一、可覆盖国内外的综合物流服务运营商。

顺丰的发展至今大致经历了五个时期：1993—1997年是创业起步期，也是顺丰的业务整合期。依托珠三角城市群创业起步。1998—2001年是高速成长期，开始走出华南，走向全国，迎来高速成长。2002—2007年是管理优化期，成立总部，全面提升管理能力，规范网络，让客户感受更优质的服务。2008—2012年是竞争领先期，建立自有航空公司，逐步开拓国际市场，强化快递竞争优势。2013年至今是战略转型期，优化组织职责分工，围绕客户经营转型，提供一体化供应链解决方案，巩固B2B快递领先地位，开始发力电子商务快递，向更高的目标进发。

（二）传统审计下的痛点

顺丰内部审计部门最早成立于1998年，该部门主要围绕传统的年度审计计划展开，同时根据以往的审计结果和管理层意见，对公司的具体领域展开审计。该部门设置的目的是促进公司内部控制的建立健全，规范公司经营行为，实现有效控制成本，改善经营管理，规避经营风险，增加公司价值。当前，顺丰在董事会下设审计委员会，制定审计委员会工作细则并予以披露。审计委员会下设内部审计部门，内部审计部门独立开展内部审计、督查工作，向审计委员会报告工作。

随着公司业务的不断发展和技术能力的提升，公司的内部审计部门也面临巨大挑战。2020年7月15日，智能财会研究院主导的智能财会系列公益讲座第八期成功举办。顺丰集团首席审计官刘国华分享了主题为《数字化设计模式设计与应用》的内容，刘国华认为目前内部审计面临着一些急需解决的问题，这些问题也是顺丰在传统审计下存在的痛点。

第一方面，风险变化越来越快，内部审计一直在"追"。随着行业的快速发展，作为业内领先企业，要做到在变革中求生存，不断地历经脱胎换骨才能凤凰涅槃，顺丰深知这个道理。顺丰从加盟模式到全面直营模式；从传统的物流转向航空运输领域，更是将自主航空投入运营；从国内发展到国际业务；业务板块从物流模块进一步扩大至金融和商业领域。顺丰不断涌现的新业务，不断变化的新模式，也对内部审计提出了更高的质量要求。为了保证审计质量，帮助提升各部门的职能，实现企业对内部审计部门的价值期望，审计在变革中一度处于"追赶"的角色，这使得内部审计团队应接不暇，倍感压力。

第二方面，审计资源的限制。随着技术的发展，企业各个职能部门管理水平不断提升，需要审计部门持续地发挥内部审计的价值，但内部审计面临着技术手段匮乏、审计方案不完善等一系列问题。即使审计团队超负荷工作，对于梳理的几百个风险点的测试也仅是完成了几十项，审计资源的匮乏，导致审计效率低下，审计人员信心受挫。

第三方面，审计人员知识与技能参差不齐，且审计工作中呈现出极强的专业局限和个人偏好。刘国华举例说道：财务背景的同事总是聚焦货款回收和往来清理，车管背景的同事报告中全是车辆维修，这让审计团队无法实现对被审计单位进行系统的风险评估。

（三）创新突围之路

为解决顺丰内部审计面临的问题，顺丰审计团队在变革中求生存，变革传统的审计模式，实现审计风险的自动评估、审计线索的自动输出，通过作业平台落地监控思路，使得审计项目管理可视化，进一步为审计价值持续增值提供源源不断的动力。

1. 内部审计数字化模式

顺丰搭建数字化审计平台，即"审计分析—监督—作业"三位一体的系统平台。该系统平台全面覆盖顺丰物流、金融、商业业务板块的底层真实数据，不仅包含财务提供的数据，还包括了对端到端流程、系统的全面检测，还在"业务风险研究"成果的基础上建立"审计风险框架"，明确监控的方法。

三位一体的系统平台的第一个平台是"数据分析平台"，顺丰审计团队以这个平台为工具，采集各业务板块数据，通过对大数据的分析挖掘，对风险系统化监控的逻辑进行探索和验证，明确监控规则；第二个平台是"审计监控平台"，顺丰审计团队将风险监控逻辑融入其中，按既定的周期自动运算，通过"人工智能"规则，自动化输出审计线索；第三个平台是"审计作业平台"，顺丰审计团队将审计线索集成至该平台，自动运算实施风险评估，根据风险评估的结果，驱动审计计划和任务，进入标准化审计实务环节后，审计人员可在审计底稿界面查询线索的具体描述，对线索进行核实与记录，实现对风险的闭环监控。

2. 创新内部审计技术

"工欲善其事必先利其器",数字化内部审计离不开技术的支撑。顺丰审计部引入先进的审计技术,包括数据分析、流程挖掘和机器人流程自动化(RPA),利用信息化的工具技术发挥审计价值,对传统审计流程进行全面改革,构建基于风险的并且可以实现持续审计的审计流程。顺丰审计团队创建了一个关于新供应商的风险评级的自动描绘新供应商风险画像流程,这个流程是项目团队收集并分析了大量与现有供应商风险预测相关的数据,并为公司相关业务部门创建了一套与风险相关的规则,每当新供应商提交信息后,公司便可利用这个流程进行风险评级,通过与已有的供应商风险水平比对,业务部门便可进行择优的选择。

3. 创新内部审计组织结构

顺丰审计部门的组织架构会伴随公司的不同发展阶段及对内部审计的不同要求而进行调整。刘国华表示顺丰进行内部审计组织架构调整的理念是:以内部审计的价值链为基础,以充分发挥价值链上的关键价值点为目标,建立一个关键价值点之间端到端的流程和组织体系。最新一次调整后,除监察处之外,组织架构中的审计部门主要有风险研究处、数字化审计处和审计管理处。风险研究处主要工作是分析研究相关领域的风险,并与集团、子公司、具体业务结合起来,进而全面深入地揭示组织和业务的真实风险状况。数字化审计处主要职责是将识别的风险表现到具体的数据中,建立数据分析模型,利用平台和工具,实时监控审计风险的信号,发现有可能直接产生的审计线索。审计管理处主要有两大职能:一是对审计项目进行管理;二是年初做审计计划并根据实际情况进行调整。

4. 优化内部审计的团队管理

刘国华强调,成功推动内部审计持续转型的促进因素往往是人与人的互动。他认为不管采用何种技术手段推动创新,内部审计转型最重要的根本还是团队。要非常重视招募和培养具有沟通能力、业务敏锐度、数据思维和专业技能的员工。审计师不需要拥有与IT同事相同的技能,但是应该能够以数据驱动的方式开展工作。

自从顺丰的内部审计开始转型后,能更快地响应业务和风险变化。公司更新了现有的主题数据包,并在审计中端创建了新的数据包以推动审计项目。预计在不久的将来,由数据和模型驱动的审计项目的比例将持续增加,占比超过原始的审计计划。与此同时,审计项目的周期更短,聚焦风险更迅速,对风险实施全覆盖,做到及时监测风险并对风险实施精确跟踪。而且,审计沟通方式更加广泛。审计结果不再是一份冗长的审计报告,而具多种灵活的类型,包含了审计报告、备忘录和风险提示函。针对审计过程中发现的问题分析研究其产生的原因并切实提出具有前瞻性的、有深度的反馈和建议,有效发挥出内部审计的咨询职能。

(四)顺丰数字化审计的运用:散单挂月结

1. 风险分析

根据企业年报以及其他资料显示,目前顺丰把客户大致分为月结客户和散单客户两种。月结客户一般以月为单位,需要客户保证稳定的发件数量和一定的消费金额。由于办理月结客户的条件相对较高,月结客户的总人数增长缓慢,根据2020年报显示,公司月结活跃客户达 150 万。散单客户包括有一定的发件数量但尚未到达月结客户标准的客户，以及大量的寄件频次较低的个人客户。这种划分方法单纯地考虑了客户的价值。

站在客户的角度来看，顺丰给予月结客户一定的运费折扣和结算账期，而散单客户则需要现场全价付款，在此情况下，快递员或者是客户，出于利益动机，有可能出现将散单客户的快递挂靠在月结客户名下的情形，以达到截留货款、挪用公款、骗取更高折扣或赚取价格差等不良动机，对顺丰的利益危害较大。

2．审计监控模型的建设

审计团队针对上述风险分析首先会进行关联方动机分析，如销售员可能以更高折扣吸引客户，提高销售业绩；收派员可能利用这一手段挪用公款或赚取差价；而客户可能以量博取更高的折扣，或赚取差价等。然后，进行场景重建，即业务场景的穿透，分析三者涉及违规的业务环节，以及违规行为可能具有的特征，例如，合同签订环节，如果要做到有利可图，必须使用折扣率高的客户来造假；收派环节，散单客户的特征是分散性、多样性，而月结客户的特征是集中性；收款环节，一般月结客户是按月一次性网银转账，如果存在违规行为，可能会存在现金支付、多次支付等特征。最终，审计团队结合业务特征，获取各业务系统的相关数据，实施数据挖掘。例如自销售系统，可以获取来自客户的收入、折扣信息；自收派系统，获取客户的运单信息；自财务结算系统，获取客户的付款信息等。然后使用关联分析法确定具体的风险域及阈值。

3．发现审计线索，追踪审计

顺丰的散单挂月结模型上线后，顺丰审计团队可以一次性监控全网所有地区的异常客户，及其存在问题的具体运单的详细信息，在现场审计中，审计员根据平台输出的线索，再电话抽样访谈几个客户，即可锁定问题。

二、案例思考

① 结合顺丰审计部门的创新之作，思考并举例说明创新给各行各业带来的影响。
② 作为当代大学生，请结合自身思考如何解放思想，开拓创新，落实科学发展观。

三、活动安排

① 结合生活中的感悟，对"审计是鱼，数据是水"的理解。
② 组织辩论：当代大学生更应该培养自豪感还是危机感。

四、案例启示

伴随着经济的迅猛发展，进入了新消费时代，快递行业在复杂多变的经济环境下呈现出了良好的发展态势，随着不断变化的技术和环境，也面临了多变的风险。顺丰审计部门立足部门价值与责任，根据自身特点在内部审计模式、技术、组织架构、人才管理等方面进行了创新。从传统的审计踏上了数字化审计的转型之路，更全面、更深入地覆盖风险，推动与业务部门更紧密的合作。这是顺丰审计部门在危机与责任意识中开拓创新，实现与时俱进的阶段性胜利。

作为当代大学生，也要树立危机意识，做到正确地评价和定位自己，分析自身的优势和劣势，对自身有清楚的认识；认真分析当前和未来可能会面临的挑战和机遇，不断提升自身能力和水平，努力实现自己的人生目标。同时，大学生也要不断增强自身的使命感和责任感，不畏困难。

大学生应当重视自身创新意识及能力的培养。在持续积累扎实基础知识的同时，要敢于打破常规，提出新的观点和尝试新的方法；要主动参与到科研、竞赛等各类创新活动中，积极利用大学里的资源培育和激发创新灵感，并主动予以实践。

五、知识链接

为了适应不同的经济和技术环境，数字化审计的内涵可能会为适应外部要求而进行调整，因此也就有了不同的名称，但是其核心目的还是增强能力、提升效率、降低成本、创造价值；审计的对象是计算机信息系统，分析的是电子数据，运用的是数据分析方法，工具是电脑，产生的是电子数据。名称的变化只是反映了数字化审计不断进化的过程。梳理与数字化审计有关的部分专业术语，为后续的学习打下基础。

（一）计算机辅助审计

计算机辅助审计的全称为计算机辅助审计工具与技术（Computer Assisted Audit Tools and Techniques，CAATT），《国际审计准则第 16 号：计算机辅助审计技术》给出的定义：在电子数据处理环境中，审计程序的应用可能要求审计人员考虑使用计算机作为审计的工具，这方面的各种计算机使用技术即称之为计算机辅助审计技术。

审计署于 1996 年 12 月 19 日发布的《审计机关计算机辅助审计办法》中对计算机辅助审计的定义：它是指审计机关、审计人员将计算机作为辅助审计工具，对被审计单位财政、财务收支及其计算机应用系统实施的审计。

（二）信息系统审计

信息系统审计（Information System Audit，ISA）是指对计算机系统的审计。国际信息系统审计和控制协会对信息系统审计的定义如下：信息系统审计是搜集和评估证据，以确定信息系统和相关资源能否适当地保护资产、维护数据完整、提供相关和可靠的信息、有效完成组织目标、高效率地利用资源并且存在有效的内部控制，以确保满足业务、运作和控制的目标，在发生非期望事件的情况下，能及时阻止、检测和更正的过程。

（三）数据式审计

审计署前副审计长石爱中认为，数据式审计不同于以往任何一种审计模式，它直接将电子数据作为审计对象，不必再将其转换成规定的电子账套。数据式审计模式分为两种：一种是数据基础审计模式；另一种是数据式系统基础审计模式。由于数据式系统基础审计模式包括系统内部控制和电子数据两类对象，更符合审计实践，因此数据式审计就是指数据式系统基础审计，它是以系统内部控制测评为基础，通过对电子数据的收集、转换、整理、分析和验证，来实现审计目标的审计方式。

数据式审计与信息系统审计都涉及对系统数据的审计，但是两者对数据的利用角度是不一样的。数据式审计侧重于数据之间的关联，主要审计数据的结果，而信息系统审计主要关注数据的真实完整性，通过测试数据的真实性、完整性来审计系统的安全性、可靠性。

(四) 大数据审计

大数据时代的到来为计算机审计提供了机遇和挑战。大数据审计是随着大数据技术的发展而产生的一种新的计算机审计方式，其内容主要包含大数据环境下的电子数据审计和信息系统审计，是计算机审计的进一步发展。

2015年12月，中华人民共和国国务院办公厅印发的《关于完善审计制度若干重大问题的框架意见》中要求："构建大数据审计工作模式，提高审计能力、质量和效率，扩大审计监督的广度和深度。"该意见指出"适应大数据审计需要，构建国家审计数据系统和数字化审计平台，积极运用大数据技术，加大业务数据与财务数据、单位数据与行业数据以及跨行业、跨领域数据的综合比对和关联分析力度，提高运用信息化技术查核问题、评价判断、宏观分析的能力。"

六、参考文献

[1] 赵若菱. 企业内部审计数字化的创新研究——以A快递企业为例[J]. 今日财富，2021（18）：148-150.

[2] 曾令震. 顺丰速运客户细分策略研究[D]. 昆明：云南财经大学，2021.

[3] 彭百灵. 数字化审计思考与实践[J]. 中国电力企业管理，2021（15）：60-61.

[4] 陈伟. 计算机辅助审计原理及应用——大数据审计基础[M]. 4版. 北京：清华大学出版社，2020.

第七章
金融投资类课程思政案例

案例十八 高瞻远瞩的"一带一路"

思政元素：国家归属感、国家认同感、民族认同、民族自信。
教育目标：增强学生对国家的认同以及认知意识，从而引导学生形成对国家的归属感、自豪感及责任感。
教学组织：自我探究、主题分享、小组任务。

一、案例介绍

"一带一路"是"丝绸之路经济带"和"21世纪海上丝绸之路"的简称，2013年9月和10月习近平主席分别提出建设"新丝绸之路经济带"和"21世纪海上丝绸之路"的合作倡议。"一带"是一条陆上通道，它是指丝绸之路经济带，从中国贯通欧洲，延伸至北部的斯堪的纳维亚地区。"一路"指"海上丝绸之路"，亦即航线，从中国至威尼斯。

(一)"一带一路"倡议提出背景

全球金融危机后，世界经济形势发生了根本性变化，世界经济增长乏力，各国经济发展分化，国际经济格局日趋复杂。一方面，国际形势的迅速变化对全球治理提出了更高要求；另一方面，全球范围内更加灵活的区域性经济合作层出不穷，新的合作载体更加合理地反映各方利益，成为融合政治、经济、文化各领域的利益共同体和命运共同体。在国际经济联系日益紧密的情况下，面对全球经济疲软，仅靠自身发展难以实现长期持久发展，需要各国协商合作共同探索国际经济合作新空间。全新经济格局这一趋势性转变需要中国积极应对，提出中国参与和引领全球经济治理的新主张。

从国内来看，我国正在推动全面深化改革，需要建立开放型经济新体制和推动形成全面开放新格局，进一步扩大开放是新时代社会主义市场经济发展的必然要求。在开放格局上，我国先后经历了沿海开放、沿江沿边开放和内陆开放，形成了全方位对外开放格局，但是经过多年的开放，原有的开放势能在逐步衰减，同时受发展基础、资源禀赋和地理位置等因素的制约；从国内经济发展格局来看，内陆与沿海、西部与东部的经济发展差距仍然较大，开放程度还不够高，这时需要一个更具高度的新思想引领对外开放新格局。"一带一路"有助于统筹利用国际、国内两个市场和两种资源，形成横贯东西、连接内外的对外经济走廊，从而释放对外开放新活力，进一步更好地推动中国与周边及沿线国家互利合作、共同发展,形成国际交往新格局。

2013年9月,习近平主席访问哈萨克斯坦时,倡议共建"丝绸之路经济带";2013年10月,习近平主席访问印度尼西亚时倡议共同建设"21世纪海上丝绸之路"。2015年3月28日,国家发展改革委、外交部、商务部联合发布了《推动共建丝绸之路经济带和21世纪海上丝绸之路的愿景与行动》(以下简称《愿景与行动》),从建设原则、框架思路、合作机制、建设重点等方面给出了"一带一路"建设指引。依据《愿景与行动》,"一带一路"连接东亚经济圈和欧洲经济圈,贯穿亚欧大陆的广大腹地,向南延伸印度洋和南太平洋,依托国际大通道、中心城市、重点港口、产业园区,沿线国家共同打造六大经济走廊,以此带动沿线国家的共同发展。"一带一路"倡议持续而有效地推进区域合作进程,构建区域合作体系,成为影响全球的重大倡议。

"一带一路"倡议具有丰富且深刻的内涵。首先,"一带一路"倡议体现了人类命运共同体的理念。以共建"一带一路"为实践平台,为国际社会提供更多公共产品,不断增进全球福祉,也为提升更加平衡的发展空间、更加平等的收入分配模式注入了新的动力,符合中华民族历来秉持的天下大同理念,使广大参与方都能从新全球治理体系中受益。其次,"一带一路"是开放和包容的区域性合作倡议。虽然中国提出该倡议,但不是中国自建和独享的,"一带一路"向所有意愿的参与方敞开,发挥各自比较优势参与合作,各方共同参与且发展成果惠及各方。最后,"一带一路"是务实合作平台,充分体现企业主体地位和发挥市场主体作用,推动政府、企业、社会机构、民间团体开展形式多样的互利合作,以切实可见的合作成果推动区域经济的发展。

(二)"一带一路"倡议的主要内容

《愿景与行动》提出了"一带一路"以"五通"为主要建设内容,即以政策沟通、设施联通、贸易畅通、资金融通、民心相通为主要内容。

政策沟通。政策沟通是"一带一路"倡议的基本保障,也是各国积极开展合作、强化交流的前提条件,为各国开展务实交流合作提供了良好的政策基础。政策沟通协调机制,有利于各国企业在把握政策导向的基础上,根据不同国家的资源禀赋和市场机遇,确定合理的投资方式和投资目标,把握国际交流合作所创造的发展机遇。

设施联通。基础设施的互联互通是各国共同建设"一带一路"的优先领域,将推动实现不同国家之间的商品贸易、资金流转、信息传递和技术交流,促进不同地区之间的经济要素有序流动,优化市场资源配置,有利于沿线国家的区域经济合作,进而达到互利共赢的目标。

贸易畅通。贸易畅通是"一带一路"倡议中的重点内容,"一带一路"推动了沿线各国间贸易和投资的自由化、便利化,协商建设自由贸易区,以更高质量的营商环境推动贸易成本不断减少,激发市场活力和供给合作潜力,把投资和贸易有机结合起来,以投资带动贸易发展,挖掘贸易新增长点,促进贸易平衡。

资金融通。资金融通是"一带一路"倡议的关键支撑,探索与创新国际多边金融机构建设,充分利用各类市场化的投融资模式,通过多种投融资渠道的拓展,为"一带一路"倡议下企业的对外直接投资活动提供了稳定、高效、雄厚的资金支持。

民心相通。民心相通是"一带一路"倡议的人文基础,能够加强各国人民的文化交流、促进国际化人才的素质提升,更深层次地加强彼此的文化理解与沟通,为跨国企业面向国际市场进行生产经营活动提供了有力的民意基础。

(三)"一带一路"建设的进展

新型冠状病毒感染疫情蔓延期间,各国为防控疫情采取了不同程度的封锁隔离措施,导致商品、人员、资本等跨国流动放缓,全球化进程遭遇严重挫折。但在各方共同努力下,"一带一路"合作却逆势前行,不断取得新进展新突破,展现出强大韧性和广阔前景,成为持续推进全球化发展的重要推动力。

1. 政策沟通持续推进政治互信

政策沟通是"一带一路"建设的上层建筑,为"一带一路"提供制度基础。自"一带一路"倡议提出以来,沿线国家的政治互信显著提升,外交关系明显改善,形成了互利共赢的共识和局面。我国与30多个"一带一路"国家外交关系级别得到明显提升,相互合作的共同利益较多,在重大国际和地区问题上关系密切,累计签署战略、政策对接和经贸合作等各类合作协议100余份。通过成功举办高峰论坛、G20杭州峰会、博鳌亚洲论坛等形式开展主场外交,为"一带一路"建设提供公共平台和交流契机,"一带一路"倡议越来越得到国际社会的认同。

疫情暴发以来,中国相继与国际海底管理局、非盟和刚果(金)、博茨瓦纳、中非等国际组织和国家签署合作文件,继续扩大"一带一路"朋友圈。截至2021年11月底,中国已与144个国家、32个国际组织签署了200余份共建"一带一路"合作文件,且文件内容逐渐细化。此外,中国与缅甸、墨西哥、智利、白俄罗斯等国建立了贸易畅通工作组,与更多国家建立了投资工作组、服务贸易工作组和电子商务合作机制,与斯里兰卡、菲律宾、巴基斯坦、泰国、印度尼西亚、尼泊尔等周边国家建立了"一带一路"政党共商机制等,相关合作机制对"一带一路"建设的支撑和促进作用进一步增强。

2. 基础设施互联互通发展迅猛

基础设施联通是"一带一路"建设的优先领域。"一带一路"沿线国家存在大量的基础设施建设需求,中国充分发挥在基础设施建设领域的优势,通过签署双边和多边的基础设施建设协议,借助亚洲基础设施投资银行(AIIB)融资平台,推动与沿线国家的铁路、公路、航空、海运、通信等建设领域合作,一方面提高整体建设水平,另一方面加强沿线国家间的互联互通,缩短空间距离和运输半径,促进沿线国家的人员、商品和资源等流动和配置,实现基础设施联通对互联互通的牵引作用。

作为"一带一路"建设的标志性成果,中欧班列在疫情中,有力保障了全球产业链、供应链稳定。2020年中欧班列开行1.24万列,单年开行数量首次突破万列大关,同比增长50%,发送集装箱113.5万标箱,同比增长56%,往返综合重箱率达到98.4%。其中,发送医疗物资939万件,共计7.6万吨,成为国际社会携手抗疫的"生命通道"。截至2021年9月,中欧班列累计开行近4.5万列,运送货物405.7万标箱,打通了73条运行线路,通达欧洲23个国家的174个城市。同时,中国企业统筹做好疫情防控与复工复产工作,确保中老铁路、雅万高铁、匈塞铁路、中老高速公路、巴基斯坦PKM高速公路、比雷埃夫斯港、皎漂深水港、阿联酋哈斯彦清洁燃煤电站等"一带一路"重大项目稳步推进,为当地经济社会发展注入了强劲动力。在各方共同努力下,以铁路、公路、航运、航空、管道、空间综合信息网络等为核心的全方位、多层次、复合型基础设施网络正在加快形成。

3. 投融资体系建设不断推进

中国继续积极推动人民币国际化，与越来越多"一带一路"沿线国家建立本币互换安排、人民币清算安排等。2020年，人民币跨境结算量超28万亿元，同比增长44%；以人民币计价的大宗商品期货新增低硫燃料油期货和国际铜期货，国际期货品种达到6个。亚洲基础设施投资银行成立总额130亿美元的疫情危机恢复基金，惠及越南、格鲁吉亚、巴基斯坦、土耳其、哈萨克斯坦等国。丝路基金加大对"一带一路"建设的支持，2020年新增签约项目10余个，新增承诺投资100多亿元。随着中国迈向高质量发展阶段，绿色投资成为新的增长点。2020年3月，中国平安正式签署"一带一路"绿色投资原则，成为全球首家签署该原则的保险集团；同年4月，光大集团牵头的"一带一路"绿色投资基金正式落地，是近年来国内唯一获准使用"一带一路"字样的新设投资基金。2021年上半年，中国境内绿色债券发行规模约合人民币3 077.79亿元，超过2020年全年水平，引发全球绿色债券销售热潮。

4. 经贸合作取得显著成效

自"一带一路"建设以来，跨境电子商务成为重要的贸易方式，"丝路电商"快速发展起来，形成了互利共赢的良好局面。同时我国对"一带一路"沿线的投资领域也不断增加，包括了电子通信、零售、人工智能等不同的行业；目前，在全球贸易萎缩、投资减少的背景下，中国与"一带一路"沿线国家的贸易和投资合作势头不减。截至2020年，我国与"一带一路"沿线国家贸易额累计超过9.2万亿美元。

2020年，中国与"一带一路"沿线国家货物贸易额为1.35万亿美元，同比增长0.7%。非金融类直接投资额177.9亿美元，同比增长18.3%；新签承包工程合同额1 414.6亿美元，完成营业额911.2亿美元，分别占同期总额的55.4%和58.4%。2021年前三季度，上述几项指标保持平稳增长，"一带一路"合作对全球经贸往来的促进作用更加显现。自贸区建设方面，2020年10月，中国与柬埔寨签订自贸协定，这是首个将"一带一路"倡议合作独立设章的自贸协定。2020年11月，《区域全面经济伙伴关系协定》(RCEP)顺利签署，全球规模最大的自贸区得以形成。中国还推动实施《外商投资准入特别管理措施（负面清单）(2020年版)》和《自由贸易试验区外商投资准入特别管理措施（负面清单）(2020年版)》，在服务贸易和投资方面继续放宽市场准入。

5. 人文交流水平日益提升

"一带一路"沿线国家的人文交流日益加深，民众基础日益深厚。我国与沿线国家建立了1 023对友好城市，在城市合作层面促进了"一带一路"联系互动。中国在沿线国家设立了17个中国文化中心，与24个沿线国家签署高等教育学历学位互认协议，在54个沿线国家设立153个孔子学院和149个孔子课堂，持续推动了57个沿线国家的互免签证协定，沿线国家的人员交流更加便利。同时，根据沿线国家需求，推动签署了56份卫生健康合作协议，设立中医药海外中心，建设了43个中医药国际合作基地，向沿线发展中国家提供粮食援助，与12国开展了15个联合考古项目。中国与沿线国家科教文卫层面的务实合作交流，不断推进"一带一路"建设的民意基础。

疫情暴发以来，虽然隔断了人员往来，但无法隔断各国人民的交往热情。中国通过线上线下相结合的方式开展了一系列丰富多彩的人文交流活动：2020年8月，第六届"一带一路"科普交流周在北京举行；10月，第七届丝绸之路国际电影节在陕西西安举行；12月，"一带一路"青年故事会年度会议在北京举办；2021年2月，"欢乐春节"拉脱维亚、法国、韩国等国系列活动在线上揭幕，为同庆春节的中外民众献上了一道道文化大餐。值得一提的是，由于中国脱贫攻坚战取得了全面胜利，摆脱贫困成为"一带一路"人文交流的一大主题。2020年12月，来自中国、波兰、匈牙利等国家和地区的14家科研机构和政府组织在云南临沧共同发起成立了"一带一路"减贫与发展联盟，旨在推进与"一带一路"沿线国家共享扶贫开发经验与模式；2021年1月底，中柬友好扶贫示范村项目正式启动，这是中外民间组织首次携手在海外开展整村扶贫项目建设。

二、案例思考

① 请搜集信息了解中国"一带一路"沿线国家投资合作现状，并对该现状进行分析与评价。

② 请思考"一带一路"倡议对我国有什么样的深远意义。

三、活动安排

① 请从微观视角，聚焦具体国家和具体个人，搜集并整理"一带一路"倡议实施和推进过程中的故事，并在课堂上与其他同学分享。

② 请进一步挖掘"一带一路"倡议的内涵，并以"一带一路"为主题，以小组为单位，制作手抄报。

四、案例启示

"一带一路"合作框架是习近平主席审时度势、高瞻远瞩提出的国家级顶层合作倡议。该倡议致力于推动沿线国家全方位立体化的深度合作，打造政治、经济、文化协调发展的利益共同体，是全球化浪潮下命运共同体在实践探索中一次有益尝试。"一带一路"的深度发展对未来建设者的素质和能力提出了新的期许，不仅需要专业技能过硬，而且要求具有丰富的人文精神和广阔的国际视野。当代大学生是国家未来发展建设的主力军，在专业领域不断夯实自身业务技能的基础上，还需要从以下三个方面去思考和行动。

（一）加强实践感悟，勇担历史责任

"一带一路"倡议思想浸透了人文精神，充分展示了一个国家胸怀天下、心系世界的责任意识。通过项目合作和人道主义援助为沿线国家创造发展机遇，帮助其他国家搭乘中国这辆发展快车，造福沿途世界各国人民，彰显东方古国兼济天下的大国胸怀。大学生群体应当首先加强和提升个人对家国和民族的责任感，"两耳不闻窗外事，一心只读圣贤书"的学习状态与瞬息万变的全球化局势格格不入，"家事国事天下事，事事关心"的态度才是新时代大学生的追求和奋斗目标，大学生应"深切关怀一切有关公共利益之事，将公共利益视为自身之事"，积极关注时事政治，关心民生大计，担当时代责任，在实现中华民族伟大复兴和维护人类命运共同体理念的伟大征程中，实现个人价值。

（二）坚持人类命运共同体价值观

人类命运共同体理念诞生于人类相互依存逐步加深的全球化背景下，着眼于构建唇齿

相依、荣辱与共的合作共赢发展关系，饱含对人类前途命运真诚关切的人文情怀，展现为人类前途谋划的大国风范。"一带一路"继承和发扬了命运共同体价值观内涵，将天下大同的人文精神突破国家制度、种族区域的束缚，以世界和平与发展为己任，通过为沿线国家搭建合作桥梁，创建发展机遇，实现共同繁荣。因此当代大学生群体应当坚持人类命运共同体价值观，加强其在政治方面的感悟和践行，坚持和而不同、求同存异，主张构建平等、公正、民主、和平的政治格局；加强其在经济领域的感悟和践行，坚持包容、普惠、互利、共赢，在尊重差异基础上，建立互帮互助、交融相汇的合作关系；坚持其在文化层面的感悟和践行，尊重文化多样性，坚持包容开放、交流互鉴的文化发展观，建设"各美其美，美人之美，美美与共，天下大同"的和谐世界。

（三）坚定文化自信，弘扬传统文化

"一带一路"倡议是习近平主席构建人类命运共同体理念的重要实践，是深刻把握世界发展态势，科学谋划人类发展路径后贡献的中国智慧。这一发展方案继承了中华传统文化大道之行、天下为公的家国思想，弘扬传统中国"达则兼济天下"的人文情怀，将中华传统文化中厚德载物、和而不同的处事原则应用于处理国家之间的制度和文化差异，这对于构建和平稳定、互利共赢的和谐世界具有重要的指导意义。传统文化中蕴涵的人文思想是一笔取之不尽用之不竭的精神财富，大学生人文精神的培养应坚定文化自信，积极从传统文化思想中汲取精髓，并将之发扬光大。

五、知识链接

（一）国际投资

国际投资是投资者为获取预期的效益而将资本或其他资产在国际间进行投入或流动，按照资本运动特征和投资者在该运动中的地位来划分，国际投资有三类：

（1）投资者投于国外的企业并对该企业的管理和经营进行控制的直接投资。

（2）通过金融媒介或投资工具进行的间接投资。

（3）以上两类投资与其他国际经济活动混合而成的灵活形式投资。

（二）国际金融

国际金融，即国家和地区之间由于经济、政治、文化等联系而产生的以货币资金的周转和运动为代表的资源跨国跨区配置。国际金融由国际收支、国际汇兑、国际结算、国际信用、国际投资和国际货币体系构成，它们之间相互影响，相互制约。譬如，国际收支必然产生国际汇兑和国际结算；国际汇兑中的货币汇率对国际收支又有重大影响；国际收支的许多重要项目同国际信用和国际投资直接相关；等等。

（三）人民币国际化

人民币国际化是指人民币能够跨越国界，在境外流通，成为国际上普遍认可的计价、结算及储备货币的过程。尽管人民币境外流通并不等于人民币已经国际化了，但人民币境外流通的扩大最终必然导致人民币的国际化，使其成为世界货币。

人民币国际化的含义包括三个方面：第一，人民币现金在境外享有一定的流通度；第二，以人民币计价的金融产品成为国际各主要金融机构包括中央银行的投资工具，为此，以人民币计价的金融市场规模不断扩大；第三，国际贸易中以人民币结算的交易要达到一

定的比重。这是衡量货币包括人民币国际化的通用标准，其中最主要的是后两点。

（四）国际博弈

基于人性的内在特征和人类社会一直以来的基本结构，博弈乃是国际关系的最惯常状态。因此，国际博弈本是个中性的概念，包含内修、妥协、合作、结盟、竞争、斗争甚至战争等多种不同的行为模式和关系状态。

自 500 多年前世界现代化进程启动以来，随着马克思所说的"世界历史"开启，世界各个部分开始打破彼此隔绝的状态，进入深度纠缠与激烈碰撞的新阶段，国与国之间的博弈变得比以往更广泛、更深刻、更激烈。从 16 世纪的葡萄牙、西班牙逐鹿到 17 世纪的荷兰崛起，再到 18 世纪的英法争霸和 19 世纪的"欧洲协调"，世界现代化进程就是一部纵横捭阖的大国博弈史。进入 20 世纪后，世界又相继经历了第一次世界大战、第二次世界大战以及美苏冷战——过去百余年的大国博弈变得比以往更为惨烈，影响也更为深远。

六、参考文献

[1] 王晨光. "一带一路"是疫情下全球化发展的重要推动力 [J]. 当代世界，2021（12）：58-63.

[2] 何奇芮. "一带一路"建设中的美国因素及其应对策略研究 [D]. 兰州：兰州大学，2021.

[3] 高波. "一带一路"建设中的对外直接投资风险研究 [D]. 长春：吉林大学，2020.

[4] 黄雪霞. "一带一路"倡议背景下高校爱国主义教育探析 [J]. 广西科技师范学院学报，2018（33）：100-106.

[5] 岳芳. "一带一路"背景下地方高校国际化人才培养路径研究 [J]. 老字号品牌营销，2022（2）：187-190.

[6] 曾向红，李琳琳. 西方对华舆论的演变与中国的应对策略 [J]. 教学与研究，2022（10）.

[7] 曾向红. 国际关系中的蔑视与承认 [J]. 世界政治经济，2015（10）.

[8] 陈涛涛，金莹莹，等. "一带一路"倡议的合作体系构建与舆论挑战 [J]. 国际经济合作，2019（2）.

[9] 刁大明，蔡泓宇，等. 竞争性对华战略调整的美方争论 [J]. 国际政治科学，2020（4）.

案例十九　数字经济与数字人民币

思政元素：富强、民主、文明、和谐、民族伟大复兴。

教育目标：引导学生坚定拥护中国共产党的领导和我国社会主义制度，担当起民族复兴的大任；并启发其对国家、对民族的情感认同，明白个人发展与民族振兴紧密联系在一起的基本道理，对国家、民族有自信。

教学组织：小组活动、主题探究、自主学习。

一、案例介绍

人类经历了农业革命、工业革命，正在经历信息革命。农业革命增强了人类的生存能力，工业革命拓宽了人类的发展空间，而信息革命则创新了人类的发展模式，给生产力和生产关系带来又一次质的飞跃。当今世界，新一轮科技革命和产业革命席卷全球，信息深化带来的数据价值化加速推进，数字技术与经济运行集成融合不断深化，人类历史也已全面进入数字经济时代，数字经济已被视为经济增长的"新引擎"，在国家发展战略中占据重要位置。发展数字经济已成为信息时代世界各国为提高经济发展质量和在国际政治与经济中争夺话语权而抢占的制高点。

随着数字经济的深化发展，金融科技的应用范围持续拓展，数字经济大背景下的数字货币引起了国际社会的高度关注。相对于私人数字货币，央行数字货币在推动普惠金融发展、提升货币政策调控效率和促进金融体系数字化转型等方面都起到更加积极的作用。特别是受新型冠状病毒感染疫情和超主权数字货币的影响，越来越多的国家开始重点关注以国家信用背书的央行数字货币的发展。根据国际清算银行发布的关于央行数字货币的研究报告，截至 2020 年底，至少在考虑发行央行数字货币的央行占比从 2019 年的 80% 上升至 86%，正在进行数字货币实验或概念验证的央行占比从 2019 年的 42% 上升至 60%。央行数字货币已逐渐成为国际货币竞争特别是大国货币竞争的重要领域，全球央行数字货币研发已是大势所趋。为积极应对全球数字货币竞争和维护金融市场平稳健康发展，进一步助力数字经济发展，我国高度重视数字人民币的研发，"十四五"规划纲要提出"稳妥推进数字货币研发"。

（一）如何理解数字经济

由于数字经济的发展与日益跃迁的信息技术紧密相连，技术所决定的动态发展特征使得数字经济内涵界定较为困难，所以数字经济的概念自诞生以来，内涵不断变迁和丰富。当前的数字经济正处在快速演变并与社会经济运行全面融合的阶段，因此人们对数字经济内涵的认识很难统一。

国际上对数字经济的理解有广义和狭义之分。狭义的理解是将数字经济视为一种产业经济，数字化货物和服务的生产、消费与分配活动需从依附于传统国民经济活动的部门中剥离出来，发展成为国民经济中独立的核心产业，即数字化产业。数字化产业主要包括以信息为加工对象，以数字技术为加工手段，以数字化产品或数字化服务为结果的产业。

广义的理解是将数字经济视为一种经济活动或者经济形态。2016 年中国发布的《二十国集团数字经济发展与合作倡议》提出了数字经济的定义，认为"数字经济指的是以数字化信息和知识作为生产要素，以信息化网络为载体，以 ICT 的使用来促进效率提升和优化宏观经济结构的经济活动综合。"2022 年 1 月国务院印发了《"十四五"数字经济发展规划》确定了"十四五"时期推动数字经济健康发展的指导思想、基本原则、发展目标、重点任务和保障措施。该规划认为，数字经济是继农业经济、工业经济之后的主要经济形态，是以数据资源为关键要素，以现代信息网络为主要载体，以信息通信技术融合应用、全要素数字化转型为重要推动力，促进公平与效率更加统一的新经济形态。

在数字经济的发展过程中，联合国贸易和发展会议（UNCTAD）发布了《2019 年数字经济报告》，提出数字经济发展的两个驱动因素分别是：数据和数字平台。数字平台可以分为交易平台和创新平台，交易平台是以在线基础设施支持多方之间交换的双边或多边市场，创新平台则以操作系统或技术标准的形式，为代码和内容制作者开发应用程序和软件创造环境。

数据，价值化的数据是数字经济发展的关键生产要素，加快推进数据价值化进程是发展数字经济的本质要求。2020年4月，中共中央、国务院印发《关于构建更加完善的要素市场化配置体制机制的意见》提出，要"加快培育数据要素市场"。2022年1月中共中央、国务院印发《"十四五"数字经济发展规划》提出，要"充分发挥数据要素作用"，强化高质量数据要素供给，加快数据要素市场化流通，创新数据要素开发利用机制。

（二）数字经济的发展历程

国际上对数字经济的研究历经了信息经济、互联网经济以及数字经济的探索过程。

1. 信息经济

20世纪70年代以来，信息经济的发展经历了从信息产业到信息经济的发展过程。信息产业的主要代表是信息通信技术（ICT）产业，伴随着ICT产业的快速发展及其与经济运行方式的不断融合，ICT向社会、经济、生活等领域的渗透作用逐渐增强，由此产生了信息经济模式。总体来看，信息经济的发展得益于信息产业发展规模的大幅度提升及其与经济运行方式的不断融合，信息经济的核心内容仍为ICT产业与ICT产品。

2. 互联网经济

进入21世纪以来，伴随着互联网的循序发展及其与经济运行方式的深度融合，互联网对经济发展的影响不断增强，逐渐成为支撑国民经济各领域快速发展不可替代的要素。世界上越来越多的国家认为互联网已成为保障经济运行的重要基础设施，互联网对经济发展的保障作用与电力、水利、交通等基础设施相似。相较于信息经济，互联网经济的发展体现在信息通信技术的跃迁及其与经济运行的更充分融合。在互联网经济的背景下，产品的范围进一步拓宽，衍生出以互联网为媒介进行传播的电影、音乐、新闻、游戏等无形数字内容产品。

3. 数字经济

互联网经济之后，随着云计算、机器学习、远程控制、自动机器系统等新技术的出现，物联网技术逐渐成熟，使得ICT与经济之间的融贯联系大幅度增加。数字经济迅速渗透进经济运行的多个方面，包括零售（电子商务）、交通（自动化车辆）、教育（大规模开放式网络课程）、健康（电子记录及个性化医疗）、社会交往与人际关系（社交网络）等领域，数字化创新模式引领了社会的发展。

由此可见，信息经济、互联网经济和数字经济，是对不同时期新型经济业态的描述，三者发展的核心驱动力仍是信息技术。近年来，伴随着信息技术的不断发展及其与国民经济各行业的融合程度逐渐增强，衍生的新产品、新业态和新商业模式逐渐增多，数字经济更能体现当前新型经济的发展特征。

2022年1月中共中央、国务院印发《"十四五"数字经济发展规划》指出，"十三五"时期，我国深入实施数字经济发展战略，不断完善数字基础设施，加快培育新业态新模式，推进数字产业化和产业数字化取得积极成效。2020年，我国数字经济核心产业增加值占国内生产总值（GDP）比重达到7.8%，数字经济为经济社会持续健康发展提供了强大动力。规划到 2025 年，数字经济迈向全面扩展期，数字经济核心产业增加值占国内生产总值（GDP）比重达到 10%，数字化创新引领发展能力大幅提升，智能化水平明显增强，数字技术与实体经济融合取得显著成效，数字经济治理体系更加完善，我国数字经济竞争力和影响力稳步提升。

（三）数字经济与数字货币

货币是社会经济发展过程中的核心要素。在人类社会的货币演变史中，货币是随着科学技术进步和社会制度变迁而不断发展变化的，不同形式的货币适应了不同阶段的社会生产。在当前阶段，伴随着数字经济快速发展及其对产业变迁的主导，货币作为经济发展基本要素正经历着数字化转型。

在加快数字化发展的过程中，数据成为数字经济发展、数字社会运行的核心要素。如何推动数据从资源到资本的价值变现，使以数据资本驱动的数字产业链、价值链能够实现与传统产业的无界融合，提升生产效率、促进产业结构的转型升级，是我国数字化进程取得质变的重要突破口。

而数字货币是实现这一质变的着力点。由于具有法偿性，且具备与数字资产相配套的数字技术，数字货币可以在所有场景成为交换媒介的硬通货、释放更多的数据资源；通过开启打造更多元化的支付场景的数字化、为数据规模化的价值变现提供更丰富的渠道，从而打通数据信息的互联互通与全社会的价值流动，塑造更开放、健康的数字经济生态。

因此，数字货币将成为助力并保障我国规范有序的数字化发展，并成为释放经济数字化活力的重要引擎。

（四）数字人民币的发展历程

数字人民币是由中国人民银行发行的经过特殊加密的数字化的法定货币，由指定运营机构参与运营，以广义账户体系为基础，支持银行账户松耦合功能，与实物人民币等价，具有价值特征和法偿性。数字人民币是一种零售型央行数字货币，主要定位于现金类支付凭证（M0），采取双层运营模式，兼具电子支付工具的便携性强、不易伪造和实物人民币的支付即清算、匿名性等特征。

中国人民银行在央行数字货币研发方面起步较早，自 2014 年成立法定数字货币研发小组开启相关领域的理论和实践探索以来，对法定数字货币的运行框架、关键技术和流通环境等进行深入研究，并于 2016 年成功搭建我国第一代法定数字货币的概念原型。2019 年底数字人民币相继在深圳、苏州、雄安新区、成都及冬奥场景启动试点测试，以检验系统稳定性和场景适用性等特性。2020 年 10 月增加了上海、海南、长沙、西安、青岛、大连等 6 个试点测试地区。目前数字人民币试点范围有序扩大，应用场景逐步丰富。

据最新数据显示，截至 2021 年 10 月 22 日，我国已经累计开立数字人民币个人钱包 1.4 亿个，企业钱包 1 000 万个，累计交易笔数 1.5 亿笔，交易额接近 620 亿元。此外，当前数字人民币试点场景已超过 350 万个。据机构测算，数字人民币软硬件产业升级将带来 1 400 亿元的市场空间，包括银行核心系统改造 51 亿元、数字人民币硬钱包 339 亿元、ATM 升级 507 亿元、智能柜台发卡机升级 323 亿元、商户 POS 设备升级 192 亿元，市场空间广阔。

（五）数字人民币的发行意义

数字人民币是由中国人民银行数字货币研究所历经多年开发出来的，它的发行具有重大的战略意义，其中一个重要的意义便是推进加快人民币国际化的进程。我国央行决定发行数字人民币有着极其复杂的国际金融背景。

首先，人民币是数十年来最稳定的货币之一，在历次全球金融危机中，人民币币值坚挺，体现了负责任大国的担当。其次，人民币国际化势在必行，数字人民币的发行有利于加速这一进程，也有利于"一带一路"建设。再次，部分国家经常发生较剧烈的甚至是恶性的通货膨胀，本币不被信任，客观上需要一种容易获取又能保持稳定的数字货币用于支付，因此，数字人民币将是一种可行的选择。

人民币国际化的前提是世界广泛储备、大量使用人民币。因此，需要为人民币尤其是数字人民币选择多条出海通道，为人民币国际化铺平道路。

（六）案例总结

目前，中国经济投资空间增长缓慢，经济增长增速有所下降，国际市场亦持续疲软低迷。对世界各国而言，新的经济增长点都是目前经济发展迫切需要寻求的，而数字经济正是这样一个新的经济增长点，它可以创造新需求、活跃市场、繁荣经济，隐藏着给未来经济形态带来革命性变化的动力。

在加快数字经济发展的过程中，数据成为数字经济发展、数字社会运行的核心要素，而货币作为社会经济发展过程中的关键要素也伴随着数字经济快速发展及其对产业变迁的主导，经历着数字化转型。在这过程中，以 BTC、Libra、莱特币（LTC）为代表的私人数字货币迅猛发展，各国政府都面临着私人数字货币对经济体系和金融体制的冲击，因此数字货币是各国深化数字经济发展的战略布局。

当今世界，风云变幻，创新发展是各国屹立于世界之林的根本。这也是为什么数字经济已被视为经济增长的"新引擎"，在世界各国的发展战略中占据越来越重要位置的原因。

联合国贸发会议（UNCTAD）认为，中国和美国共同领导着数字经济发展。根据信通院数据，我国数字经济规模连续多年位居世界第二位，有着一定的先发优势，然而与最高水平相比，我国在多个关键指标上仍存在较大差距，存在有待补齐的短板。今天，我们比历史上任何时期都更接近、更有信心和能力实现中华民族伟大复兴的目标。行百里者半九十，中华民族伟大复兴，绝不是轻轻松松、敲锣打鼓就能实现的。因此，如何在数字经济新时代，实现国家富强、民族复兴是每一个中国人都应当思考和参与的要务。

二、案例思考

① 如何理解"发展数字经济已成为信息时代世界各国为提高经济发展质量和在国际政治与经济中争夺话语权而抢占的制高点"这一现象。

② 请思考私人数字货币对一国经济和政治的影响，各国又应当如何应对。

③ 请思考我国发行数字人民币的政治意义。

三、活动安排

① 请搜集并整理我国数字经济的发展历程,并在课堂上与其他同学分享。

② 以"强国有我,复兴有我"为主题,引导学生畅谈在数字经济时代下自己的职业理想以及如何为实现理想而努力。

③ 以"数字经济·数字货币"为主题,以小组为单位,制作手抄报,弘扬并践行社会主义核心价值观。

④ 中华民族正面临百年未有之大变局,数字经济与数字货币的发展对中华民族伟大复兴的意义都有哪些?并以此为题撰写报告。

四、案例启示

《中华人民共和国国民经济和社会发展第十四个五年规划和2035年远景目标纲要》提出打造数字经济新优势,将着力发展数字经济上升为国家战略,把实现更加充分和更高质量的就业当作当前和今后一定时期我国经济社会发展的重要目标。就业作为最大的民生工程,在"十四五"开局之年便受到社会各界广泛关注。2021年8月,国务院印发《"十四五"就业促进规划》,提出要加快发展数字经济,在数字经济领域创造更多就业创业机会,为促进更加充分更高质量就业培育持续有力的新动能。

实际上,在"十三五"期间,我国数字经济实现跨越式发展,不仅成为驱动国民经济增长的新引擎,而且不断催生新就业形态,为保障更多劳动者就业创业提供了更大的发展空间。但是,数字技术作为新一代信息通信技术也会对部分传统产业的生产方式和商业模式造成一定负面冲击,就业市场新机遇和新挑战并存。从就业市场供求关系来看,2021年4月人力资源和社会保障部职业能力建设司发布的调查报告显示中国面临数字人才不足,数字技能培养体系有待完善等问题。

大学生是新时代参与数字工作和数字创新的主要力量,应当具有数字时代必备的数字修养以积极建设数字中国、数字强国。数字素养是一个新的处在发展中的概念,立足我国高校的实际,积极借鉴国外数字素养教育的有益经验,坚持以新时代中国特色社会主义思想为指导,坚持立德树人,努力培养数字中国建设所需要的德智体美劳全面发展的社会主义事业建设者和接班人,建构具有中国特色、时代特征和国际视野的大学生数字素养基本框架。由此认为,新时代我国大学生的数字素养应包含以下几个方面。

1. 正确认知数据信息的能力

数据的本质是什么,数据有哪些主要特征,人和数据、社会和数据的关系如何?新时代的大学生要学会运用马克思主义的立场、观点和方法来认识数字信息,既认识到数字信息的一般特征,更要认识到它的政治、经济、文化和社会属性。明确在数字时代,数字不再只是数字,它是我们生活世界的主要表征。

2. 收集和获取数字信息的能力

通过互联网、智能手机等数字平台和数字工具浏览和检索信息,并对信息进行过滤和保存。能够运用数字工具或技术查找、访问、收集自己所需要的相关信息,能够在海量的信息中有效地筛选自己所需要的资源,能够合理地对信息进行分类、整理和有效组织。

3. 数据交流和沟通能力

能够通过各种数字工具与他人交流互动，传送信息、共享资源，参与网络社区和空间，用数字信息正确表达自己的诉求，能够正确识别和解读他人用图像、符号等数字信息传递的意涵；积极主动传播正能量，了解互联网相关法律法规和网络文化差异，具备跨文化交流的意识；掌握网络交流的技能，遵守网络交流的行为规范。

4. 数据分析和评价能力

大学生要学会使用相关数字工具对数字信息进行简单的分析、判断，辨别数据信息的真伪，分析相关数据信息之间的关系，学会对数据信息进行批判性思考，正确区分有害和无害信息，不盲目相信网络和手机平台发布的信息，具备一定的对数字信息进行分析鉴别和评价的能力。

5. 保护数字安全的能力

能够基本了解来自网络的安全风险和威胁，了解数据安全的知识、法规和保护措施，学会保护个人设备，能有效地对数据进行维护；有较强的隐私保护意识，能够采取有效措施防止个人数据信息受到网络攻击等侵害，养成文明上网习惯，不信谣、不传谣；良好的自我控制能力，不沉溺于网络和网络游戏。

6. 解决数字问题的能力

运用数字化的手段解决生活、学习、工作中存在的实际问题的能力；能够整合并重构数字内容，创造性地使用数字技术解决问题，开发数字资源，创造数字产品；能够利用数字媒体和数字工具创造性地实现自己的诉求，维护数字公平，杜绝"数字鸿沟"，及时跟进数字技术最新进展。

7. 数字品德和价值观

坚持数字技术服务于人的幸福美好生活，反对数字异化；坚持正确的价值导向，恪守职业领域数字信息职业道德，合理利用某一领域的数据、信息和数字内容，不侵犯他人的数据信息隐私和数据秘密，努力营造绿色、和谐、文明、健康的数据发展环境，做一个具有良好数字素养的时代新人。

五、知识链接

（一）数字经济的概念

根据中国信息通信研究院发布的《中国数字经济发展白皮书（2020）》，数字经济是指以数字化的知识和信息作为关键生产要素，以数字技术为核心驱动力量，以现代信息网络为重要载体，通过数字技术与实体经济深度融合，不断提高经济社会的数字化、网络化、智能化水平，加速重构经济发展与治理模式的新型经济形态。

（二）数字经济的内涵框架

根据中国信息通信研究院发布的《中国数字经济发展白皮书（2020年）》，从生产力和生产关系的角度提出了数字经济"四化"框架，即数字产业化、产业数字化、数字化治理和数据价值化。

数字产业化即信息通信产业，是为数字经济发展的先导产业提供技术、产品、服务和解决方案等；产业数字化是数字经济发展的主阵地，是融合的经济；数字化治理是运用数字化技术，实现行政体制更加优化的新型政府治理模式；价值化的数据是数字经济发展的关键生产要素，加快推进数据价值化进程是发展数字经济的本质要求。

（三）数字货币的概念

在世界经济快速发展、科技创新的背景下，数字货币应运而生。关于数字货币的相关概念还处在待完善过程，结合目前的专家学者提出的观点和搜寻众多参考文献的基础上，将数字货币分为广义数字货币与狭义数字货币，广义数字货币的定义范围较广泛，即包括以区块链技术为支撑的数字货币和互联网上的其他所有电子货币。狭义数字货币即区块链技术下的数字货币，它最大的不同在于没有发行的主体，任意一个用户都可以进入。

（四）数字货币的分类

1. 法定数字货币

法定数字货币是以政府信用作为担保的，由中央银行发行的，具备法律属性，受到国家法律政策的保护，与国家发行的纸币功能一致的货币，该类数字货币是一种数字化的货币形式。国际清算银行认为法定数字货币就是中央银行发布的数字化形态的货币，该种类的数字货币具备政府支持的法律地位，通过中央银行进行集中统一化管理，因此具有充当一般等价物的属性，可作为衡量商品价值的标准。法定数字货币自诞生之日起便具备货币属性，价值稳定使人们的支持度也高涨。

2. 私人数字货币

数字货币最初得到中央银行的关注正是由于私人数字货币的兴起，而私人数字货币中最典型的就是比特币，数字货币的快速发展诞生了许多种类的私人数字货币，比如天秤币、以太币等。私人数字货币大部分都是采用比特币的设计模式，用代码源进行撰写。世界上接纳私人数字货币作为付款渠道的，主要是一些资金雄厚的大企业，由于比特币的价格波动过大，给企业的收入造成不稳定的影响，因此比特币作为付款渠道仍存在不确定性。私人数字货币的价格一直不够稳定，一方面受到政府政策的影响较大，另一方面发行主体的信用也存在着不足，因此参与用户对私人数字货币的态度存在疑虑，私人数字货币由于发行的主体不同，难以监管，风险存在不确定性。

六、参考文献

[1] 王淑娉. 数字化时代大学生数字素养培育：价值、内涵与路径 [J]. 西南民族大学学报（人文社会科学版），2021（11）：215-220.

[2] 钟明瞭. 数字货币之价值研究 [D]. 武汉：武汉科技大学，2021.

[3] 陈堂. 中国数字化转型：发展历程、运行机制与展望 [J]. 中国科技论坛，2022（1）：139-148.

[4] 罗贞礼. 我国数字经济发展的三个基本属性 [J]. 人民论坛·学术前沿，2020（17）：6-12.

[5] 陈海波，聂舒. 央行数字货币的本质与趋势 [J]. 中国金融，2018（24）：69-70.

[6] 邱勋. 中国央行发行数字货币：路径、问题及其应对策略 [J]. 西南金融，2017（3）：14-20.

[7] 狄刚. 数字货币辨析 [J]. 中国金融，2018（17）：52-54.

[8] 吴晓霞. 数字货币风险分析与防范 [J]. 河北金融，2020（11）.

[9] 施婉蓉，等. 数字货币发展概况、影响及前景展望 [J]. 金融纵横，2016（7）.

案例二十　金融风险与金融监管

思政元素：科学发展观、战略思维、富强、国家自信、制度自信。

教育目标：引导学生坚定拥护中国共产党的领导和我国社会主义制度，并启发其对国家和社会发展的关注与思考，进而衍生出相应的情感认同，明白个人发展与国家富强紧密联系在一起的基本道理，对国家、对制度有自信。

教学组织：案例探讨、小组活动、自主学习。

一、案例介绍

从世界经济的发展可以看到，金融业已经成为经济发展的强大推动力，成为社会经济体系的枢纽。而又因其行业的特殊性，金融监管作为在金融系统运行过程中监督管理的一种制度安排，在金融业发展各阶段发挥了强有力的监督保障作用。

近年来经济全球化趋势增强，各国均推崇金融创新、金融自由，金融业的高风险特征也日益暴露。先后爆发的墨西哥经济危机和东南亚金融危机都说明了这一问题。尤其 2007 年以来，美国次贷危机以及随之而来的金融危机席卷全球，大量的投资银行倒闭，股市、房市陷入长期低迷，给西方资本主义世界以及包括中国在内的发展中国家造成了巨大影响。

国内外大多数经济学家认为，纵观此次金融危机，其产生的根本原因是：为了赢得市场，赚取更多的利润，一些金融机构不顾次级贷款者违约风险，为能在竞争激烈的市场中有一席之地而进行金融创新，但其推出的创新产品却存在着明显的风险。与此同时，监管缺失使得在风险出现时，监管部门未能及时发现和杜绝风险的扩散。

这无疑给全世界的金融监管机构敲响了警钟！

金融行业能够对本国经济起到至关重要的作用，那么维持金融行业稳定，促进经济发展成为每个国家都应该考虑的问题，金融系统的动荡不仅使本国经济受挫，更有甚者，它将使别国经济受到严重影响。既然金融稳定那么重要，那么相应的金融监管必不可少。

（一）金融监管

金融监管是金融监督与金融管理的两个称谓合在一起的称谓，通常是由一个国家或地区的金融监督管理当局依据国家或地区所制定的法律法规对整个金融体系实施的监督管理的一种监管方法。这里的金融体系包括全部的金融机构以及其在金融市场上的一切业务。金融监管的对象就是一个国家或地区的金融体系，也就是金融监管的客体，而金融监管的主体是金融监管当局。

金融监管可以分为广义上的和狭义上的，一般来说，广义的金融监管一方面包括一个国家或地区的金融监管当局对金融体系的监管，另一方面还包括各个金融机构对自己内部的一些自律规定、同行业自律性组织的监督和管理以及对一些社会中介组织的监管等。而相对比较狭义的金融监管一般来说只包括一国（地区）的金融监管当局对金融体系的监管，金融监管最基本的目的在于保证金融机构和金融市场的健康发展，以推动经济的发展。

金融监管当局对金融业进行监管，主要包括市场准入的监管、业务经营的监管以及市场退出的监管。

首先，市场准入的监管。金融监管的起点是市场准入，世界上所有国家都是从市场准入开始对金融机构进行监管，即监管当局会参与金融机构的审批流程。市场准入监管是指监管当局根据市场需求状况和社会发展的要求，按照公平竞争的原则和机构的合理布局原则，依法对金融机构的设立和变更进行监管。这样是为了在整个审批过程中对金融体系实施有效的监督和管理，保证进入金融市场内的金融机构的类型、质量和数量，与此同时还要与监管部门的能力相适应。

其次，业务经营的监管。业务经营是金融监管的核心，是指在金融机构进入金融市场后，监管当局对金融机构在金融市场上的业务经营活动进行监督和管理，纠正违法行为，掌握市场动态，防范和化解金融风险，保障金融体系的稳定发展。

最后，市场退出的监管。市场退出的监管是指当金融机构因经营不善，由于市场的竞争，向金融监管部门寻求最后贷款援助，或者是直接退出市场的行为。金融监管者应该根据现有的法律法规采取相应的监管措施，以保证金融市场的平稳运行，保护相关者的切身利益，避免出现大的金融震荡。

（二）金融监管制度

制度即是对个人和组织具有强制性和约束性的各种行为规则的综合。金融监管制度作为一种具体的制度，其基本规定性和特征在本质上与一般制度是一致的。因此，金融监管制度是指通过建立合理的金融监管的各类规则、惯例、组织安排和政策等，来界定金融主体在金融交易过程中责权利的选择，约束和激励金融主体的金融行为，降低金融交易费用和竞争中不确定性所引致的金融风险，进而促进金融交易的顺利进行和提高经济资源的配置效率。一般来说，通过建立良好的金融监管制度，以实现的目标有：防范系统性金融风险，维护金融稳定与金融安全；维护金融市场公开、公平、公正的合作与竞争，提高金融效率，并以此促进经济的稳定增长；维护金融市场声誉，保护和协调市场各参与主体的合法权益。

金融监管制度作为社会管理制度的一种，是现代金融制度发展的客观必然要求。由于市场垄断、外部性、公共产品等原因会产生市场失灵等一系列问题，政府监管的出现是对市场机制不健全或低效率的一种必然选择，通过政府监管来缓解和消除这些问题，从而达到纠正市场失灵、实现资源的优化配置。对于金融业而言，同样存在着不同程度的规模经济、外部性和信息不对称等问题，因此需要政府作为社会公众利益的代表，通过政府一定程度的干预以弥补这些缺陷，从而保护消费者利益和实现社会福利最大化。

（三）金融监管的理论解析

自20世纪30年代以来，经济学思想经历了几个阶段的发展，反映到金融监管中，监管理论也随之经历了几个阶段的发展。金融监管理论的演化与发展大致可以概括为以下阶段：20世纪30年代之前，经济自由思想影响下的信用管理的金融监管理论；20世纪30

年代至 80 年代，凯恩斯主义影响下强调约束的金融监管理论；20 世纪 80 年代至 90 年代，注重效率的监管理论。

1. 信用管理的金融监管理论

20 世纪 30 年代之前，亚当·斯密的经济自由主义盛行，人们坚信"看不见的手"的强大力量以及市场机制的完美性。反映在金融领域，此时，银行业是金融业的主要组成部分，因此西方主流社会不主张过多地干预金融市场，尤其干预商业银行的经营。这一时期，哈耶克的"自由银行制度"理论与亚当·斯密的经济自由主义相一致。"自由银行制度"理论主张金融自由，认为在自由竞争、自由经营条件下，商业银行可以通过"选择性条款""分支银行"等方式分散风险，完全不需要中央银行进行干预。

但值得一提的是，这种理论具有严格的前提假设，在现实经济中难以实现。因此，随着商业银行业务的发展，金融风险开始凸显，金融监管有了萌芽的势头，相应的金融监管理论主要集中在对货币发行和流通的监管和防止银行的挤兑等银行信用管理方面的监管。

2. 强调约束的金融监管理论

20 世纪 30 年代的"大萧条"使资本主义经济受到了重创，凯恩斯主义不知不觉占领了主流地位，政府监管成为经济运行的伴生现象，有关金融监管的理论也不断涌现。20 世纪 30 年代至 80 年代的金融监管理论主要集中于讨论金融监管的起源和监管的必要性，代表性的理论有公共利益监管理论等。

公共利益监管理论以市场失灵和福利经济学为基础，认为监管是为了弥补市场失灵，提高资源配置效率，使社会公共利益最大化。由于市场失灵常常表现为外部性、信息不对称、不完全竞争或自然垄断几种形式，由此形成了负外部性监管理论、公共产品监管理论、信息不对称监管理论和自然垄断理论。

3. 注重效率的金融监管理论

20 世纪 70 年代之后，西方发达国家遭遇"滞涨"——通货膨胀与经济增长停滞共存的现象。"滞涨"使凯恩斯主义经济政策遭到质疑，以新古典经济学、货币主义等为代表的自由主义思想开始复兴。同时，随着经济的日益膨胀，金融业也开始向纵深方向发展，金融创新的需求越来越大，金融管制已成为金融业发展的绊脚石，金融监管的研究方向也开始由原来的"危机防范"转向"运作效率"，注重对金融监管有效性的研究。20 世纪 80 年代至 90 年代的监管理论主要有金融自由化理论等。

金融自由化理论对 20 世纪 30 年代以后的金融监管政策和实践提出了质疑：政府过于严格的管制，使得金融机构和金融市场的运行效率降低，约束了金融业的发展，使得金融监管政策的结果与预期目标出现偏差；政府在实施监管政策过程中，会面临自身能力有限以及信息不对称等问题，即所谓的"政府失灵"。基于这两个原因，金融自由主义认为，应该放松对金融机构的过度严格管制，尤其是解除对金融机构在利率水平、业务范围和经营的地域选择等方面的种种限制，恢复金融业的竞争，以使金融业的活力和效率得到提高。

综上所述，传统监管理论从不同的角度阐明了金融监管的必要性，但是还远远没有达到完备的程度。随着金融业和金融监管实践的发展，现代金融监管理论也在不断向前演进，代表性的理论有：

1. 金融脆弱性理论

这一理论产生于 20 世纪 80 年代。伴随着金融全球化和自由化，不断发生的金融危机开始具有了新的特点，这使人们放弃传统的审视金融危机原因的视角，开始从货币和金融制度自身的缺陷来解释金融危机发生的原因。金融脆弱性理论就是在这一背景下产生的。

金融脆弱性理论认为，金融危机的发生归因于货币自身的脆弱性和金融制度本身的缺陷。如，当银行资产和负债在数量和时间上不对称时，就会面临信贷风险。当贷款损失达到一定程度，银行就会丧失清偿能力。此时，由于信息不对称所导致的"羊群效应"便很容易使银行遭受挤兑，从而导致银行业的恐慌，甚而造成整个金融领域的危机。并认为，虚拟的金融资本过多地快于实体经济的增长速度，实则是一种"金融癌症的存在"，是经济体存在着危机的隐患。

2. 规则引导的监管理论

20 世纪 90 年代，金融业不论是在范围上还是在深度上都得到进一步的发展，金融业进入全球化的时代。金融全球化一方面推动了资源的有效配置，另一方面也加速了风险的传播。尤其是几次区域性金融危机的相继发生，使金融监管理论的研究方向开始转向寻求维护金融安全与效率的平衡。20 世纪 90 年代之后的监管理论更多地注重对监管方法和理念的研究。

（四）我国金融监管制度的变迁

我国金融监管制度的形成和发展经历了几十年的演变过程。从发达国家金融监管制度变迁的历史进程中可以看出，真正意义上的金融监管是与中央银行制度的产生和发展直接相关的。中央银行制度的普遍确立是现代金融监管的起点，从这点来看，我国金融监管是从 1984 年中国人民银行专门行使中央银行职能开始的。具体来看，我国金融监管制度的演变和发展大体经历了以下几个阶段。

1. 旧中国金融业的监管

旧中国的金融监管伴随着户部银行的出现萌芽于 20 世纪初。当时由于货币紊乱，铜圆、铜钱、银票及外国钱币同时流通，成色繁杂。清政府为了有效监管、整顿印制，于 1905 年 8 月设立了带有中央银行色彩的户部银行。户部银行成立后，邮传部又经清政府批准成立了交通银行。户部银行后改名为大清银行，清朝灭亡后，又改组为中国银行。中国银行和交通银行由北洋政府控制，部分地承担了中央银行的职责，共同维持金融秩序的稳定。

南京政府时期，1928 年 11 月，中央银行在上海正式成立。依照《中央银行条例》和《中央银行章程》的规定，中央银行属于国家银行，享有包括经营国库、发行兑换券、铸造和发行国币等特权。中央银行在当时实行法币政策，废除银本位制，改用金汇兑本位制，统一外汇管理等，并派员进行巡视监管。尤其是法币政策规定废除银圆，流通纸币，发行集中，准备集中，一举改变了货币以往那种混乱的状态，也结束了分散发行的历史，有利于社会经济的发展。但伴随国民党政府统治的结束，为国民党政府服务的金融体系彻底瓦解，旧中国中央银行的金融监管也崩溃和完结。

2. 新中国成立至 1983 年

中国人民银行自 1948 年 12 月成立，便一直承担着对金融业的具体管理工作。新中国成立初期，中国人民银行就开展了对金融业的监管工作，当时的监管目标主要是稳定金融物价、促进国民经济的迅速恢复和发展。后经过"一五"时期的强化和集中，银行体制的集中统一进一步加强，中国人民银行成了既是国家金融管理和货币发行的机构，又是统一经营全国金融业务的经济组织。在1978年以前高度集中的计划经济体制下，金融机构和金融业务的单一性使监管失去了现实意义，因此这一时期并不存在真正意义上的金融监管。1978年改革开放以来，随着金融体制的改革，中国人民银行作为中央银行的地位得到加强，陆续恢复和新建了许多金融机构，如1979年2月恢复了中国农业银行；1979年3月中国银行从中国人民银行中独立出来；1983年9月中国人民保险公司实行独立经营；1984年成立了中国工商银行。金融机构的多元化带来了金融业务的多元化和一定程度的竞争，原有的金融管理体制已难以适应新的格局，金融监管的必要性和紧迫性也日益突出。

3. 1984年初至1993年底

1984年，中国工商银行建立，它的设立迎合了市场经济政策改革和体制变动的需要，由央行代表行使中央银行的专权，这是金融正式管理化的表现方式。1986年，我国颁布了关于银行管理的相关法律法规，展示了金融机构上的法治化。并且因为经济的快速运转，1992年12月，我国政府制定出关于妥善管理贸易市场的政策，并决议设立金融证券和监察管理部门。设立的两个部门中，对他们各自的责任和义务做了分工和详细说明。由此标志着我国市场上的证券监察管理基本模型已经形成。总的来说，截至1993年底，中国的金融监管依然是处在摸索阶段。

4. 20世纪末至21世纪初

随着经济体制改革的进一步深化，金融业持续快速发展，国务院在1994年的12月发布了《关于金融体制改革的决定》，明确了人民银行的两大职能，一方面是制定实施货币政策，另一方面是实施金融监管，并就如何强化金融监管提出了四条要求。这一决定得到贯彻实施之后，中国在市场化监管方面取得了进展。第一，金融监管作为人民银行履行中央银行职能之一被提到重要的地位上来；第二，根据转换职能的需要，在1994年人民银行总行进行了机构改革，加强了监管力量并对内部分工进行了明确。人民银行各级分支机构也随之做了相应的调整。第三，发布了一系列专业监管法规，例如，1994年初国务院颁布了《中华人民共和国外资金融机构管理条例》《信贷资金管理暂行办法》《结汇、售汇及付汇管理暂行规定》等专业监管规定。第四，全面展开了市场化金融监管工作。中国的金融监管进入了一个新的历史时期，逐步迈向法治化、规范化的道路。

由于西方国家金融危机的频繁爆发及其严重的危害性使我们清醒地看到在世界经济一体化、金融全球化的背景下，加强金融监管的迫切性和重要意义。1997年以来，中国人民银行又出台了一系列金融监管规章，并把1997年确定为金融监管年。

二、案例思考

①"因其行业的特殊性，金融监管作为在金融系统运行过程中监督管理的一种制度安排，在金融业发展各阶段发挥了强有力的监督保证作用"，你觉得这一句话中提到的"特殊性"指的是金融行业具备什么样的特殊属性，而让金融监管成为必要？

②请思考金融风险、金融创新以及金融监管三者之间的关系。

③ 请对我国金融监管制度变迁的各历程特征进行总结和评价，并据此思考"政治"与"金融"的关系。

三、活动安排

① 请搜集并整理我国金融监管体系，并在课堂上与其他同学分享。

②"自由"是贯穿资本主义社会经济发展的关键词，请结合金融监管理论的发展历程，以小组为单位，梳理和总结资本主义经济发展的特征，并探讨在社会经济发展过程中是否有绝对的"自由"。

四、案例启示

金融是以资金为代表的资源供给方与需求方的桥梁，通过有效引导储蓄向投资的转化，为社会提供流动性，合理配置资源。然而多次金融危机也揭示了金融的两面属性，即可能对宏观经济产生较为重大的负外部性。由于金融体系自身存在的市场失灵和市场缺陷，金融监管由此成为必然，各国金融市场的历史发展和经济理论变迁已证明了这一点。

相比于西方资本主义国家的实践历程，我国金融市场以及金融监管探索和发展时间较短。尽管如此，基于各个阶段的探索经验和实践成果，近年来我国政府对金融监管体制进行了一系列有效的改革，构建了宏观审慎管理和微观审慎监管"两位一体"的全方位现代金融监管体制，强化综合监管和统筹协调，已形成较为成熟的架构，主要体现为：

（一）中央与地方金融监管体制框架基本确立

2017年11月，国家成立国务院金融稳定发展委员会（以下简称"金融委"），按照中央统一规划和部署，我国中央和地方政府金融监管模式初具雏形，在金融管理主要是中央事权的前提下，强化属地风险处置责任，由单一监管模式向双层监管模式渐进转变，坚持权责匹配原则，形成"大统一、小分权"的监管格局，地方政府陆续将金融办（局）升格为地方金融监督管理局，逐步完善中央和地方金融治理体制。

（二）"一委一行两会"金融监管体制为"双峰监管"模式奠定基础

2018年4月，国家组建中国银行保险监督管理委员会，形成"一委一行两会"的金融监管新体制，构建了金融委统筹和推动中央金融监管部门间以及跨区域的监管协作机制，重视行为监管和金融消费者保护，完善"双峰监管"模式。新体制改变原有的机构监管模式、分割式的金融市场结构和监管，统一协调金融监管政策和行为。

（三）金融监管体制防范和化解金融风险取得初步成效

现阶段，我国金融体系以间接融资为主，新体制下由金融委统一协调银保监会等各监管机构，推进防范化解金融风险制度建设，加大流动性风险、房地产市场风险、地方债务风险、影子银行风险的监管和解决力度，遏制宏观杠杆率过快上升势头，有序处置高风险金融机构和企业债务违约风险，全面治理互联网金融和非法集资风险，守住了不发生系统性金融风险的底线，金融风险总体可控。

（四）金融监管体制强化金融基础设施和监管科技建设

跨机构、跨行业、跨市场是金融基础设施的天然特征，在金融监管运行中居于枢纽地位。新形势下金融市场快速发展，呈现金融业综合经营趋势明显、跨市场交易日益活跃、金融科技迅猛发展的特征，我国正加大金融基础设施和监管科技建设力度，已形成功能比较齐全、整体运行稳健的金融基础设施和监管科技体系。

五、知识链接

（一）2008 年全球金融危机

2008 年金融危机是指起源和发生于 2008 年美国的金融危机，又名次贷危机，因对全球经济的冲击性，又称世界金融危机，导致了蒸发地球上 50％的股价。

从 2006 年春季开始，美国次贷危机出现，进而引起一场国际金融危机，其影响范围前所未有。到 2007 年 8 月，其影响范围已经由美国扩散到日本和欧盟等世界主要金融市场。有关学者指出，美国不良住房贷款即次级贷款引发的次贷危机是本次金融危机的导火索，它所涉及的市场主要包括贷款公司、次级贷款者、投资银行、各地银行、对冲基金、保险公司、其他投资者等。

美国经济繁荣，在世界金融市场上的影响力甚大。尤其是在 2001—2005 年期间，美国金融市场处于低利率环境中，房市进入了空前繁荣时代。在这段时间内，美国金融市场实施了一系列的优惠政策，让原本收入较低的阶层，也有能力拥有了自己的房产，房价的不断上涨，借款人就可以用自己的房产作为抵押借新款还旧款，他们甚至可以来出售自己所拥有的房产来避免可能发生的违约风险。在当时，美国的房贷金融机构看到了这种趋势，为了赚取更多的利润，这些房贷机构便向收入较低的阶层放贷，尽管这些次级贷的违约风险很高，但是他们可以通过出售贷款或者是证券化的方式把风险转移给资本市场。

一切看起来很顺利，但是不管是投资银行还是银行，都在默认房价呈上升趋势。

因为对贷款的审核极其放松，所有人都在买房，房价不断升高，当房价达到一定高度时候，人们发现就算贷款也买不起了，再加上此时美联储升高利率，房价开始不断走低。原先买房的人发现自己的房子越来越不值钱了，就把房子抵押给了银行……

一系列连锁反应最终刺破了这一虚假繁荣的泡沫，风险迅速向市场扩散开来。

（二）金融自由化

20 世纪 70 年代以前，资本主义认为发展中国家的金融机构运营效率低下，经济增长被严重拖累。针对发展中国家的金融抑制问题，1973 年麦金农和爱德华·肖通过《经济发展中的货币和资本》和《经济发展中的金融深化》两本著作提出了金融深化理论，对世界范围内经济增长的停止和经济危机进行了广泛的解释，奠记了金融自由化的理论基础。

自提出以来，金融自由化一直被认为是"华盛顿共识"所提倡的经济政策的重要组成部分，旨在取消或放松对金融部门的制度结构、金融工具和金融活动的限制。政策制定者相信通过金融自由化改革措施能够改善金融部门在盈利能力、竞争能力和中介功能方面的总体运行，并且吸引国际资本注入国内投资项目。

（三）金融稳定

金融稳定是否就等于金融市场平稳运行，远离危机和波动？目前经济学界对于金融稳定的定义还没有达成一致。不同于对货币稳定与宏观经济稳定的研究,关于金融稳定的相关研究仍处于初步阶段。

2017 年中国人民银行发布的《中国金融稳定报告(2017)》将金融稳定定义为金融市场平稳运行,金融机构整体稳健,银行体系流动性合理充裕,社会融资规模平稳较快增长,货币金融环境基本稳定,金融业运行总体稳健,信用风险可控,牢牢守住不发生系统性金融风险的底线。

(四)宏观审慎

1986 年的《当前国际银行业的创新》一些章节中提到"宏观审慎政策"的概念,报告将宏观审慎政策界定为"维护广义金融体系和支付系统的安全性和稳健性"的政策,重点关注宏观经济和整个经济系统的整体稳定,维护整个金融系统的安全与稳定。

宏观审慎政策把金融行业看作一个有机整体,既关注金融系统在跨周期中的稳健情况,又防范金融系统内部关联可能引起的风险传递。其根本目标是防范系统性风险,其最终目标是维护金融稳定、推动经济平稳发展。

六、参考文献

[1] 刘洪占. 金融监管制度博弈分析 [D]. 南昌:江西财经大学,2010.
[2] 王忠生. 我国金融监管制度变迁研究 [D]. 长沙:湖南大学,2008.
[3] 张满达. 对完善我国金融监管制度的思考 [D]. 长春:吉林财经大学,2012.
[4] 王霞. 我国金融监管制度变迁与后金融危机时代的取向 [D]. 成都:西南财经大学,2011.
[5] 王颖. 中国金融监管制度优化与金融结构协调性研究 [D]. 天津:南开大学,2013.
[6] 于宇. 新形势下金融监管制度演变与金融机构风险管理 [J]. 时代金融,2018(10):34-35.
[7] 宋晓燕. 论有效金融监管制度之构建 [J]. 东方法学,2020(2):103-120.
[8] 孙迎辰. 我国金融监管体制改革探析 [J]. 中国物价,2022(1):75-77.
[9] 刘伟. 金融自由化对金融稳定的影响研究 [D]. 济南:山东大学,2020.

第八章
数据分析类课程思政案例

案例二十一 大数据的"天下"

思政元素：国家战略、民族复兴、科学发展。

教育目标：引导学生了解国家的大数据战略，以及大数据应用现状，培养学生科学认识事物的发展变化规律，引导学生对国家发展战略、对民族的认同，帮助学生逐渐树立起肩负民族复兴大任的意识。

教学组织：视频观看、小组讨论、观点分享。

一、案例介绍

（一）大数据的发展

大多数学者认为大数据概念最早出现是在 1998 年。由美国高性能计算公司 SGI 的首席科学家约翰·马西在一个国际会议报告中提出：随着数据量的快速增长，必将出现数据难理解、难获取、难处理和难组织等四个难题，并用"Big Data"来描述这一挑战。随着 2004 年 Facebook 的创立，大量的非结构化数据得以涌现，促使了大数据技术快速突破。2011 年 5 月，麦肯锡全球研究院发布了《大数据：下一个创新、竞争和生产力的前沿》的研究报告，报告系统阐述了大数据概念，详细描述了大数据的核心技术，深入分析了大数据在不少行业的应用，明确提出了政府和企业决策者应对大数据发展的策略。2012年，维克托·舍恩伯格著作出版的《大数据时代：生活、工作与思维的大变革》一书，前瞻性地指出了大数据带来的信息风暴正在变革人们的生活、工作和思维。至此，大数据概念开始风靡全球。

全球大数据浪潮引起我国各界的高度关注，政府将大数据发展提升到国家战略的高度，企业也积极应对，优化数据管理。

2011 年 11 月，工业和信息化部发布的《物联网"十二五"发展规划》，该规划中提出了信息处理技术作为关键技术创新工程之一的战略地位，信息处理技术包括：海量数据存储、数据挖掘、图像视频智能分析。2012 年 4 月，工业和信息化部推出《软件和信息技术服务业"十二五"发展规划》，积极发展数据编辑、整理、分析、挖掘等数据加工处理服务，可见政府高度重视大数据的应用。

2012 年 7 月，阿里巴巴集团率先设立了"首席数据官"一职来挖掘大数据的商业价值，负责全面推进"数据分享平台"战略，并推出大型的数据分享平台"聚石塔"，为淘宝、天猫平台上的电商和电商服务商等提供数据云服务。

2013年，大数据成为政府监管对象之一。我国证监会构建证券市场监控的综合数据模型，全面提升对内幕交易、市场操纵、证券欺诈等文本信息的挖掘和监管。

2014年12月，中关村大数据产业联盟与中国计算机协会共同发布了《大数据白皮书（2014年）》，首次深入系统地阐述了我国大数据产业发展与学术研究的总体方向，并从国家主权、政府政策、产业发展、数据科学、投资理念、公司战略等方面阐述了中国当前大数据的发展以及未来的趋势。

2015年6月24日，国务院办公厅发布了《关于运用大数据加强对市场主体服务和监管的若干意见》，该意见要求，以社会信用体系建设和政府信息公开、数据开放为抓手，充分运用大数据、云计算等现代信息技术，提高政府服务水平，加强事中事后监管，维护市场正常秩序，促进市场公平竞争，释放市场主体活力，进一步优化发展环境。

2016年2月，国家发展改革委、工业和信息化部、中央网信办同意贵州省建设国家大数据（贵州）综合试验区，这也是首个国家级大数据综合试验区。2016年10月，国家发展改革委、工业和信息化部、中央网信办发函批复，同意在京津冀等七个区域推进国家大数据综合试验区建设，包括京津冀、珠江三角洲两个跨区域类综合试验区，上海市、河南省、重庆市、辽宁省沈阳市四个区域示范类综合试验区以及内蒙古大数据基础设施统筹发展类综合试验区。可见，国家大数据战略得到了充分的规划和落实。

（二）大数据的应用

1. 大数据在政府工作中的应用

大数据技术飞速发展为国家治理现代化提供了崭新渠道。大数据助推廉政监督工作具有全面、全方位、强时效的现实价值，具有预防、威慑、预警的功能作用。2017年起，湖南省常德市澧县"智慧监督云"大数据平台上线。该平台具有民生监督、工程监督、廉政档案等模块，通过数据互通互联，打破部门之间的信息"屏障"。"智慧监督云"平台收集录入各类资金数据、基础信息达550万条，包括12项基础信息、45个涉及民生项目资金单位和19个镇街的271项数据，也包括全县41 842名党员和10 437名被监察对象的基本信息，为干部描绘了一份体检表式的廉情"肖像"。此外，平台采集了县纪委、监委机关、县委巡察办、派驻纪检监察组和镇（街）纪委等工作人员的相关信息，完善了廉政档案的预警功能。运行两年来，比对发现疑似问题线索6.1万余条，涉及资金近7 700万元，让贪污腐败、优亲厚友、虚报冒领等问题浮出水面。

大数据在应急公共突发事件方面发挥着重要作用。在2020年2月14日工业和信息化部举行的媒体通气会上，工业和信息化部信息通信管理局韩夏介绍了电信大数据分析为打赢疫情防控阻击战提供的有效支撑服务。她提到，通过大数据统计全国特别是武汉市和湖北省等重点地区的人员流动情况，分析预测确诊、疑似患者及密切接触人员等重点人群的流动情况，有力地支撑服务疫情态势研判、疫情防控部署以及对流动人员的监测统计等。

大数据在政府精准扶贫工作中发挥着积极作用。2019年9月，辽宁省营口市精准扶贫大数据平台开始筹划，11月初便在全市推广试运行。借助精准扶贫大数据平台，15 384户贫困户实现了档案电子化全覆盖。通过大数据比对分析，营口市对贫困户采取差异化精准扶贫措施,有效帮助剩余的 1 169 名未脱贫人口精准脱贫,防止了 10 224 名年纯收入低于 5 000 元的人口返贫。精准扶贫大数据平台以科技手段整合信息资源,以信息共享、互联互通,实现从市到村分级管理,而且平台补充和完善了建档立卡贫困户工资性收入、生产经营性收入、财产性收入及生产经营性支出等各项明细,使每个贫困户从精准识别到精准退出形成了可随时查阅的完整可视化流程,各级政府基于平台数据分析功能,可以深入分析贫困户致贫原因,落实帮扶责任人,推动"一对一"精准结对帮扶,精准扶贫大数据平台的开发利用,不仅有效地促进了脱贫攻坚工作的推进,而且全面提高了精准施策水平和效果,还极大减轻了镇村基层工作强度,也让脱贫攻坚工作更加阳光透明。

2. 大数据在金融行业中的应用

大数据助力银行业务发展。以中信银行信用卡业务为例,信用卡业务竞争本质上是客户的竞争。为应对竞争,中信银行进行了客户关系管理体系(CRM)的优化,以解决客户识别、客户提升、客户保持、市场细分、忠诚度、贡献度、个性化服务、个人信用风险等一系列围绕客户关系的新问题,如在客户识别方面,通过客户信息的分析,识别出给银行带来更好利润并且信用好的客户,并为这些客户提供更多更好的服务。在风险降低方面,针对信用差的客户,实时监控,防止发生坏账呆账。另外完成对突发的、复杂的决策分析,通过整合银行内部信用卡相关的所有重要数据,对数据进行快速而准确的分析和挖掘,通过提供的全方位、多层次的辅助决策支持手段,可在短时间内对市场变化及趋势做出更好的战略性商业决策,以挖掘重点客户、提高服务质量、减少运作成本,为银行带来有利的市场竞争优势。

大数据助力保险业价值转型。2015 年,某中国保险公司开启了"数据阳光"战略。目前已搭建了基础数据体系、数据交换与支持体系、数据管理体系、产品服务体系和风险数据控制体系五大体系。"数据阳光"通过数据的获取、积累、分析、分类,把握风险偏好、准确客户分类、定位客户需求,运用强大的数据后台,精准风险定价、实时数据交换,为客户提供针对性、个性化的产品与服务。

3. 大数据在农业中的应用

大数据服务于农业。安徽省农村综合经济信息中心研发运行的"农气徽云"——安徽农业气象大数据服务云平台主要开展涉农大数据分析挖掘与应用服务。该平台将分散在各部门的涉农数据,按照数据格式、数据体量、数据种类、数据维度进行聚类、采集,实现跨部门、跨系统、跨业务的涉农数据集中汇聚;实现了气象系统、农业部门、相关部门的涉农服务单位的涉农数据整合;打破了气象与农业、行业和社会组织之间存在信息孤岛和服务壁垒;解决了气象为农服务过程中数据来源单一的问题。

截至 2019 年,"农气徽云"平台汇集了全省农业生产基础数据、22.5 万新型农业经营主体数据、107 个农业气象站点的观测数据、64 个农业气象物联网的监测数据、各类农业产业化数据,以及农业科技、决策服务、直通式服务、市场行情、政策资讯、农产品电商等各类涉农数据共计 100TB。2019 年以来,"农气徽云"发布决策类农业气象服务产品 174 期次。其中面向安徽省委省政府春耕春播与三夏生产会议专题服务信息 4 期,重要农业气象专报 50 期,农业气象情报 32 期,土壤墒情监测和干旱监测预报等服务产品 54 期,农保服务产品 10 期,二十四节气与关键农事视频节目 24 期。除此以外,该平台还向安徽 100 多万涉农部门人员、新型农业经营主体、小农户等提供农业科技指导、农业气象服务、农村科普宣传、农村电商服务。

大数据助力特殊时期的农业生产。为了及时掌握、协调、解决新型冠状病毒感染疫情带来的农产品销不出、农业生产物资运不进、农民生活必需品短缺、涉农企业复工复产难等问题，广西农业农村厅联合平安智慧城市开发了春耕备耕生产调度大数据平台，通过该平台全区各地农业经营主体可扫码轻松登录，简单填写和点选需要帮扶的农产品生产运输销售、复工复产等问题，一分钟即可完成信息录入上传。与此同时，全区各市县农业农村部门专门指定负责平台管理及信息监控的信息员可实时查看辖区内的问题分类、区域分布、原因以及发展趋势等统计情况，并及时反馈给当地政府及农业农村管理部门，进行有针对性的帮扶。另外，广西春耕备耕生产调度大数据平台实时汇接农业全产业链信息服务平台、农业灾情监测、农产品价格采集等业务系统，对接 3 300 多个农资经营主体，汇集 100 多万条畜牧农情、畜禽产品市场流通、生猪监测等数据以及 12 万条水稻、马铃薯、食用菌和旱地作物等种植品种相关数据，2 000 多份农业病虫害图片样本及防治知识的数据库和知识库，通过平台对农业数据进行汇集、归整、筛选、分析与提取，各类分析报告按周、月、季度、年度向社会公布，疫情特殊时期做到每天一通告，有效地激活了全区生产调度，助力了全区春耕生产，同时也为全区农业产业化龙头企业提供有力的信息参考，推动企业复工复产。

4. 大数据在电商中的应用

大数据成就企业发展。2010 年，京东集团就启动了大数据领域研发和应用的探索性工作，到 2018 年，京东大数据平台基本达到了国内一流化水平。京东大数据平台建设了完整的技术体系。其中离线计算、实时计算和机器学习平台可以满足多种复杂应用场景的计算任务；元数据管理、数据质量管理、任务调度、数据开发工具、流程中心等构成了全面的数据运营工具；分析师、指南针等数据应用产品提供了高效的数据分析功能，以及敏感数据保护、数据权限控制等，能最大限度地保护数据资产的安全性。京东大数据在驱动其企业业务增长，提升运营效率，为客户提供个性化、高品质产品及服务方面发挥了重要作用。利用大数据分析和挖掘，京东打造了个性化商场，自主研发了智能门店解决方案，打造了智能供应链系统，提高了物流配送的效率，实现了知人、知货、知场景的购物体验。

大数据助力提升企业知名度和销售额。云南白药是国内知名的老字号品牌，白药牙膏更是品牌重要的资产，2016 年，白药牙膏占全国牙膏市场份额 16.49%，位居同类产品市场份额第二、民族品牌第一。随着电子商务、网络经济的发展，越来越多的企业意识到电子商务化是企业发展必由之路。也正因为此，2017 年 6 月，云南白药牙膏官方旗舰店在淘宝上开业了。新店开业，首要目标是提高品牌知名度。于是，云南白药和阿里巴巴集团合作开展了大数据技术、明星效应和跨界宣传的开放营销。

云南白药主要利用阿里巴巴的生态平台和大数据技术对淘宝用户进行收集和分析，包括用户搜索、浏览、点击、购买、分享等从而了解淘宝用户的使用习惯和偏好，并根据用户使用产品的主要特点和产品优势，积极策划了云南白药粉丝群活动：助"爱豆"上头条。利用明星效应云南白药成功吸引了超过 75 万的粉丝积极参与，旗舰店也迅速收获了超过 30 万的粉丝，获得了首月 560 万元的销售额，在短时间内获得了很高的评价以及品牌知名度。2017 年 8 月，云南白药与《春风十里不如你》的原作者冯唐进行了跨界知识产权营销,推出了春风十里的主题旅行套装,通过淘内数据与优酷数据的深入打通,在优酷抓捕了《春风十里》的所有观影人群,并通过 ID 比对,对他们进行了淘内重触达,实现大数据营销。同时还通过对飞猪、优酷、捉猫猫等阿里系资源的深度整合,为白药量身定制了 IP 媒体矩阵;对商旅人群、娱乐人群和行业人群进行了深度渗透。这样,云南白药牙膏成功实现了销售额的大幅增长。

5. 大数据在医疗中的应用

大数据助力互联网医疗服务发展。2019 年 4 月,国务院办公厅发布《关于促进"互联网+医疗健康"发展的意见》。该意见就促进互联网与医疗健康深度融合发展作出部署,明确了融合发展的重点领域和支撑体系,也提出了安全监管的硬性要求。安徽省作为"互联网+医疗健康"示范省,认真贯彻落实党中央、国务院决策部署,省政府办公厅出台《关于促进"互联网+医疗健康"发展的实施意见》,围绕实施"健康中国"战略和"健康安徽 2030"规划纲要,着力加强智慧医疗建设,创新服务模式,提高服务效率,满足人民群众多层次、多样化的卫生健康服务需求。2019 年,安徽省卫生健康委联合腾讯搭建的安徽省互联网医疗服务监管平台正式上线运行,借助腾讯的人工智能、大数据、云计算、区块链等技术让互联网诊疗全程留痕、可追溯,实现实时监管,保障与规范互联网诊疗服务质量和安全。安徽省互联网医疗服务监管平台正式上线,计划打造以"1+3+3+8"为亮点的互联网医疗服务监管体系。即搭建 1 个省级互联网医疗服务监管平台,对全省互联网诊疗活动进行监督管理;建立 3 个核心业务模块,"准入"模块为互联网医院提供准入及审批服务,"监管"模块对全省范围内互联网医院进行监管,"数据中心"对全省范围内互联网医疗服务数据分析展示;实现 3 级管理部门覆盖,即省、市、县三级卫生健康行政管理部门分级分权分界管理,利用平台对辖区互联网诊疗活动进行监管;落实 8 项业务监管,从角色、诊疗科目、诊疗内容、在线处方、远程医疗、服务质量、信息数据安全、统计决策等 8 个维度保障互联网诊疗的安全合规。

大数据改变就医体验。福建省立医院推出"掌上省立"APP、微信公众号、自助机、医生工作站等多种预约方式,推行提前预约、按时到诊、准时看诊。同时,利用大数据分析技术,根据不同科室特点、看诊时长及每位医生的看诊习惯,设置了预约号的间隔时间,实现个性化放号和预约精确到分钟,每个环节都极大地节省了患者候诊时间。利用大数据技术并经过 3 年多的持续完善,"掌上省立"已经具备 46 项服务功能,用户数突破 80 万人,门诊预约就诊率达 90%,患者平均候诊时间由 57 分钟缩短至 16 分钟;取药等候时间由 35 分钟缩短至 9 分钟;预约登记窗口、候诊区等拥挤现象得到有效缓解。同时节约了人力成本,门诊、住院收费人工窗口大为减少,现已合并。

6. 大数据在教育中的应用

大数据改变教育理念以及思维方式。教育领域运用大数据技术,可以有效帮助教师分析学生当前阶段的学习情况,教师也可以结合大数据技术结果有效对教学观念进行修改,创新教学方法,从而促进师生良好交流。2016 年 12 月 3 日,北京中科院附属实验学校英语老师孟欣做了一堂英语创新课示范,展示了她如何利用智能化同步教学平台有效地开展教学。该平台的使用使得课堂教学从"预设性教学"向"生成性教学"转变,通过对教师教学结果和学生学习行为进行记录、储存、统计、分析和预测,教师可根据分析的结果调整教学思路、教学设计以及教学方法,学生也可通过平台及时得到学习结果的反馈。

大数据技术助力实现学生的个性化教育。利用大数据统计学生在学习过程中各方面的表现，并分析挖掘出每个学生的真实学习状况及学习特点，可以帮助教师有针对性地开展因材施教，也可以针对性地对学生进行知识强化训练，加深学生知识的强度。一家名为 Knewton 的大数据公司开发了一个数字平台，该平台在分析了几百万学生从幼儿园到大学的学习过程的基础上，设计出了更加合理的测试题目和更加个性化的课程目标。随后，Knewton 与 Houghton Mifflin Harcourt 合作开发了 K-12 阶段的个性化数学课程，与法国创业公司 Gutenberg Technology 合作开发了智能数字教科书。学生选用这些课程和教科书可以实现按自己的节奏控制学习进度，然后系统会将结果反馈给教师，告诉哪个学生在哪些方面的学习存在困难，同时给出全班学生表现的整体分析数据。

综上可见，大数据无处不在，大数据应用于各个行业，包括金融、医疗、餐饮、娱乐、电信、能源、教育等在内的社会各行各业都已经融入了大数据的"身影"，大数据对各行各业的渗透，不断地改变着社会的生产和生活方式，不断地推动着社会的进步。

二、案例思考

① 当前，大数据"无处不在"，请搜集关于大数据应用的资料，思考除以上应用外，大数据还有哪些应用体现。

② 请搜集大数据相关的资料，思考大数据在实际应用中出现了哪些问题。

③ 请思考作为大学生，如何在国家发展战略重要期贡献自己的力量。

三、活动安排

① 组织学生观看纪录片《大数据时代》，并引导学生思考我国大数据战略的意义。

② 组织学生就"得大数据者，得天下？"展开讨论。

③ 认真研读国务院《关于促进大数据发展的行动纲要》，学习并领会该纲要精神。

四、案例启示

在 2015 年 10 月 26 日至 29 日召开的中国共产党第十八届中央委员会第五次全体会议上，"十三五"规划建议提出实施国家大数据战略，旨在全面推进我国大数据发展和应用，加快建设数据强国，推动数据资源开放共享，释放技术红利、制度红利和创新红利，促进经济转型升级。至此，大数据战略上升为国家战略。在信息化时代，数据已经成为重要的生产要素和社会财富甚至国家间竞争的关键资源。当前，信息化为中华民族伟大复兴带来了千载难逢的机遇，我国已具备实现从网络大国向网络强国华丽转身的诸多条件。作为大学生，不仅需要深度理解实施国家大数据战略的重要意义，还需要思考在大数据时代应该为国家的富强和民族的复兴付出怎样的行动。

（一）大学生要树立强烈的使命感和责任感

作为社会后备人才的大学生，肩负着建设祖国的重大责任。树立强烈的使命感和责任感有利于大学生塑造正确的人生价值观，实现自己的人生价值，努力创造无愧于时代和人民的业绩。

（二）大学生要树立远大的理想，坚定信念和百折不挠的精神

在实现中华民族的伟大复兴和国家的繁荣富强的道路上不可避免地会遇到各种各样的

困难和挑战，大学生要树立远大的理想，以及为实现理想的坚定信念，充分认识新时代所带来的机遇与面临的挑战，抓住机遇迎接挑战、开拓进取，矢志不渝地向着现代化的光辉目标、向着中华民族的伟大复兴迈进，为国家的富强添砖加瓦。

（三）大学生要刻苦努力成为时代所需要的人才

作为大学生当前还是要把学习科学知识和掌握先进的科学技术作为首要任务。大学生应该树立正确的学习态度，具有明确的学习目标，掌握学习规律，积极参加社会实践，提高并检验学习效果。只有掌握了足够的科学知识和先进的科学技术，才能被时代所需求，才能为国家富强和民族复兴做出贡献。

五、知识链接

（一）数据与大数据

1. 数据

数据是指对客观事件进行记录并可以鉴别的符号，是对客观事物的性质、状态以及相互关系等进行记载的物理符号或这些物理符号的组合。数据不仅指狭义上的数字，还可以是具有一定意义的文字、字母、数字符号的组合、图形、图像、视频、音频等。

数据的分类如下。

（1）按性质可分为定位数据、定性数据、定量数据、定时数据。
（2）按表现形式分为数字数据、模拟数据。
（3）按记录方式分为地图、表格、影像、磁带、纸带等。
（4）按结构形式分为结构化数据和非结构化数据。

2. 大数据

大数据指无法在一定时间范围内用常规软件和工具进行捕捉、管理和处理的数据集合，是需要新处理模式才能具有更强的决策力、洞察发现力和流程优化能力的海量、高增长率和多样化的信息资产。

大数据的特征：数量大、多样性、速度快、价值密度低、真实性。

传统数据主要来源于业务运营支撑系统、企业管理系统等，比如财务收入、业务发展量等结构化数据。大数据主要来源于互联网、移动互联网等，比如图片、文本、音频、视频等非结构化数据。

（二）大数据处理流程

大数据处理的基本流程一般包括：

1. 数据采集

大数据处理的第一步是获取数据。在数据采集过程中，数据源会对大数据质量的真实性、完整性、一致性、准确性和安全性有很大的影响。

2. 数据预处理

大数据采集过程中通常有一个或多个数据源，这些数据源包括同构或异构的数据库、文件系统、服务接口等，易受到噪声数据、数据值缺失、数据冲突等影响，因此完成数据采集后，首先需对收集到的大数据集合进行预处理，以保证大数据分析与预测结果的准确性与价值性。

3. 数据分析

数据分析是大数据处理与应用的关键环节，它决定了大数据集合的价值性和可用性，以及分析预测结果的准确性。在数据分析环节，应根据大数据应用情境与决策需求，选择合适的数据分析技术，提高大数据分析结果的可用性、价值性和准确性质量。

4. 可视化与应用

数据可视化是指将大数据分析与预测结果以计算机图形或图像的直观方式显示给用户的过程，并可与用户进行交互式处理。数据可视化技术有利于发现大量业务数据中隐含的规律性信息，以支持管理决策。

（三）大数据两大核心技术

1. 分布式存储：解决海量数据的存储问题

分布式存储是一种数据存储技术，通过网络使用企业中的每台机器上的磁盘空间，并将这些分散的存储资源构成一个虚拟的存储设备，数据分散地存储在企业的各个角落。

2. 分布式处理：解决海量数据的处理问题

分布式处理是将不同地点的，或具有不同功能的，或拥有不同数据的多台计算机通过通信网络连接起来，在控制系统的统一管理控制下，协调地完成大规模信息处理任务的计算机系统。

六、参考文献

[1] 刘晓星. 大数据金融 [M]. 北京：清华大学出版社，2018.
[2] 高汉雷，徐鑫. 大数据助力营口决胜脱贫攻坚 [N]. 辽宁日报，2020-03-12.
[3] 严宣辉. 大数据技术及应用——基于Python语言 [M]. 北京：电子工业出版社，2021.

案例二十二　数字时代的机遇与挑战

思政元素：富强、民主、文明、和谐；职业理想、职业道德；辩证思维与终身学习。

教育目标：引导学生坚定拥护中国共产党的领导和我国社会主义制度，引领学生认识当前时代背景，辩证地看待事物发展，树立学生终身学习的意识，担当起民族复兴的大任。

教学组织：视频观看、小组探究、自主学习。

一、案例介绍

以大数据、区块链、5G通信等为代表的数字技术既推动着信息交流形态的变革，也加速改变着经济发展模式以及人们的生产生活方式。以现代化网络和数字基础设施为载体、数据为关键生产要素的数字经济正改变着世界经济发展的新图景。特别是在当前新型冠状病毒感染疫情暴发的时代背景下，数字经济所凸显的巨大优势、展现的极强韧性，使其成为人们关注和热议的焦点所在，加快数字经济的发展也成为各国推动经济复苏的关键举措。

近年来，数字经济的发展在我国方兴未艾，是引领一系列国家创新战略实施的重要力量。中国信息通信研究院于 2021 年 4 月 25 日发布的《中国数字经济发展白皮书（2021年）》显示，2020 年中国数字经济规模达 39.2 万亿元，占 GDP 比重达 38.6%。毫无疑问，数字经济已经成为驱动中国经济增长的新引擎。与此同时，在政策层面上，2021 年第十三届全国人大四次会议通过的《中华人民共和国国民经济和社会发展第十四个五年规划和 2035 年远景目标纲要》中明确提出加快数字化发展，建设数字中国的宏伟目标。以数字化技术的创新运用驱动产业方式变革，加速经济发展，加快构建数字社会、数字政府等成为"十四五"时期我国经济社会发展的重要战略任务。

然而，要实现我国数字经济的健康发展，建设数字化强国，就不能忽视背后的数字劳动与数字就业。数字劳动与数字就业是数字经济发展背后最大的动能支撑，其体现了数字信息社会下劳动形态的根本性变革。如何正确认识数字劳动并且最大限度发挥其积极作用，是摆在所有国家面前的一道现实问题。根据国内外学者对相关概念的阐述，从马克思政治经济学视角，我们可将"数字劳动"定义为以现代化的数字技术为生产工具，以人类情感、经验等为劳动对象、劳动主体所生产的数据被资本无偿剥削的非物质劳动，实质是生产数字化产品和服务。

随着我国加速迈进数字化社会且数字劳动日益成为当前社会的重要劳动形态，内涵了数字获取、数字交流、数字消费、数字安全等八个方面的数字素养也成了 21 世纪社会主义公民的核心素养。国家发展改革委于 2018 年印发了《关于发展数字经济稳定并扩大就业的指导意见》，针对数字化人才培养给出了指导性意见：到 2025 年，使得我国国民的数字素养不低于发达国家国民数字素养的平均水平。

（一）现实问题：新时代高技能型人才需求扩大

据人力资源和社会保障部职业能力建设司有关负责人介绍，目前我国技能劳动者超过 2 亿人，占就业人员总量的 26%，但其中高技能人才只有 5 000 万人，仅占技能人才总量的 28%。从就业市场供求关系来看，2021 年 4 月人力资源和社会保障部职业能力建设司发布的调查报告显示中国面临数字人才不足，数字技能培养体系有待完善等问题。由此可见，具有数字素养的"高技能人才"的短缺是我国经济发展的阻碍性因素之一。H. W. French 在其著作《工程技术员命名和分类的若干问题》提到"职业带"理论，该理论指出，随着生产技术发展的变化，三类技术人才普遍呈现高移和扩大的趋势。《国家中长期教育改革和发展规划纲要（2010—2020 年）》明确指出，教育信息化是培育高素质劳动者和技术技能人才的重要支撑，而新兴信息技术是驱动着职业教育信息化发展的外在推力，那么以 5G 技术、大数据、人工智能为代表的新数字技术对培育技术技能人才具有重要的价值意义。

（二）时代响应：数字技术促使人才的能力标准转变

人类社会进入 21 世纪以来，数字技术在各领域的应用愈发广泛，使得国家政府意识到数字技术的飞速发展加速了革新社会各个行业的进程，数字社会中的工作岗位特征与人们的生活方式都相应地发生了实质性变化。根据《第 45 次中国互联网络发展状况》可知，截至 2020 年 4 月，中国网民规模达 9.04 亿，较 2018 年底增长 7 508 万，互联网普及率达 64.5%，较 2018 年底提升 4.9 个百分点，在线教育用户规模达 4.23 亿，占网民整体 46.8%。2019 年《政府工作报告》明确提出发展"互联网＋教育"，促使了以 AI 技术为驱动的个性化教学成为未来在线教育的重要发展方向。可见，互联网已成为我国现代社会发展和经济转型升级的重要组成部分，在教育方面也不例外，推动着社会不断前进，数字化生存的时代已悄然地出现在周边。联合国教科文组织、美国、中国等与国际组织急切地对人才的期许给出了相应的标准框架。2007 年，美国 21 世纪学习联盟对 2002 年提出的《21 世纪学习框架》进行更新，进一步阐明了发展学生的信息素养、媒体素养以及信息交流和科技素养。2000 年，欧盟提出 21 世纪人才应掌握"新基本能力"，历经 2002 年、2003 年和 2004 年三次"八项核心素养"的制定与修订之后，于 2006 年发布了正式版本，其中包括数字素养，体现了数字素养是 21 世纪人才的重要能力；针对数字素养，欧盟分别在 2016 年和 2017 年连续两年颁发面向公民和学生的数字素养 2.0 版和 2.1 版。

在中国，为了应对当前数字社会发展对人才的需求，我国从 2014 年开始启动"学生发展核心素养项目"，并于 2016 年正式发布了《中国学生发展核心素养》总体框架，其提出的"信息意识"是构成和发展学生核心素养的基本要点之一，并指向每一位中国学生都应该具有该意识。可见，新一代信息技术，包括 5G、大数据、人工智能、物联网等正在改变着人们的生活、学习与工作，不断地重新定义数字社会所需的人才标准。作为未来的高素质技术技能人才，在瞬息万变的数字化社会中高校学生亟须发展信息化能力、技能和伦理道德以提升自身的竞争力。

（三）问题的本质：亟须培养大学生数字素养以适应社会发展

党和国家政府明确提出了推进战略性新兴产业发展，促进产业转型升级的任务，核心在于劳动密集型转向创新型，这对于技术技能型人才的知识、能力和素质结构有了新的要求，更强的岗位适应能力和岗位迁移能力是当前的发展方向。"十四五"规划提出，"增强职业技术教育适应性，深化职普融通、产教融合、校企合作，探索中国特色学徒制，大力培养技术技能人才""加快数字化发展，将发展数字经济、加强数字社会与数字政府建设，提升全民数字技能等作为重要内容"。可见，数字技术技能人才的数量与质量都亟须提升，数字技能是全民的重要发展能力之一，高校学生尤其要发展其数字技能。以就业为导向的高等教育的责任与使命是为社会经济发展培育高素质、创新型和复合型技术技能人才。新时代背景下，新能源、新技术和互联网有机结合使得职业教育更加个性化、智能化和数字化，对技术技能人才提出了新的要求。数字素养指向个体职业发展，与高等教育以就业为导向的目标不谋而合。可以说，数字素养是高校学生核心素养的关键能力，更是数字时代不可或缺的能力之一。在数字经济时代，高校学生作为未来的高素质复合型人才，亟须发展其数字素养水平，只有这样，面对层出不穷的数字技术和未来数字社会的问题和挑战，大学生才能更好地从容不迫地胜任未来的工作，才能适应未来社会的发展。

党的十九大报告中明确提出：发展数字经济，建设数字中国。可见，数字中国的建设离不开国民数字素养水平的发展，其关乎着经济社会的发展。数字化社会背景下，技术技能型人才更不应缺少数字素养教育，高等院校作为培养学生成为高端复合型技术技能人才的主要培养主体更要注重缩小甚至消除学生的数字鸿沟。大学生既是互联网使用主体，也是未来社会的高技能人才，其数字素养水平的高低至关重要。

二、案例思考

① 请思考为什么数字经济发展能成为我国经济的新引擎。
② 请思考如何能弥补数字技能型人才缺口。
③ 请结合自身专业背景，思考数字素养具体包括哪些方面。

三、活动安排

① 请梳理数字经济时代背景下金融行业的发展趋势，并在课堂上主动分享。
② 请梳理数字经济时代背景下财务行业的发展趋势，并在课堂上主动分享。
③ 观看我国数字经济发展纪录片，并结合自身专业，以"数字时代下的机遇与挑战"为主题，完成一份专业发展与职业规划报告。

四、案例启示

随着我国加速迈进数字化社会，数字劳动日益成为当前社会的重要劳动形态，内涵了数字获取、数字交流、数字消费、数字安全等八个方面的数字素养将成为 21 世纪社会主义公民的核心素养。作为在工作、学习、娱乐及社会参与中展现出的对数字化技术的批判和创新性运用能力，公民数字素养的提升对加快数字化生产与消费、促进经济高质量发展、弥合数字鸿沟、推动就业公平以及建设数字化强国、抵御跨国资本主义意识形态入侵等都具有重要意义。2018 年 9 月 26 日，国家发展改革委会同教育部等十八个部门印发的《关于发展数字经济稳定并扩大就业的指导意见》中明确提出了我国国民数字素养于 2025 年达到发达国家平均水平的目标。现阶段国民数字素养的提升，应具体从以下两个方面着手。

首先是技术层面，即使用数字化工具的能力。一方面，对于互联网专业劳工，要对其定期开展数字技能培训，鼓励其树立终身学习理念，不断将掌握的新知识、新技术和新方法运用于工作实践。另一方面，对于广大普通网民，尤其是青少年群体，由于其对手机等数字化设备极度依赖，加之缺乏自制力和网络安全意识，极易在沉迷虚拟世界的同时引发各种现实问题，因此需要通过学校和家庭的教育干预，使其在掌握基本信息获取能力的同时学会正确而合理地使用数字化工具；对于中老年群体，则可以通过家庭成员和社会引导教育，帮助其掌握简单的数字化工具使用能力。

其次是认知层面，即一种批判和创新性思维，其形成也是彰显自身主体性的过程。具体到数字劳动领域，一方面，其形成有助于专业劳动者增强自身主观能动性，使劳动成为其自由自愿、发挥创造力，进而获得幸福感和满足感的过程。另一方面，其形成有利于在线用户提升个人媒介使用素养，从而有效识别玩乐劳动中的种种诱惑。对此，需要将数字素养目标下的中小学信息教育与"新工科"背景下的大学生认知教育相结合，同时在全社会加强数字劳动宣传教育，逐步探索制定相应的教育指导规范。

而大学生作为国家未来建设的主体，其数字素养的提升是数字时代国家强大综合国力的重要保障。数字竞争力和数字职业能力是大学生数字素养中重要两种能力，两者均蕴含着强烈的职业竞争性和前瞻性。其中，前者是大学生面向未来就业的软实力，能够在数字时代保持创造力和竞争优势；后者是大学生面向未来就业的硬实力，是其利用数字技术解决所在专业领域中的问题的必备能力。在此背景下的大学生群体,应从以下三方面增强自身数字竞争力和职业能力。

其一,明确提升自身数字化生存能力的重要性,树立正确的数字素养观念。大学生的数字素养水平是影响着高校数字校园建设的重要因素之一,也是其中的核心影响因素。在数字时代发展背景下,大学生需要明确拥有数字化生存能力是其未来就业和发展的关键要素,充分认识新兴技术的发展所带来的机遇与挑战,善于用发展的眼光看待问题,加强终身学习理念,不断汲取和更新新知识和新观念,从意识和实践上提升数字素养水平。

其二,做好职业生涯规划,努力获得就业导向的1+X证书。数字时代下的新就业形态所带来的职业生涯无边界性、弹性化和复杂性,给大学生就业前景带来诸多新挑战。因而,大学生应积极主动做好自身职业生涯规划,适应并主动寻求1+X证书制度带来的红利,从学习和考证过程中,增强自身的主动学习力、创新与批判思维,提升解决专业问题的能力,响应多变的经济社会和数字环境对职业能力动态迁移的需求。

其三,充分发挥自身主观能动性,主动参与创新创业项目和实践项目。在校期间,关注并积极主动参与各类赛项,提升自身数字职业能力和竞争力。大学生应把握每一次赛事机会,主动参与技能大赛,通过团队合作和项目式学习,提高自身的计算思维、创新创造、批判思维、社会参与意识等软实力,并能够促进其在数字环境中的专业成长和职业能力等硬实力,拉近学生与真实工作环境的距离。

五、知识链接

(一) 数字素养

素养是一个人平素的修养,具有动态性与发展性的特征,它既指的是大众社会的知识水准,又指以个人为出发点的修习涵养。我国学者普遍认为"素养"具有更加广泛的内涵,超越知识与技能。如认为素养是知识、情感、态度、技能的超越和统整。数字素养在政府文件或文献资料中,均包含了知识、技能、态度与价值观等要素。

根据欧盟发布的数字素养框架,指出数字素养是一种以创新性和安全的方法将数字技术服务于工作、学习和生活的能力。根据联合国教科文组织的界定,数字素养是面向就业、获得体面工作及创业,使用数字技术安全且合理地访问、管理、理解、整合、呈现、评估和创建信息的能力。

(二) 金融科技

根据金融稳定理事会(FSB)的定义,金融科技是基于大数据、云计算、人工智能、区块链等一系列技术创新,全面应用于支付清算、借贷融资、财富管理、零售银行、保险、交易结算六大金融领域,是金融业未来的主流趋势。

金融科技涉及的技术具有更新迭代快、跨界、混业等特点,是大数据、人工智能、区块链技术等前沿颠覆性科技与传统金融业务及场景的叠加融合。主要包括大数据金融、人工智能金融、区块链金融和量化金融四个核心部分。

大数据金融重点关注金融大数据的获取、储存、处理分析与可视化。一般而言,金融大数据的核心技术包括基础底层、数据存储与管理层、计算处理层、数据分析与可视化层。

人工智能金融主要借用人工智能技术处理金融领域的问题,包括股票价格预测、评估消费者行为和支付意愿、信用评分、智能投顾与聊天机器人、保险业的承保与理赔、风险管理与压力测试、金融监管与识别监测等。人工智能技术主要包括机器学习理论等前沿计算机科学知识，主要基于算法。机器学习理论是人工智能概念范畴下的一个子集，主要覆盖三大理论：监督学习、无监督学习和强化学习。

区块链金融主要依托区块链技术实现相应的金融场景。区块链技术是一种去中心化的大数据系统，是数字世界里一切有价物的公共总账本，是分布式云计算网络的一种具体应用。一旦区块链技术成为未来互联网的底层组织结构，将直接改变互联网的治理机制，最终彻底颠覆现有底层协议，导致互联网金融的智能化、去中心化，并产生基于算法驱动的金融新业态，一旦成熟的区块链技术落地金融业，形成生态业务闭环，则金融交易可能会出现接近零成本的金融交易环境。

量化金融以金融工程、金融数学、金融计量和金融统计为抓手开展金融业务，它和传统金融最大的区别在于其始终强调利用数理手段和计量统计知识，定量而非定性地开展工作，其主要金融场景有高频交易、算法交易、金融衍生品定价以及基于数理视角下的金融风险管理等。

（三）科技金融

科技金融是指通过创新财政科技投入方式，引导和促进银行业、证券业、保险业金融机构及创业投资等各类资本，创新金融产品，改进服务模式，搭建服务平台，实现科技创新链条与金融资本链条的有机结合，为初创期到成熟期各发展阶段的科技企业提供融资支持和金融服务的一系列政策和制度的系统安排。

（四）智能财务

智能财务是覆盖财务流程的智能化，它涵盖三个层面：第一，是基于业务与财务相融合的智能财务共享平台，这是智能财务的基础。第二，是基于商业智能的智能管理会计平台，这是智能财务的核心。第三，是基于人工智能的智能财务平台，这代表智能财务的发展。

初阶智能财务包括基于业务与财务融合的智能财务共享平台。企业智能财务共享平台是现代企业财务体系拥抱"互联网""云计算"等技术的全新理念和有力探索。互联网和"云"的核心思想是连接，共享的核心思想是开放。架构于互联网和"云"上的智能财务共享平台通过连接和数字化改造，实现了财务与业务的实时连带发生，颠覆了传统交易方式，消灭了报销、报账流程，真正实现了业务财务的深度一体化。

进阶智能财务主要指基于商业智能的智能管理会计平台。财务工作始于数据、止于数据，但财务却并非只是数据的搬运工，而是数据的整合加工者。商业智能是一套商业方面辅助决策的解决方案，通过组建企业级数据仓库，得到企业数据的全局视图，在此基础上，再利用合适的查询和分析工具、数据挖掘 OLAP 等工具对数据进行分析和处理，形成有用的信息。总体而言，商业智能拥有强大的建模能力、多维度的构架体系、专业的数据处理技术和灵活的技术特点，与管理会计对信息平台的要求吻合。

高阶智能财务主要指基于人工智能的智能财务平台。从 AlphaGo"人机大战"开始，人工智能成为大众话题。人工智能正在逐步渗透到财务领域，有两个技术已经影响到会计领域：一是专家系统，应用在记账凭证的处理、现金管理、存货管理、风险评估等领域；

二是神经网络,应用在信用评估、预算管理、内部审计、破产预测等方面。

六、参考文献

[1] 唐婷. 高职学生数字素养评价模型构建与应用研究[D]. 广州:广东技术师范大学,2021.

[2] 刘国强. 数字经济时代的数字劳动及其当代启示[D]. 太原:太原理工大学,2021.

[3] 李冠瑛. 数字经济时代高校会计专业人才培养模式创新路径[J]. 科技资讯,2022(2):147-149.

[4] 闫茜,潘格格,高小翀. 数字经济时代下高等院校会计专业人才培养研究[J]. 会计师,2020(1):72-73.

[5] 许文静,谷静怡,许盼盼. 数字经济时代会计面临的挑战,机遇与人才培养创新[J]. 商业会计,2020(8):99-102.

[6] 任晓珠. 数字经济时代新金融人才培养的研究与实践[J]. 品牌研究,2020(2):32-44.

[7] 赵新民,彭秋龙. 近现代立信会计出版事业的历史贡献及经验启示[J]. 出版与印刷,2020(1):117-118.

[8] 张敏锋. 经济新常态、金融科技与地方高校金融专业人才培养创新[J]. 金融理论与教学,2018(1):91-94.